父親與我

我的雙親

父親、本垣與我們一家
後左本垣、後右本城、前左父親柏楊、前右妻麗鳳手抱兒中中

我的外祖父齊鐵恨先生（右）

1997年春節，母親與我們全家福照片
左起：本垣、弟妹齊怡、母親齊永培、中中、麗鳳、本城

上世紀五〇年代，父親任救國團「中國青年寫作協會」總幹事

1976年，佳佳（中）在羅祖光（左）的陪同下，前往綠島探望父親（右）

35歲的父親，瀟灑儒雅

1976年，我在金門服役

我著軍裝與弟弟本垣（右）合影

父親手執煙斗，伏案寫作

父親與他的書房

掛在牆角的詩作內容，印證了父親艱辛過後的這幾年喜樂洋溢，和閒情逸趣的自在

父親認為，
有幸娶到張香華阿姨，
是上帝總結他的一生，賜下的恩典

父親於書房前掛「297」獄囚的編號以誌坎坷的寫作生涯

十年《通鑑》譯寫期間，幾乎成了另一場牢獄生涯
《柏楊版資治通鑑》典藏版和平裝版（左下）

2002年，父親以「普世價值的高度」受到肯定，獲頒行政院文化獎

父親一生的意義，以及他與台灣社會的交涉互動，
唯有藉他的全集才有辦法凸顯

父親托著臉龐，微笑的望著我們，
似乎是在嘲笑，醜陋的依然醜陋，
善良仍然在水深火熱

2000年，父親八十大壽，一生中難得的全家大團圓

後排左起：本垣、齊怡、本城、中中、尚靜利（冬冬子）、麗鳳、郭素萍（冬冬）、崔渝生（毛毛）、林蔚文（張阿姨次子）、曹長安（毛毛婿）、林蔚川（張阿姨長子）

前坐左起：張香華阿姨、父親柏楊、艾迺美（Peta，佳佳女）、本明（佳佳）、孫觀漢先生

台南大學「柏楊紀念文物館」重建之「柏楊居」客廳
沙發上的抱枕，上面繡著「柏楊」二字

台南大學文創作品
紙製的「柏楊公仔」唯妙唯肖

1991年，父親獲頒國際桂冠詩人之桂冠及證書

總統陳水扁跟準正、副總統馬英九、蕭萬長分坐走道兩側，大家一同伴隨父親，走完人生最後的一程

2008年5月14日，在台北濟南教會，為父親舉行「安息禮拜」

遵依父親遺言，我們將他的骨灰拋撒在那片蔚藍的綠島海域

2008年5月17日，我手捧父親的骨灰罈，在台東富岡碼頭候船室，等待船隻前往綠島

1988年年初，父親用白話文親擬了一塊石碑，由大姐冬冬代他立於爺爺墓前

1988年10月，在離鄉四十年後重返故土，父親在爺爺碑前跪下叩頭，不斷飲泣

2010年9月12日，父親落葉歸根，移靈河南鄭州福壽園

我與二姐毛毛（左1）、表姐克敏（右1）、大姐冬冬（右2）合影於父親墓園的銅像前

攬翠樓「柏楊居」向外遠眺

父親墓園全景

背影

我的父親柏楊

郭本城 著

遠流

國家圖書館出版品預行編目(CIP)資料

背影：我的父親柏楊 / 郭本城作. -- 初版.
-- 臺北市：遠流，2014.04
面; 公分

ISBN 978-957-32-7411-7(平裝)

1. 柏楊 2. 傳記

783.3886 103006775

背影
我的父親柏楊

作者：郭本城
主編：游奇惠
圖片提供：郭本城、劉振祥、遠流資料庫
美術設計：丘銳致
企劃：叢昌瑜

發行人：王榮文
出版發行：遠流出版事業股份有限公司
臺北市100南昌路2段81號6樓
電話：2392-6899 傳真：2392-6658
郵撥：0189456-1

法律顧問：董安丹律師
著作權顧問：蕭雄淋律師

2014年4月29日 初版一刷
行政院新聞局局版臺業字第1295號
售價新台幣420元

ISBN 978-957-32-7411-7

YLib 遠流博識網
http://www.ylib.com
e-mail:ylib@ylib.com

〈代序〉追尋父親背影

王榮文

在我心目中，柏楊是一位不斷向前看的人。

他有作家的天賦和天真的動能，對不公不義的事特別敏感，強烈期待社會進步和不斷發展。對柏楊而言，從小說的同情，到雜文的批判，走向詮釋歷史，是他心中有質疑，想尋找解決之道的方法。

我們常常抱怨社會混亂，柏楊卻能永保信心。因為他從歷史角度看待問題，有時候比我們年輕人還樂觀。

二〇〇六年九月，柏楊宣布封筆，封筆前他寫下了「不為君王唱贊歌，只為蒼生說人話」，我覺得這是他對自己一生的自我定位，確實是柏楊一生不平則鳴，最終成為他伸張人權的單純信仰。這句話後來也變成了他的墓誌銘。

柏楊因自身經歷，被打壓，被侮辱，遭受苦難，坐了九年零二十六天的牢。所以當「綠島人權紀念碑」落成，柏楊在碑上寫下：「在那個時代，有多少母親，為她們被囚禁在這個島上的孩子，長夜哭泣！」那句子是他自身遭遇的映照，唯有真正經歷過的人，才能體會受冤屈者的悲痛。

柏楊是專制統治下的犧牲者，在他有權利報復的時候，他選擇了原諒。在我跟他交往近三十年的時間裡，始終感受到他懷著對社會、以及對所有人類的感恩之心和愛心，他將自己一生的不幸際遇轉換成正面動能，持續為維護人權發聲，對人權提倡作出貢獻。他就是用這種不斷向前看的方法來治療自己，幫助自己走出過去陰霾。

柏楊說，「個人的悲劇由於個性，社會的悲劇則由於時代，人生啊！真是一個沉重的擔子，懦弱的和不幸運的，被它蹂躪摧殘，剛強的和幸運的，才有機會把它挑起。」而柏楊就是其中的剛強者和幸運者。

不過，在私領域裡，柏楊也是平凡的人，一生崎嶇的他經歷了五段婚姻，是五個孩子的父親。除了出獄後因志趣相投和張香華有個幸福晚年外，柏楊的前幾個家庭應該都是倍受折磨的。柏楊的兒女們，沒有得到完整的父愛，有些是時代的悲劇，有些來自柏楊的性格使然，在柏楊寫作事業成功的背後，我猜想他內心不無歉疚和無奈。

本書作者郭本城，是柏楊長子，母親齊永培家世良好，出生書香世家，外祖父齊鐵恨是台灣推行國語運動的先驅。這是柏楊第三段姻緣，也是來台後的第一段婚姻。可惜因為柏楊掉入愛情漩渦追求新歡，這段婚姻維持不到六年。柏楊為此付出代價，直到二十年後，孩子們才逐漸的原諒他。

柏楊逝世六周年之際，郭本城重新追尋父親行跡，寫下這本《背影》，與其說是寫柏楊傳記，不如說是兒子藉此重新認識父親、理解父親的一趟旅程。

從否定到接受、進而肯定，這是一個特殊、破碎家庭的修復之路。我想起柏楊說過，人生倉促，對歷史要寬容。

自序

先父柏楊，他一生飄泊流離，歷練豐富，曾經差點死在繼母手上，也差點跳入黃浦江中，既曾入冤獄生不如死，又曾為總統府執手笑談的資政客卿。他在台灣的六十年：十年小說、十年雜文、十年冤獄、五年專欄、十年通鑑和十年人權，這一生最成熟的階段，都獻給了台灣。

父親最喜歡跟我們說故事，我們有的愛聽，有的也不怎麼愛聽，有的聽到一半，發覺他「上火」了，我們就不愛聽了。

有一次，父親說《伊索寓言》裡有一隻青蛙，陷在很深的車轍裡，怎麼跳都跳不出。同伴們幫牠、拉牠、拖牠，都沒有用，只好灑淚而別。第二天，同伴們一起來收拾牠的屍體，卻看見牠在草地上唱歌，驚奇的問：「你怎麼跳出來的？」那隻青蛙說：「我不得不跳，因為一輛馬車輾了過來。」人生就像那隻青蛙，都有陷入車轍裡的時候，而也都因為馬車奔來，讓你不得不奮力一跳，這一跳，不但脫離險境，還能跳上馬車，讓車上的公主一吻，青蛙就變成王子了。

父親的手，寫了兩千多萬個字，在一九六八年入獄之前，多為小說和雜文，一九七七年出獄後，有七十二冊白話本《柏楊版資治通鑑》和《醜陋的中國人》最具代表性。

《聯合報》曾經報導：「柏楊和歷史的聯繫，除了『通俗化史學』，還包括他一九六六年自費編印戰後第一本《中國文藝年鑑》，為今日文壇保留第一手文藝資料。在一九九四年，他以七十五歲的高齡，創立『財團法人人權教育基金會』，推動建立『綠島人權紀念碑』，持續宣導與推廣人權觀念。蓋棺論定，其實柏楊自己就是一本耐讀也值得細讀的奇書。」

父親的一生充滿了他個人與國家苦難的經歷，但是他也曾經說過，他絕對不是天下最苦的人，絕大多數的中國人，都比他更苦。這是民族的災難、是時代的災難，並非是某一個人的災難。所以，父親自認還算是個幸運的人，因此他對任何的人事物，都充滿了感恩的心。

父親認為每一個人，都是天使，雖然天使也有善惡之分，但都是上帝的禮物，是對人的試煉，加強他的意志，我覺得這是因為父親篤信基督的原因，他一直堅定的認為：災難是跳板，就看你怎麼去跳，試煉是上帝化妝的祝福，只要你通過這項考驗，神豐富的祝福就會降臨在你的身上。

身為這樣一個特殊、破碎家庭的長子，然而我沒有繼承父親的衣缽，因為我沒有像他這樣文思泉湧的思路與才華，而且有這樣一位「文豪級」的父親，壓力可想而知，何況我除了才疏學淺，還笨口拙舌，雖然一九九二年前後幾年，曾經發表過一些專業性市場面的分析，但也都僅僅限於一個小小篇幅，所以基本上，我對長篇的寫作，從沒想過，也從不敢想。

許多長輩和親朋好友，都對我鼓勵，在他們認為，評論柏楊的書籍坊間處處可見，連柏楊的傳記都出了好幾本，為甚麼他的長子，能淡定到不動如山呢？無論如何也應該寫些或是記錄些「柏楊」的相關東西，不論是紀念也好、回顧也行、評論也罷，能傳代更是佳美，編寫一些最真確的資料，應該都是長子責無旁貸的義務和權利，而時候也應該到了吧？不過，我可沒膽子評論，也沒這個能力。

首先，我的工作忙碌，最重要的，因為父親個人的傳奇性極高，他的成就是一般人難以超越的，在不斷的奇妙際遇之中，他的經歷與成長，並非我們這一代所能完全理解——在這充滿和平與祥樂的福爾摩莎年歲中，沒有戰爭的洗禮、沒有鬥爭的險惡、沒有流血的疼痛、沒有生離死別、沒有逃難悲淒，在台灣出生成長，五〇年代以後的人，的確很難有感同身受的經歷。

寫自己的父親不容易，寫太好，人家說我歌功頌德，寫不好，老爸鐵定托夢罵我。我在童年至青少年的這段成長過程，也曾重重的揹負著「柏楊」盛名的包袱，一九五九年父母離婚我不滿五歲；一九六八年，父親被調查局以「匪諜」和「打擊國家領導中心」的罪名逮捕入獄，那年我也才十四歲，對世事似懂非懂，但卻感覺得到，許多師長親友們的異樣眼光和言語。

尤其是一九七五和一九七六的這兩年，我在軍中服役，這才算真正成熟、真正看得懂時事，也才開始揹負這個沉重的包袱，苦嚐許多不公不平的待遇。我是一位「匪諜」之子，父親當時下落不明，軍中國民黨的細胞和政戰系統，不會輕縱對我的監控，在部隊裡我是黑五類，每周都要準時、分別向特定的政戰、情報和保防單位報到，接受長官輔導談話，檢察我的思想。不是我有「逆來順受」的個性或修養，更不是我能「忍人之不能忍」，我的自知之明，讓我堅定秉持著凡事低調、循規蹈矩，只求兩年平安熬過。畢竟，在外島，死個人算什麼？我才不會那麼白目呢。

好在我陸續對團隊作出貢獻，包括一次的全營演講比賽得著冠軍，以及代表營部的全師籃球比賽戰戰奏捷而奪魁，接著又當選「師代表」和「軍團代表」，為了全陸軍的比賽，我被調出來集訓了兩個月，這才使我真正的得到了「解放」，最後，我剩下三個月就要解甲還鄉了，卻不能享受早就過期的「榮譽假」，我總不能以後退伍了，自己放自己的榮譽假吧？

於是，我祭出了一個非常手段。父親那「衝」的個性，全都遺傳給我了，我偷偷摸得一把卡賓槍的刺刀，在營長面前往自己手臂上用力一劃，霎那間鮮血直冒，營長呂耀宗嚇的馬上讓我放假。將近四十年了，我左臂上刀痕依然存在。

這是我在軍中最大膽的一個舉動，也是最無知的一個動作。如果營長大喊有人行刺，可能我會在父親從綠島被釋放回來前，承接他牢房裡的盥洗用具，這可是最輕的刑罰，我認為，被槍斃的可能性更大。

我的成長過程，曾有幾個階段非常壓抑，可是我並不太在乎，我並非擁有父親那種堅忍卓絕的毅力，只是，我的這點狀況，都是小兒科啦！

二〇一二年五月，二姐毛毛打電話跟我說，五年前，父親在病榻上曾經有個遺願，希望我們兒女能以《紀事本末》為基準，在各個歷史故事的結尾處，摘記歷代名家的評論與見解，以及附註他《柏楊曰——讀通鑑·論歷史》這現代人的角度來鳥瞰這段歷史的心得、感言和評論，讓古今的解析、評斷能夠相互對照。二姐希望我能承接這件編輯的大事兒。我覺得父親的理念很好，但是我的素養不夠，讓我好一陣子惶恐不安。

一九九三年，《柏楊版資治通鑑》全部完成之後，相當受到世人的矚目，當時新加坡的副總理王鼎昌先生，也是《柏楊版資治通鑑》的忠實讀者，更是最佳的推廣和宣傳的代言人。這位世界著名的政治家計劃把書中的精彩辭句，編輯成語錄本，向新加坡的全體青年推薦。而父親則是在一九九八年，將《柏楊版資治通鑑》中最精彩的八百六十二則「柏楊曰」輯錄成書，向世界的全體華人推薦。

父親自一九七七年出獄之後，一直都在為培養一個書香社會而注入很多的努力，二〇〇七年，父親已經臥病在床，但是仍然有這些理想和抱負。父親辭世後，我向遠流出版公司的王榮文董事長請教，王董鼓勵我：你可以編寫父親在世時對國家社會，以及跟你們兒女之間的對話，或是他這傳奇一生獨特的經歷，對你們所產生影響的回顧，也能藉此鼓勵現代的青年朋友，加強堅忍卓絕的毅力與意志，意義重大而且正面。

我聽完這樣的建議，茅塞頓開，在父親離開我們五年之後，我膽大包天的提起筆來，透過寫作，記錄與回憶父親從小到老，對我們所說的一些經歷和故事，以及我心目中的這位與眾不同的父親——柏楊，和我們之間互動的關係。

我感謝這個社會、也替父親感謝這個社會，讓我們有許多珍貴與難得的回憶。我還特別的，要向周碧瑟教授表達無限的敬意與謝忱，她所執筆《柏楊回憶錄》中，父親口述的經歷，幫助我建立了《背影》篇幅的架構，也補足了我缺失和無從查考的部分，這才使我能有這個機會和條件，從完全正面來表述、重建與認識父親的生命歷程，並能與愛他的朋友們，一塊分享。

目錄

□代序：追尋父親背影　王榮文
□自序
1 混沌年代 誕生中原 3
2 生母早逝 繼母凶暴 12
3 慈母恩重 山高海深 17
4 外祖父母 呵護備致 22
5 良師啟蒙 惡師鞭韃 26
6 兩位父親 背影不同 32
7 吸毒成癮 傾家蕩產 44
8 西安事變 犯上作亂 51
9 醜陋帝國 掠奪侵略 58
10 珞珈歡曲 奪命悲歌 68
11 婚喪喜慶 逃離故鄉 77

12 大隧道案 慘絕人寰 82
13 買假造偽 遭除學籍 88
14 再接再厲 複製證件 93
15 國仇家恨 日本投降 100
16 回到東北 福禍並至 112
17 橫渡海峽 登陸台灣 126
18 三天飽飯 妻離子散 144
19 十年雜文 刀筆如削 157
20 大力水手 惹出大禍 183
21 誣陷逼供 拐騙栽贓 197
22 十大罪狀 死刑起訴 217
23 錐心泣血 上訴萬言 230
24 冤氣之歌 長恨之歌 243
25 惡魔島上 珍貴友誼 253
26 忠貞叛徒 同埋一丘 264

27 寫史寫詩 獄中家書 275
28 隔壁軟禁 黑牢無期 286
29 人權外交 獲釋回台 296
30 劫後餘生 再遭圍剿 304
31 監獄文學 贈與恩人 310
32 應邀出訪 星馬歐美 318
33 十年譯寫 資治通鑑 329
34 故土情思 重返家園 338
35 人權價值 普世共通 346
36 生命鬥士 柏楊全集 356
37 平反冤獄 恢復名譽 371
38 與世長辭 生態海葬 382
39 根留兩岸 緬懷傳承 395
40 駐足高崗 永垂不朽 402

背影

我的父親柏楊

郭本城 著

1 混沌年代 誕生中原

父親是一九二〇年出生在河南。河南自古就是中國人的文化重鎮，也就是歷史上兵家必爭之地的中原。但是，他是在河南省的開封縣出生？還是出生在河南省的通許縣？連他自己都不清楚。但確定的是，他不是出生在他的祖籍之地——輝縣。不像我，可以明確的昭告天下，我在某年某月吉日吉時出生在台灣的台北市。當然時代不同際遇也會不同。結果也不知道是怎麼回事，最終他被歸類為河南省輝縣人。現在輝縣已於一九八八年升格為市了，就是現在的輝縣市。

以前我們身分證上都有一欄「籍貫」，我的籍貫欄裡，填的卻是河南省「開封縣」，這跟輝縣、通許縣又不一樣了，連父親都搞不清楚，我就更搞不清楚了。還是現在版的「出生地：台灣省台北市」比較有唯一的代表性。

父親的祖父是郭統先生，我的祖父是郭學忠先生。我的祖父當過河南省通許縣的縣長，又當過開封縣警察局的官員。至於我的曾祖父郭統先生，可能是一位商人，父親已不復記憶。在河南輝縣志裡，父親也印證他是二十世紀四〇年代輾轉來台的輝縣移民之一，當時大部分都是隨軍而至，唯有他是一九四九年逃難而來，直至二〇〇八年父親因病過世，這六十年的漫長歲月，台灣早已成為他的故土了。我在二〇一二年五月五日赴河南鄭州福壽園父親的墓園為他獻花、鞠躬、追思、掃墓結束的當天下午，與從台灣抵達的叔叔郭立熙、堂妹靜雯和怡君，以及從居住新鄉前來的大姐冬冬，結伴返回新鄉，並於次日由外甥靜利、云玲夫婦開車，載著大姐和我，回到父親的故鄉，當然也是我們五個兄弟姐妹的故鄉——輝縣市，這是我首度回到故鄉老家。

當時弟弟本垣去韓國出差、妹妹佳佳人在澳洲，都不克同來。在掃墓的前一天，二姐毛毛跟二姐夫長安特地從西安趕來鄭州，他們在前一個月清明節時，跟大姐冬冬全家已經來掃過墓了，二姐夫因為還有要事處理，因此跟二姐匆匆而至，與我共進午餐後又匆匆而返。我們五位兒女，正如一九八八年三月，父親給已經逝世數十年他的父母，就是給我們的爺爺和奶奶所撰寫的紀念碑文，在最後一段記載著：「但願兩地後裔，相親相愛」。而這兩地的後裔，也的確都能相互扶持、沒有爭議，這是郭門之福。

父親這篇紀念碑文全文如下：

這裡安葬的是郭學忠先生及夫人，也是我的父母，我沒有見過母親，但父親於一九四〇年在這裡入土的時候，眼看靈柩冉冉下降深穴，我曾搶地痛哭。而今，大姐育英、二弟德澤，均已病故，大妹育俊、三弟德洋、幼妹育傑，不知流落何方，音信全無。事實上我非長子，長子汴生，幼年早夭，可惜我記憶模糊。已逝之人，當在地下見父。未逝之人，憑墓哀悼。我於一九四九年遠移台灣，將來也葬台灣，子孫永難再歸故土。父死之年，五十有七，兒今已六十有九，為我父立此一碑，如幸得保存，作為海峽兩岸郭門一線相牽，血濃於水，但願兩地後裔，相親相愛。

輝縣是中國最古老的城市之一，但是卻在歷史上沒沒無聞。雖然最古老，卻也沒出現過什麼大人物、無論是大忠或是大奸，或是大記事，即使是什麼大災難，也都幸運的沒有降臨在這個城市裡。父親告訴我們，我們故鄉最著名的一件事，是發生在紀元前二二一年，秦帝國消滅了當時華夏土地上所有的獨立國家，統一了當時已知的世界，把他最後俘虜的一個名叫田建的齊國國王，放逐到共城（就是我們的故鄉——輝縣），任憑他自生自滅。這位當了四十五年的國王，享盡人間的榮華富貴之後，被軟禁在太行山麓松柏樹林之中。最後，他的隨從全部逃光，全家飢寒交迫日夜啼哭，一代國王田建憂鬱過度終於鬱悶而亡。王后與王子最後漂流何處均不知下落，或是已經化為白骨不得而知。齊國遺民為他寫了一首哀歌：

滿目柏林
飢餓時不能吃
口渴時不能喝
誰使田建落得如此下場
是不是那些——
平常圍繞著他的客卿大臣

當時這首哀歌，在輝縣廣大的土地上飄蕩。父親說：兩千餘年之後的今天，因為太遙遠了，誰都不記得了。而現代的輝縣人，他們所有的記憶最遠可以追朔到三百年前那個令人作嘔的明王朝末年。那是一個無邊無涯的大黑暗時代，整個中國北部大約五百萬方公里，是現在台灣一百五十倍以上的廣大面積，發生被貪官汙吏一手創造出來的可怖饑荒，旱災、蝗災，所有含葉綠素的葉子全被啃食精光。當時我們的故鄉，就是現在的輝縣，大地如焚、河水乾枯、望眼是一片焦土。飢餓的災民互相交換子女烹殺煮食，孩子吃光了，就吃觀音土——這是一種白色像石頭的鬆軟固體，經水煮過會變成漿糊一樣的黏稠半液體狀，喝下後可以暫時填滿腸胃，但是不久就會凝結，恢復原先石頭的硬塊，既不能消化，又無法排出，最後被活活脹死。

就在山西省洪洞縣，一個郭姓大家族幾乎被飢餓消滅，殘存的一些族人，在一棵大槐樹下把一個鐵鍋摔破，分給每一個支派的族長，然後相互祝福後四散逃命。他們相約等這場災難過去，大家返回故土，重建家園。萬一到時候子孫已經互不相識，鍋片就是信物，可以為證。於是其中有一支從洪洞縣出發，向東逃亡。那是一段悲慘淒涼的旅程，中途幼兒夭折、老人逝世，就這樣沿著逃亡所經過的沿路，寫下悲苦的河南輝縣先民的移民史。我們的這些老祖宗們翻過高達兩千公尺的太行山，繼續向東逃亡，終於在太行山東麓的輝縣定居，他們的子孫一直傳到現在。轉眼三百餘年，鍋片早已不見，子孫們對往日大槐樹下摔鍋片的故鄉，早已失去記憶。今天，當輝縣人被詢問到這個故事的時候，只見他們一臉茫然的表情，透露無限人世的滄桑。

父親就是這支苦難先民的後裔，我們五個兄弟姐妹，當然也是這支苦難先民的後裔。可是在一九九二年前後，郭氏家譜出土，才發現所有輝縣的移民不是來自山西，而是來自江西，遷移的方向是由南向北。當最近的真相出土之後，大家對先民故事的懷念和吸引，霎那間從洪洞縣聞名的蘇三身上，轉移到「老表」身上，這是種歷史感情，不含任何政治和地緣的雜質在內。然而，聽完父親所講的每一個歷史故事，包括他自己身上遭遇的歷史故事，事實上，我們經常是無法感同身受，而且對那麼遙遠的過去，似乎聽了也缺乏感動。

我們郭氏的宗派有十二個字，入譜以後為子孫之命名，分別是：學立本　乃克昌　惟其善方延長。爺爺郭學忠是「學」字輩、父親這一代是「立」字輩、我們這一代是「本」字輩、我的下一代是「乃」字輩，我兒再有小孩，就是「克」字輩了。這種用字來排輩份的文化，始於大分裂的南北朝時代，是一種凝聚家族向心力的方法。

從我們的郭氏始祖郭弘先生為第一世，到父親已經是第十七代的子孫了，我和大姐素萍、二姐渝生，弟弟本垣和小妹本明是第十八代。而我兒中中，則是第十九代了。

父親曾說：在實用性極強的中國傳統文化中，中國人認為歷史的功能只有一種，就是為後人提供教訓，所以我們經常聽到要接受歷史教訓的經驗和勉勵。雖然這項功能的效果常被高估，否則，中國人在吸收了比其他任何國家都要更久更多的教訓和經驗之後，無論哪一方面，都應該比其他國家更好才對。然而五千年悠久的歷史，不但沒使我們在其中得到什麼教訓，反而衍生特別沉重的壓力，使我們更僵化、更落後。父親曾勉勵我們說：任何的記載都將成為歷史，但我們不能忘記血濃於水的感情。而歷史還有一項最大的功能，就是使我們能在回顧之中，產生濃厚的歸屬情結，使我們能了解所來自的那個地方，到底是個什麼情景。

美國《根》（*Roots*）的作者亞歷克斯・哈利（Alex Haley）在一九七六年出版的這部家史小說，形容他歷經十二年的考察研究，追朔到他六代以上祖先昆塔・肯特，是一個從非洲西海岸被白人奴隸販子擄到北美當奴隸的黑人。這本書曾引起許多不同的評論，也是膾炙人口的暢銷書。

亞歷克斯・哈利所以尋根，一直尋到非洲，並非想從其中取得教訓，而是想從其中取得心靈的穩定和充實。

二〇一二年五月，我首次踏上了這個讓我驚訝的美麗城市，也是我們與父親的根，這與我的「根在台灣」和「根的源頭」並不抵觸。就是這個位處太行山東麓、有著苦難先民血淚的移民史的，我和父親的故鄉——河南省輝縣市，自然也使我洋溢出濃厚的歸屬情結。

眼簾下的景緻清新而有序，五月天繽紛的綠意盎然、華廈矗立寬闊的街道兩側，萬里晴空又視野遼闊，除了在施工的路段之外，街道也清潔坦平，還沒有走進更深一層的心靈之旅，我的心情就已經好透了。兩岸奔波十餘年，今天，我卻是首度返回故鄉，不論我們的先民從何而來，都讓我愛上了我的祖籍之地、這美好的家鄉——河南的輝縣市。不過，我也沒把握，如果沒有大姐冬冬一家人的同心同行，我對這個城市的愛，會不會沒這麼多？

日本作家黃文雄先生曾引用日本的一句諺語，說柏楊是一個看過地獄回來的人，指的是七〇年代台灣「白色恐怖」時期，父親幾乎被政府槍決。實際上，父親不僅看過，而是一生幾乎全部都在地獄，他的眼淚遠超過歡笑。當然，我認為他有否極泰來的晚年人生，從一九七七年四月一日之後，就一天好過一天，直到最後幾年被病魔折磨與最後一年的長臥不起。

父親病中，在我探望他時，多次緊緊的握著我的手，不但關懷我們兒女，還關心國家、社會和兩岸的許許多多事情。但我知道，至終他沒能盡吐心中的牽掛與交代，而於二〇〇八年四月二十九日與世長辭，享壽八十九歲。

同年五月十四日，父親安息聚會的紀念儀式上，當時的陳水扁總統和政府各部會首長，以及即將上任的準總統、準副總統馬英九先生和蕭萬長先生，都親來弔祭。父親這一生是倒吃甘蔗、苦盡甘來，五位兒女的血濃於水，正是最好的見證。他過世時兩袖清風，我們兒女也都淡泊無求，且能保持聯繫、沒有爭執，並體恤扶持，我相信這是他在天之靈最安慰的事情。

父親的生日，據說是一九二〇年，至於是幾月？哪一天？就不確定了。在那個大混沌的年代、二十世紀二〇、三〇年代的內陸鄉村，幾乎還是原始社會，除了大人物或是世家子弟外，鮮少有家庭為孩子慶生，所以他不知道生日是哪一天，也不足為奇。一九四九年，父親隻身漂流到台灣，因為要辦戶口登記，就報了一個不容易忘記的日子：十一月一日，這是東北第一大城瀋陽，在國共內戰中陷入共軍的日子，因為當時父親正在瀋陽辦《大東日報》，印象深刻難以忘卻，所以就順口報上這個日期當做生日來登記戶口。如果當時他報的是十月十日，不知道能否趨吉避凶？

二十年後的一九六八年三月七日，父親被調查局以「匪諜」和「打擊國家領導中心」的罪名逮捕入獄求處死刑。其後又改判有期徒刑十二年，於是從此，他就以三月七日作為新的生日，來紀念自己的苦難。

父親的姓——「郭」沒改過，但是名字，卻因為自己的理想、人事的變遷和時代的動盪，改過好幾次。一九二〇年出生的正名叫郭定生，乳名小獅兒，後來被繼母喊成「叫炮頭」，這是開封土話，意思是被槍斃的頭。一九三六年，他以同等學歷考取開封高中時，更名為郭立邦，「立」是他這一代的排行用字。

一九四四年為了求學，他偽造學歷證件，再改名為郭衣洞，被分發到三台的東北大學讀政治系三年級。從此以後，他就使用郭衣洞這個名字了。直到一九六〇年「柏楊」的筆名在台灣誕生，以及一九六一年使用「鄧克保」的筆名撰寫《異域》。大多數人都知道柏楊和鄧克保，卻不知道郭衣洞是誰。

2 生母早逝 繼母凶暴

從嬰兒呱呱落地還不能有記憶時，父親就失去了親生母親，當然也就喪失了受到母親呵護的權利和幸福。親生母親姓魏，家住輝縣西關，其餘一概不知，也不知年紀輕輕的母親因何過世。

三歲的那年，父親有了一個滿洲人的漂亮能幹的繼母，但是繼母心地卻不漂亮、行為也不磊落。到底是沒有血緣，母子是不可能連心的。如果繼母稍有愛心能視繼子如己出也算幸運，可惜是個凶殘粗暴又無知的繼母，再加上一顆醜陋的心地，那就慘了。

結果還不只是一個「慘」字能形容這對母子的關係。父親形容他的繼母，根本就是精神分裂、潑婦罵街那一型的狠毒惡婦。沒受過教育、頤指氣使，常像一頭瘋狂的野獸，對著我爺爺破口大罵，還牽連到祖宗三代一塊兒罵進去，家裡叫罵不過癮，蹭著鞋到大街上，越是人來人往熱鬧的地方，越是讓她興奮，一面走、一面揮舞手勢，高八度的嗓音高聲叫喊，有一個成語「潑婦罵街」，可能都還不夠詮釋的貼切。

西方有一句話：「上帝不能跟每一個人同住，所以賜給他一個母親」。上帝也賜給父親一個母親了，只是又奪了回去，換一個更聰明、更凶殘的罷了。

一個能讓別人公認是聰明的人，必定在各方面的表現都很亮眼，也必定是反應靈敏、能言善道、辯才無礙、謙虛多禮。而也有許多自負、自傲的聰明人，卻只會表現強勢凌人的嘴臉，實為誇辯之徒，坐議立談無人能及，臨機應變卻百無一策，如果還仗著幾分聰明或權勢欺人凌弱，就足以顯明，這個聰明人有多麼膚淺和醜陋。我想，這種自認聰明的人太多，而沒有智慧的言談行為，至終讓人鄙視。

父親的繼母祁氏，正是個聰明、漂亮、能幹的婦人，加上曾經擁有的顯赫家世背景，但這種不是智慧的聰明，就讓她徹底走樣了。最疼愛父親的嫡親姐姐郭育英女士，大父親六歲，也在繼母進門之後就被逼迫草率嫁人了，當時郭育英才讀小學二年級，因此被迫停學。

以後父親每次闖禍，都是由已經出嫁卻不幸喪夫、同樣貧苦的姐姐幫忙應付，父親難過的說：當時是個渾沌的年齡，不懂體恤姐姐的苦心，經常惹她傷心落淚。

姐姐是這個世界上最關心、最疼愛他的親人，而且更是那個時代的受害者。因為纏著小腳、不太識字，使她無法維持自己的生活。

一九四〇年，父親為了逃避繼母的陷害而匆匆離家。九年之後，他被內戰的戰火驅逐到了台灣。四十年後的一九八八年十一月，才得重返故土。回到河南老家輝縣祭祖墳時，他的姐姐已於前一年逝世，臨死還拿著不爭氣的弟弟寫來的家書，叫別人念給她聽。言至於此，父親已經淚流滿面。

父親從小就跟繼母所生的兩個弟弟和兩個妹妹在待遇上不同，當然不同，親生骨肉與繼子當然不同，也當然爾的在吃喝生活上多有分別。每天早上弟妹喝牛奶，吃荷包蛋，可見當時這戶人家的生活水準不低，絕對是在小康之上。但是父親卻什麼都吃不到，因為沒他的份，而他就只能喝白開水。而唯一有份的，就是挨罵、挨打、挨餓。

父親看著弟妹享用這些熱呼呼香噴噴的佳餚時，總是瞪著大眼，口水淌淌而下。只有那麼一次，他喊叫說：「媽！我也要吃」。只見繼母衝進房門，一巴掌就打在臉上，小臉霎時留下鮮紅掌印。繼母詬罵說：「你這個沒出息的叫炮頭，你也配吃？」從此之後，他就斷了這個要吃荷包蛋和牛奶的念頭了。

每一次，父親都用自己的衣服袖子擦乾口水，邊嚥口水邊走出房間，飢腸依然轆轆。

父親的繼母就這麼的趾高氣昂、毫無顧忌、目中無人。這個家庭也因此常常發生爭吵鬧劇，而且再三的上演，並且愈演愈烈，卻又歹戲拖棚，造成父親心中深刻的烙印。此時，他還不知道繼母不是親娘，仍跟別的孩子一樣，充滿了孺慕之情，多麼渴望能在母親的懷抱裡享受片刻溫暖，然而，在他童年的記憶裡，從來沒有發生過這樣的事情。

忽然有一天，父親發現親娘原來是繼母，不但有前夫，而且還有一個女兒。父親的性格敦厚，也沒特別怨恨，在他記憶中，繼母對他也有過和顏悅色的時候，一個夏夜，他光著脊梁趴在院子裡一張竹床上，迷迷糊糊的半睡半醒。爺爺郭學忠先生正出門，繼母穿過院子時關心的說：「快回去房間睡覺，這裡會受風寒的」。沒一會兒又再輕聲重複一遍：「快回房睡覺吧，這裡會著涼的」。聽在這才幾歲小男孩純潔幼弱的心靈裡，頓時全身都暖和起來，這是他第一次在精神上得著了母愛的安慰。於是就趴在那裡，咀嚼這份母愛，漸漸的進入夢鄉。

這真正的美夢，眨眼間就破滅了。繼母折返時，突然就劈頭劈臉的朝著父親一陣暴打。美夢還在做，就被打醒了，滿臉的血跡順著繼母帶著戒指的手指流出來。他根本沒搞清楚是怎麼一回事，只聽到繼母尖聲的叫罵：「你這個叫炮頭，你爸在家你就仗勢不聽話，叫你回房睡，你就偏偏在院子睡，讓你爸爸認為我不疼你是不是？現在你爸爸不在，你還仗勢誰？看我怎麼修理你。」這一陣胡打蠻打，他遍體鱗傷、頭重腳輕的拖著滿身的疼痛，逃回屋內。

父親從小就愛看書，也愛買書來看，一些兒童讀物之類的，讓他積欠將近兩塊錢的書款，當時學校的伙食費一個月才三塊錢。這筆龐大的數字，逼的他只有暗自寫信向許昌的父親求救。然後痴痴的等著金錢的救援，沒想到又換來一頓更嚴厲的毒打。

原來繼母收到丈夫來信，要她幫忙還債。有一天，繼母將父親叫到跟前，關上房門，面帶微笑的用一根大拇指粗的麻繩，綁住他的一條腿，接著又反綁了兩隻手臂。他意識到事態好像嚴重了，可是繼母又笑容可掬，不像要動粗的樣子。他小腦袋瓜還在轉啊轉的一瞬間，一條細竹條劈頭閃了下來。手腳都被綁著，哪有辦法掙脫逃走，於是在槍林彈雨似的竹條閃光之中，他跪下來哀嚎：「不敢了！不敢了！」為甚麼挨打？他也根本不知道，只是藉著「不敢」來求饒，繼母臉上的笑容早就變成為猙獰的嘴臉，說道：「你長大了，會給爸爸寫信了，是不是？」求饒並不能讓繼母氣消，緊接著竹條如雨下，劈哩趴啦全都不定點的遍布在他的全身上下。

父親雙手被反綁無法抱頭，只能將頭埋到床下，讓脊背和雙腿承受所有的攻擊。終於在呼天搶地的哀號聲中，引來了大家的營救，他們把房門撞開大叫說：「太太！你會打死他的！」這一次，才逃過一劫。

父親好幾次跟我們一同回憶這段無法抹滅的悲慘童年。他還敘述有那麼一次，放學時傾盆大雨，他知道不會有人來接，於是就冒著大雨衝回家，還期待慈母心疼的緊緊擁抱著他。結果只聽到一聲吆喝，暴怒的繼母跳起來就是兩記耳光，罵道：「你這個叫炮頭，你知道你爸爸今天回來，故意淋給他看是不是？那我就打給他看」。就這樣，他又挨了一頓毒打，經過家人的勸解，繼母才鬆開了手，父親逃回小屋，脫下濕透的衣褲鑽進被窩裡不斷的發抖。

3 慈母恩重 山高海深

父親從小沒親娘，而我和弟弟，從小沒親爹。但是感謝神的恩典！我有一位偉大的母親齊永培女士。母親與父親的繼母，這兩個都在扮演母親角色的女人，與我和父親這兩個男人，這是我們父子最不相同的命運，他就沒有我這麼好命。

我和弟弟本垣的親生母親齊永培女士，一九五九年與父親仳離之後，就帶著我和弟弟兩個幼童遷居，與我的外祖父母同住，直至二〇〇一年因病過世，一直都是孑然一身沒有改嫁，為的是能夠全心全意呵護我和弟弟，因為她認為萬一繼父對我們不好，使我們這已經失去親爹的孤兒，會更加可憐。就這樣的，母親辛苦的帶著我們兄弟倆，孤兒寡母的相依為命。

母愛更勝父愛，因為父愛在我和弟弟懂事以來，就不曾臨到我們。母親對父親的怨懟，這是身為長子的我獨有的經歷，也是任何相關柏楊的著作中，是無法分享到的。在大時代中，人是有權怨懟的，但是最終，母親努力的將心中的痛苦和怨懟，昇華到對我們兄弟兩無窮無盡、無匱無乏的愛。

母親帶著我們與外祖父母同住，這是我和弟弟的福分，我們又多了兩位守護神，加上母代父職，使我們的成長期，完全適應沒有父愛的處境，也使我和弟弟特別感恩慈母的辛勞，也學習到母親堅忍卓絕、無私無我的愛與付出。

我們的母親齊永培女士，於一九二七年五月二十三日在北平市出生，她對自己的格言是：「若想做自己，一切要自己做。」

二〇〇一年三月二十八日下午三時四十九分，她因病逝世於台北市國泰醫院。我們在悲傷和不捨中，獻上我們最真摯的祝禱和懷念。

母親一直是家的支柱，從拉拔兩個稚齡的兒子長大，到奉養年邁的雙親，整整二十個年頭，全部的重擔都壓在她瘦削的肩頭，不管她是不是願意承擔，不管她承不承受的了，在她最美麗的年紀，她硬是一肩挑了下來，四處兼課，一手撐起五口之家。

還記得那時住在和平西路的木製平房，冬夜裡，她只裹著薄被而眠，為的是怕睡沉了，沒法半夜起來換煤球。後來外祖母中風、外祖父兩腿不便，母親更是咬緊牙關，疲於奔命。直到雙親過世，兩個兒子成家立業，她才在大家的堅持下退休。哪曉得還沒來得及好好孝敬她，只看到母親一天天快速的衰老，做孩子的我們才驚覺她的健康早已透支殆盡了。

回想起來，在那段最艱苦的日子過後，母親曾說，將來不願成為我們的負擔。母親這兩年兩度住院，輾轉床榻受盡煎熬，三月二十八日那天在例行回診時走的卻快，不知是否是為了那句話？

母親是獨生女，少女時期在父母和家庭的呵護下，即便在戰火流離的年代，也沒有經歷過太多的苦難。我們都記得母親說的故事：一九四七年來台後，有一次和朋友騎單車去看電影，因為擔心自己的新車在電影院外面被偷，只好又一同騎回家，而避開了當天戲院外的一場暴亂。我們一直很難重塑那時母親騎單車的模樣，更無法想像，記憶以來刻苦持家的母親，也曾經有過快樂的年輕歲月。

母親生活簡約樸實，家裡從沒有多餘的裝飾品，對自己更是幾近苛刻，一套衣服可以穿十年，一盤菜可以吃上一星期，她把所有好的東西都給了孩子、學生和朋友們。逢年過節或生日喜慶，她一定不忘送份精挑細選的精緻禮物；而在台大和師大語言中心任教的她，對在異鄉求學的外籍學生，更是噓寒問暖關懷備至。學生們尤其感佩她能夠不用英文，也不需翻譯，就讓所有的外籍學生學好中文。翻閱母親留下的照片，泰半都是她和各國學生一起歡聚的笑容，母親默默的也做了好多好多的國民外交。

織毛衣是母親最拿手的絕活，也是唯一的嗜好。一針一線編織了她的一生，也編織出她對親朋好友無盡無聲的關愛。家裡的親朋好友，每個人都穿過她織製的毛衣，好不容易第一輪織完了，第二輪又開始預約，彷彿她總有著織不完的毛衣，自然也沒有輪到為自己織上一件。

母親寫的一手好字，大氣而有個性，十足的字如其人。退休後，母親每天研墨，寫三大張的書法，厚實端正的顏體，完全不似出自女性之手，這樣持續了兩年之久，直到她下不了床。

母親一生劬勞，也一世好強，生活的擔子、內心的孤寂，她從來絕口不提。在外人眼中，她一直是個談笑風生又幽默十足的人。其實母親很愛笑，笑起來甚至還有一點小女孩怯怯的嬌羞，而幽默更是她的專長，開起玩笑來可以沒大沒小。或許生命的艱難教她學著要比別人更樂觀。母親堅忍卓絕的毅力超越常人，重聽後她仍然堅持自己過日子，直到骨質流失，脊椎側彎到無法行走的地步，才同意我們替她請幫傭。母親一生處事明快、果敢風趣，晚年卻一切不能自理，心裡上的掙扎更甚於失去健康的折磨。

母親出自書香世家，在北京出生，在上海長大，童年在上海大院裡點點滴滴是她這輩子最快樂的記憶，而回上海老家也成為母親最後的心願。就是在最後半年臥床期間，她仍每天勉力活動手腳，期盼能夠再站立起來，走一趟上海。無奈年後母親健康急遽惡化，就此不起，如今，做孩子的我們承諾，年內一定要幫母親達成這個心願。纏綿病榻最後三個月，母親的胃口變的極小也極差，知道母親愛吃紅豆麵包、荷葉排骨、炒年糕、韭菜盒子和醃黃瓜，我們四個孩子每星期輪班去探看陪伴她的時候，總不忘帶些好吃的給她，她也掛出笑容特別努力的多吃一點，買久了，店鋪裡的老闆知道是買給母親的，總也不忘問候一聲：「老夫人有沒有好一點呢？」現在回想特別令人心酸，親愛的慈母已經永遠的離開我們了。最後幾天我們看到的母親，身體雖不舒服，嘴裡喊著身上到處都疼，神情卻十分詳和，並且不時露出笑容。最後送母親門診當天，她堅持的說：「我不要再住院了」。她果真沒再住院，而我們則再也沒等到接她回家，一位堅毅的母親走了，我們的母親永遠活在我們的心裡，我們永遠記得的，是她堅忍的身影，和淺淺的微笑。

母親的骨灰安置在台北市忠孝東路上的善導寺裡，因為距離比較近，我們可以經常攜帶鮮花素果過去探望母親，跟她說說話，以慰她的在天之靈。當年，最值得一提的，是我們還有一位深愛我們的外祖父齊鐵恨老先生和外祖母齊舒晨老太太，使我和弟弟的童年日子，真是備受呵護而無憂無慮、無牽無掛、無缺無乏，更是無病無災。這些都讓我們平靜安詳的度過缺乏父愛的童年，以及最需要父愛的青少年成長期。

4 外祖父母 呵護備致

在大陸整個淪陷前二年的一九四七年，外祖父齊鐵恨先生是帶著外祖母齊舒晨女士，以及剛滿二十歲的母親齊永培，奉派到台灣來推行國語的，在台北居住在台灣省教育廳配給的宿舍，是一棟日本戰敗投降撤離後，留下來的日式的地板平房，踏兩個小階梯才能進入客廳，花花草草遍布房子前後圍繞著的庭院，還有幾株番石榴樹和椰子樹。自一九五九年之後，就在這個優美的居住環境裡，母親帶著我跟弟弟，與外祖父、外祖母一家五口，在這裡安身立命、長大成人。我的外祖父母，在一九五九年之前，是我父親的岳父大人和岳母大人。

我們的外祖父每天早晚有一個極為重要的任務要完成，就是早上送我上幼稚園，下午要接我回家。弟弟上幼稚園之後，外祖父就一隻手牽一個，先把我送到國語實驗小學的教室門口，再把弟弟送進幼稚園的大門，下午就先接弟弟回家，再等到傍晚接我回家，直到我們都升到中年級之後。

外祖母齊舒晨女士，也是北平人，是一位傳統的北平老太太，愛護我們更是無微不至。外祖父的學生和朋友真多，都常來家裡作客，很多長輩都是很有名望的教育學者，外祖父是位宅心仁厚的長者，更是一位德高望重的語文學家。

台北東郊 我校古亭 四通八達 大道寬平
早起上學 朝向光明 青天白日 旗幟高擎
文山挺秀 淡水澄清 材木暢茂 好鳥嚶鳴
師生和樂 偌大家庭 進德修業 與時偕行

這是台北市古亭國民小學的校歌，由李志傳先生作曲，而歌詞的作者，就是我的外祖父——齊鐵恨先生。

外祖父本名勳，自號鐵恨，是北平香山人，通曉漢、滿、蒙文。生於一八九二年，歿於一九七七年，享壽八十五歲，是台灣省推行國語運動的先驅，是國語運動的元老，同時也身為《國語日報》的常務董事。更於當年在台灣廣播電台中介紹並播放由自己主編的《古今文選》。

齊鐵恨先生是知名的「老北京」，有好幾年在每天清晨七點在電台擔任國語讀音示範，播講民眾國語讀本、國語會話、國民學校國語、常識、歷史等各種課本，供國人收聽以匡正語音。當時許多學校教師每天早上都準時收聽齊老師的教學，他們現聽現學，然後馬上到學校現教。齊鐵恨老師當時可說是家喻戶曉，直到現在，許多上了年紀的台灣人對於齊鐵老那娓娓動聽的「京片子」仍然印象深刻。但我外祖父在一九三〇年著作的《初級國語話》，年代已久早已絕版了。而一九六八年在台編著的《最新語文字典》與《普通社會國語會話》二書，前者是外祖父生前的遺作，直到逝世之後這本字典才發行問市。外祖父的這些編著，至今仍能在特定的書店找著。還有與梁容若教授合編的《古今文選》，是一套充實而珍貴的參考書，在台灣的許多大學都還有珍藏。

財團法人教育部接受捐助獎學基金會成立於一九六三年，至今已近五十年的歷史了。幸蒙許多熱心人士的捐助，五十年來嘉惠了無以數計的優秀學子，對於國家社會都能產生積極正面的作用。而「紀念齊鐵恨先生獎學金」，在每一個學年度，也都會撥發五千元至二萬元不等的獎學金給品學兼優的學生，期勉所有得獎學生將來事業有成時，記得仿效前人繼續回饋後進。

外祖父在生前就告誡我們說：「房子是國家免費給我們居住的，我們以後一定要歸還國家，不可侵占」。外祖父在晚年摔過兩次跤，也因此無法行走，終年臥床，在一九七七年因心臟衰竭而逝，當時的副總統嚴家淦，還特贈匾額悼念。外祖母中風後沒多久，是一九七二年先我外祖父而逝，所以在兩位老人家先後過世之後，我們就自動放棄房子優先承購的權力，搬離這個從童年到青少年，我和弟弟的生命在最起初的、擁有最美好記憶的、並能健康成長的優生美地。

外祖父母合葬在台北市木柵區的河北公墓，每年清明掃墓節期，母親都會帶領我們，爬上百層石階，凝視兩位老人家嵌在石碑上的遺像悼念。母親過世後，我和弟弟也都會率妻攜子，帶著兩份鮮花素果，先去祭奠母親，再開車到河北公墓。近年上山階梯多已塌陷，我們清理著墓地的雜草，追憶兩老恩待我們的歲月，都不禁眼睛濕潤、緬懷不已。

5 良師啟蒙 惡師鞭韃

父親記憶中，一九三一年的某一天，忽然被他父親送到省立第四小學二年級，他沒讀過小學一年級，一下子就跳到二年級了。（今天的教育體制中，非有特別資優的表現，才能這樣跳級。）入學不久，就發生九一八事件。那年他才十歲，而且才剛開始接受基礎教育，實在不知道什麼是九一八事件？什麼是東三省？什麼是日本軍？瀋陽在哪裡？北大營又在哪裡？所有眼前發生的是一概不知。但是他對當時，仍然有著深刻的記憶，他說：「當老師在課堂上告訴大家，日本軍隊侵略中國領土、屠殺中國人民時，全班小朋友隨著老師的嘶啞聲音，哭成一團」。當時老師用「千鈞一髮」這個成語來形容中國的命運。小朋友們個個都緊張的身體淌汗，父親說，這是他第一次為國家付出重重的憂心，而「千鈞一髮」是他第一個學會的成語，也是使他為愛國付出生命的起步。

父親求學階段和過程中，都不順利，可能是那個年代普遍人民窮困，也不是非常注重孩子的教育，加上戰爭的烽火綿延造成社會動盪不安，使得教育推廣受到阻礙。

學校放假，父親被接回許昌，有一天再從許昌返回開封要繼續讀三年級的時候，才發現學校已經開學好幾個月了。這不知是什麼概念？由這點可以看出，全家人都沒把小孩受教育當一回事。於是，又運用關係，把他送到省立第六小學，而且是直接插入四年級——我的爺爺郭學忠，好像挺有特權的。

仇人見面分外眼紅，反正繼母只要看到這個「繼子」就是不爽。有一天，繼母又遷怒於他，暴怒的她拿著西瓜刀，從屋裡衝了出來，口裡一面謾罵不止，一面朝著父親追殺過來，眼看真的要鬧出人命啦！父親拔腿就跑，在逃出門檻的時候被絆翻在地，繼母揮著大刀劈了下來，這一刀就落在他的耳際，地磚都被砍出灰來。這時已經勞動好些家人，才把這瘋婆娘攔住拖回房間。父親全身癱軟，勉強爬起跑到街頭的牆腳下，蹲著痛哭。這次太瘋狂了，差點被砍死，這下我爺爺郭學忠震驚不已，從許昌趕回開封，知道後妻無法接納他和前妻所生的兒子，就托他堂弟郭學澐先生帶領父親回到老家輝縣。

輝縣距離開封三百公里，位於開封的西北方，在太行山的東麓之下。父親對這次遷徙並沒有特別的恐慌，反而因能夠遠離繼母，感覺得到真正的解脫。回到輝縣，對他來說，這是個自由自在的世界，簡直像是到了天堂了。在這之前，他並不知道輝縣是自己的老家。

我們的老家，在輝縣縣城東北約六公里的地方，名叫常村，再兩公里之後又有一村，名叫沿村，這兩個村莊約有五百戶人家，就是父親對我們所敘述的從「山西省、洪洞縣、槐樹下、摔鍋片」逃難出來，在此安家落戶的郭姓一支家族。雖然遠在六十年後，因為郭氏家譜的出土，才發現所有移民輝縣的祖先，原來都是來自江西。

父親被送到縣立小學，仍然讀四年級。此時，遇到了影響他一生最深遠的恩師，一位名叫克非的猶太裔中國人，親切和藹又風趣，教的是國文和作文，父親記憶最清楚的是，克非老師為他們講解一本新文藝小說《渺茫的西南風》，有時坐在講台上，有時又坐到學生的課桌上，時隔多年，他依然記得克非老師的笑容，以及隨著故事劇情的起伏轉變，顯露出一臉的悲傷。

受到克非老師的影響，父親開始有了閱讀的興趣，《三國演義》、《水滸傳》、《七俠五義》、《小五義》等等，以及新式的武俠小說《江湖奇俠傳》、《荒江女俠》等等，讓他看的如醉如痴。

次年，父親升上了五年級，班導師是一位名叫侯萬尊的年輕人，他聰明能幹卻性情暴躁。算術特別好的老師，碰到算術特別爛，又不用功的學生，自然常會被搞的怒不可遏。以前的教育就是打，認為不打不成器，棒下出孝子。每錯一題打幾下手板，父親就常常被打十幾二十下，雙手痛如火燒。不止是他挨打，所有算數不好的都難逃此劫。沒想到，連打個籃球都會犯到這個太歲，有一次，大夥在校園打籃球，侯萬尊也來了，並且連著投進兩球，父親撿起球來又傳給他，並故意討好的叫了一聲：「侯老師！再投一個！」不知道這句話有什麼不對，侯萬尊突然翻臉，真是比翻書還快，大聲喝到：「你怎麼敢對老師這種態度？跟我來！」父親頓時傻住，只好像囚犯一樣的跟在後面，走到侯老師的宿舍，宿舍門上釘著一個牌子，上面寫著「仰民室」，仰民，是侯萬尊的別號。

侯萬尊一進房間，就抽出手板露出猙獰的笑容說：「伸出手來，我不打你右手，好讓你寫字，我打你左手。」侯萬尊端詳著這個小男生恐懼的面孔，冷冷的問到：「你說，叫我打你幾板？」父親完全呆住了，想討饒卻又開不了口，想認錯卻也無從認起，也實在不知道究竟錯在哪裡，一心只想怎麼逃過這一場浩劫，一股被羞辱的恨意油然而起，雖然沒說出口，卻在心裡咆哮著：「你為甚麼問我？板子在你手上，你要打多少就多少，你怎麼會聽我的？你這個沒種的雜碎，只敢欺負一個孤兒罷了。」對不起！「這沒種的雜碎」是我太情緒，多加上去的，父親罵人是不會帶髒字的。

雖然心中吶喊，外表還是把語氣放得很軟，父親輕輕的說：「隨便！」「好一個隨便，我就打你這個隨便」。侯萬尊暴跳起來，手板開始像雨點般的打在這一雙伸出來的小手上，並且愈打愈興奮，愈不能停止。父親告訴我們，在這一生中，他最後悔當時不敢拔腿逃走，痛恨自己畏縮，更痛恨自己居然沒有膽量反抗。

應該反抗，甚至一拳打歪侯萬尊的鼻樑，彩排三年後拳擊他繼母的劇情。像侯萬尊這類型的人很多，情緒容易崩潰、仗著職權欺人，嚴格講，就是嚴重的躁鬱症、自尊缺陷症，甚至是雙面人格分裂症，不敢欺強，只敢凌弱，總認為自尊受到傷害，也就是自卑感造成的自大狂。

父親痛恨自己畏縮？對！太沒膽了。不過小學五年級的力氣不夠，要跟侯萬尊對抗，可能有問題，不吃眼前虧是上策，多挨幾下也得認命吧。

挨了十幾板後，父親才捧著滲出鮮血的小手離開。這是他一生之中，最早的一次重大侮辱。這件事讓他在七十年之後還記憶猶新。他將這件事，轉化為一個強烈的訴求，就是堅決反對任何形式的體罰。父親認為，凡是體罰學生的教師，都應受到嚴厲的譴責。其實，我們這些四〇年代出生的人，讀中、小學的時候，有幾個孩子沒被打過？手心、屁股、甚至腳板，都是因為犯錯或紅字，而被用竹條、木板，甚至用皮帶、水管猛抽，有的同學被打的唉喔唉喔的哀嚎、哇啦哇啦的痛哭，打完之後，飯照吃、錯照犯、謊照撒，紅字還是紅字。

即使到了二十一世紀的今天，體罰學生的情形還是不斷的在上演。我也覺得奇怪，有些小孩還真是皮到勸不聽、打不怕、也教不會耶？太多「愛的教育」造成「啃老族」的氾濫，台灣的教育，是出了什麼問題？但是倚強凌弱的體罰容易失控，也容易造成身體和心靈雙方面的傷害，的確萬萬不可。

一九三四年，父親以同等學歷考上了在輝縣北方大約三公里、新成立的百泉初中，成為一年級的新生，那年他滿十五歲，就住在學生的宿舍裡。他當時認為，能考取百泉初中，是一件驚天動地的大事，第一、可以徹底脫離惡師侯萬尊；第二、他開始學習英文。只是，沒有小學按步就班正常教育的基礎，上了初中更是雪上加霜，因為初中除了英文和算術之外，還有代數、物理和化學，每一門課都是一個苦難。

6 兩位父親 背影不同

有一天，父親突然看到繼母出現，立即被嚇到整個人魂飛魄散變的痴傻。這個悍婦惡名昭彰，使大家害怕極了，僅有一牆之隔的二叔公郭學濤，立即把兩家往來的唯一小門用磚塊堵死，以免受到這潑婦的牽連或影響。這種強烈反目的措施，皆是因為我爺爺賢伉儷，雙雙染上了吸食鴉片的惡習，房地全都賣光，在開封不能立足了。

有一天父親返家，還沒進門，就聽到他繼母那歇斯底里的叫罵聲，那種扯破尊嚴、下流的嘶喊和辱罵，那些不堪回首的往事突然又重現眼前。他看到繼母又跳又叫，嚇的躲在牆角不敢出聲，害怕遭到流彈波及。接著，我爺爺郭學忠先生憤怒的衝出房子，披上大衣、拿起皮包，匆匆走出後門。很明顯的，這位半百老人要離開輝縣這個家，徹底擺脫這個失敗的婚姻所帶來的折磨。

父親一路跟在爺爺後面，很想攔住卻又不敢，於是一路緊隨，穿過東大街，再過南大街，望著前面瘦弱急行的背影，聽到不斷咳嗽的聲音，他難過的流下了眼淚。他多麼希望跟著一塊離開，可是卻無法如願。最後，只能黯然折返回家，踏進大門的第一步，就聽到繼母尖銳的叫聲：「叫炮頭！你仗勢你老子在家，橫衝直撞，現在你老子走了，我看你還仗勢誰？」罵聲的同時，一隻拳頭大小檀香木做的紙鎮就飛了過來，擊中父親的胸膛，一個踉蹌，他就栽倒在地了。繼母隨而衝了過來，又用一個小板凳砸下來，父親抱著頭哀嚎著趕緊逃出家門，一面哭一面跑，一直跑了三公里，跑回學校。

雖然回到學校，但是仍然有一堆惱人的問題糾纏著他無法擺脫，他受家庭環境的影響，功課自然低落。

父親自認小時候他是個壞孩子，因為沒有接受什麼家庭教育，沒有累積下教養，個性又十分頑劣，無法做一個馴服的乖乖牌小白兔。他又喜歡看武俠小說，也正好和他潛意識中的叛逆性格結合。現實生活中，他沒有享受過多少溫暖，倒是經常能享受到棍棒柳條的伺候。父親當年也確實是夠皮的，不過那個年齡的小孩，尤其是男孩子，人稱渾小子，如果不皮通常就是生病了。

父親在輝縣小學讀五年級的時候，喜歡作弄女生，常把毛筆放在桌邊，讓毛筆頭露出半截，前座的女生往後一靠，就沾上一後背的墨，她總會大叫：「我非告你不可！」「非者，不也」父親跟她說：「非告就是不告」。嘿！好個「非者，不也」，結果當然挨告了，自然逃不過被侯萬尊一陣霹靂啪啦。只有一位女同學，體型嬌小、纖巧玲瓏，這個可愛的小女生，命運似乎不太好，小學畢業後就過世了，是生病還是意外並不清楚，父親只記得她的名字叫「鄧克保」。

從這一年算起，四十年後的一九六一年，父親在台北《自立晚報》連載報導文學，原名是《血戰異域十一年》，後來改名《異域》，就用「鄧克保」做筆名，並成為小說中及電影中男主角的名字。《異域》這本書，與鄧克保一直緊緊的結合在一起。

父親懷念這位他唯一記得的童年時代的女同學，雖然從沒說過一句話，但是印象深刻。他承認，假如這是一段美麗的戀愛，將是他的初戀。可以肯定，這是一場單戀，情竇初開的懵懂少年，並不完全清楚愛情的定義，美麗少女的一舉一動、一顰一笑，都會使人印象深刻。父親將這段簡單的童年往事視為初戀，足以證明「鄧克保」在他心中的烙印有多深。

一九九〇年九月《異域》上映，並在亞洲締造票房紀錄。《異域》這本書或電影，我每次看都會不禁流淚——他們戰死，便與草木同朽；他們戰勝，仍是天地不容。全書是敘述大陸淪陷後，自雲南撤退到緬甸北方的一支國軍部隊，窮途末路之際逃竄在一片險峻蠻荒、窮山惡水的異域之中，孤軍絕域、彈盡糧絕，這支孤臣孽子的殘軍，如何在死亡的邊緣中求生存、求勝利，就是《異域》這本書的內容。全書展現的孤苦悲壯，極為扣人心弦。《異域》是與當時複雜的政治處境和軍事態勢糾葛纏繞在一團，所產生出來的現實上的呈現。孤軍的悲慘遭遇，遠比不上祖國遺棄他們令人心碎。

《異域》一度成為禁書，因為書中抨擊某些高階長官在最危難之際，拋棄了部屬偷偷的逃走，他們背叛了那些為他們流血效忠的部屬，跑到台灣來。身在異域的傷兵衰弱的說：「他們是不愁沒有官作的」。

就在一九六八年，父親入監，一九七〇年代人在囹圄之時，這本遭到國民黨查禁的書，卻在鐵窗外狂銷熱賣。在當年只有一千八百萬人口的台灣，十五年來，狂銷一百餘萬冊。直到出版後的十餘年間，都還有人來信，詢問如何加入孤軍陣營？並且有七種與《異域》同內容的書籍，有香港出版的，也有台北出版的。有的仍以鄧克保為主角，有的則刊出作者與李彌將軍的合影照片，但照片中的鄧克保卻不知道是誰。父親的《異域》，全書只寫了前六年，並沒有交代後五年的情景，所以並不符合血戰十一年的書名。其實我們都很喜歡「異域」這兩個字。除了戰爭、奮鬥、掙扎，以及親情、友情，和流不盡的眼淚，都在不是自己的鄉土之上。

父親用筆名「鄧克保」，只寫了這一本《異域》，既沒有上集，更沒有下集。而自出版到今天一直是在默默的發行，從沒有一位大人物寫過評介，也不曾在媒體登過廣告，而是完全依賴讀者先生的口碑。

「鄧克保」說：

往事如一縷炊煙由濃而淡，由淡而逐漸消失在渺渺的太空，無影無蹤，不能捕捉。但每一回憶，卻都觸到好容易結痂的傷疤，鮮血點滴滲出。幾個月來，我有時靜坐在寂寞的斗室中，有時靠在馬路旁的長椅上，有時在小溪畔呆立良久，看到牆腳蜘蛛的結網，街頭人潮的洶湧，以及不知道流到何處的像生命一樣的溪水，我想到遙遠的叢林，在那叢林之中，有我的愛妻愛子，和生死與共的夥伴們的墳墓，荒煙野蔓，狐免鼯鼪。……我耳邊似乎一直響著「殺敵！殺敵！」的吶喊。五月間，我曾向一位問及「異域」的海外朋友寫了一首詩寄去，其中有一句：「戰馬仍嘶人未老」，人是老了，但為國家一片丹心，永遠不老。我不知道我還有沒有機會，再效命疆場。……我曾誓言永不離開邊區，但我不得不離開。「老兵不死」，可是多麼的孤獨，不僅是孑然一身的孤獨，也是心靈的孤獨。每當我笑的時候，我都感到一陣一陣的蒼涼。

這是一九七七年，父親出獄之後，以鄧克保的筆名，在台北《中國時報》刊出的文章。在《異域》一書的最後，還有另一篇附錄，我摘錄部分，這也是「鄧克保」所說的話：

……將近十八年輾轉沙場，提起筆有時候連字都想不起來，我想，如果我是一個作家，有文學素養該多麼的好，我胸中積壅澎湃著無限的痛苦、憤怒、和憂傷，都無法寫出，寫出的只不過是我想寫的萬分之一。……但不要為我悲，也不要為我惋惜，可悲的是那些已經埋身黃土的弟兄，可惋惜的是那些已經撤退的弟兄，我還報國有日，還可以隨時為我那可懷念的祖國戰死，而他們不能了，他們或骨骸已腐，或投閒置散，困於生活，漸衰漸老。……在這些信中，我最感動的是牛壽益同學的信，請轉告他，我永遠記得他的鼓勵。還有張雪茵女士的信，我把她的信在我的孩子墳前焚化。另顧紀卿先生願告訴治瘧疾螞蝗的單方，……我們又要撤退了，……請轉告顧先生，我們感激他，千萬個帶病作戰的弟兄等待他的援手，告訴他，只要病不折磨我們，我們是堅強的。……基督重臨人間的時候，祂是悄悄而來的，而且輕輕敲著人們的大門，接待他的人就隨著他升天，貪睡的人就喪失了這種機會了。是的！機會只叩門一次，李國輝將軍當時的撤退使我們每一回憶起來都留下熱淚，我們不但沒有理會敲門的基督，而且還把祂硬生生的趕走了。……我和我的夥伴們，對李彌將軍和李國輝將軍，一直都有崇高的敬意，李彌將軍的高瞻遠矚是難得的，當初如果不是他教李國輝將軍退出大其力和公路線，孤軍一天平均有三個傷亡計算，我們早就全都喪生了。……現在，我們又要面臨著第二次的撤退，聽說賴名湯將軍已經抵達曼谷，再也沒有比這個消息使弟兄們驚愕了，……孤軍雖撤，來自各地的華僑和從雲南逃出的青年，是取之不盡、堵塞不住的兵源，……祖國啊！在我們生死呻吟的時候，你在哪裡？在我們稍為能夠站起來走路的時候，你出面再把我們擊昏。「種瓜黃台下，瓜熟子離離，一摘使瓜少，再摘使瓜稀，三摘猶自可，四摘抱蒂歸」。一摘已枯，現在我們面臨的是無法抗拒的再摘。……如果我戰死，我的兒女長大成人之後，也會在書中認識他的父親。一燈如豆，舉頭遙望，月光皎潔，先生啊！再見！鄧克保　百拜！

我在這裡寫出這兩章由鄧克保先生親筆署名的文字敘述，主要是對「鄧克保」這個筆名，其啟發使用的源頭在哪裡？因為居然不是同一個來源。我作一些在重新溫習之後的個人看法，因為在一九九〇年，已經九版的《異域》首頁，有葉明勳教授作的序，並在內容上記載：有一位本報（《自立晚報》）駐曼谷記者李華明先生，於一九六一年從泰國寫來一稿，對中緬邊區基地建立的始末及發展，報導甚詳，全文定名為：「血戰異域十一年」，原作者鄧克保先生以生花之筆，寫下他和他的妻子兒女以及伙伴們輾轉入緬，和歷次戰役的經過。

茲將李先生致報社原函，披露於後，可窺知全書的每一字一句，都是英雄眼淚。

在一個旅客並不是很多的一家酒店中，記者（李華明先生）遇見本文的作者鄧克保先生，他是記者讀大學時的同窗，我們在千里異鄉相逢，共訴別後景況，嘆年華如水，相對唏噓。但在互相明瞭對方現在的工作後，記者便請他談一點中緬邊區的事情。他是一位中級軍官，這次正從香港辦完了事，重返中緬邊區的歸途之中。他談到心痛處，這位中年的游擊戰士，也不禁淚流滿面。

一連幾夜，月光如水，但他卻深閉門窗，他對記者說：「我們最怕月光，在游擊區，看見月光，便想起大陸上的家。在自由區，看見月光，又想起游擊區裡荷槍作戰的兄弟姐妹」。記者將他的談話速記下來，並整理完竣。在他動身的前兩天，我們閉窗對酌，記者拿出來問他可否發表，他愴然不語，後來他即加以刪正，他雖十一年之久未曾提筆，寫字時略有困難，但文思依然流暢。他改了兩天兩夜，刪了不少，也加了不少，然後應記者之邀，簽上一個名字——鄧克保，這是一個假名，是一個戰死在他身畔的亡友的名字，而他自己的名字他不願公開，他對記者說：「我們戰死，便與草木同朽。我們戰勝，仍是天地不容」。

此稿回到台北時，鄧克保先生恐怕已重入邊區了。希望本報能將它刊出，讓讀者在鄧克保先生的談話中，發現另一天地，在那個有台灣三倍大的天地中，哀兵轉戰已十有一載，國人能為他們做些什麼？但請萬勿將記者真實姓名刊出，因四國會議之後，與游擊戰士接觸，便成非法，可能被驅出泰國也。

至此為止，「鄧克保」其人，有兩種不太一樣的出處，也因為父親和葉明勳教授都已經逝世，也無法進一步考察。父親曾表明他小學的女同學鄧克保，是他的初戀，而初戀一般是最不容易忘記的。所以我產生一個比較接近事實的想法，我認為，在人類豐富而複雜的思維裡，那些具體有感，活潑生動的聯想，很容易產生「移情作用」，尤其是屬於文人、詩人、藝人等等，這類屬於感情特別豐盛、浪漫、熱烈的典型人物，最能發生這種現象。我向張香華阿姨求證，她也認為如此。

只是，父親用一個瘦弱女童這中性的名字，作為殘酷戰爭的作者筆名，是否真為移情作用的產生，我很難有所定論。如果是葉明勳教授在序中所說的，鄧克保是一個戰死在身畔的亡友的名字，這將使《異域》這本書，出自孤軍本身，能使讀者在移情作用的心理上，產生更多的投射和信任。

我僅是表達對這本奇書《異域》作者「鄧克保」出身的看法，再回朔到一九三五年，那時候我爺爺郭學忠先生的家道已經中落，因為劇烈的毒品侵入了這個小康之家。從吸第一口鴉片開始，不到四年，就迅速的接近赤貧。

這麼一個深宅大院，幾乎全都被賣掉了，而後門也成了大門。當時，父親還是懵懂的年齡，並不能直接的感受到家庭的衰敗，但是，他經常吃不飽，對貧寒就有感覺了。

父親上初中時，有個願望，就是當一名籃球健將，身著鮮明的球衣，在球場上奔馳，隨時在人牆空隙中，漂亮的閃人切入上籃得分，或是遠投長射，支支空心命中，觀眾不斷的熱烈鼓掌……。有夢最美，可惜材料用錯地方，始終得不著體育老師的賞識，於是，他又突發奇想了，他省吃儉用的自己去買了一件背心，然後到裁縫店，前面縫上「泉中」二字，後面縫上一個「2」字，他很謙虛，只敢作第二號人物，平常還不敢穿出去，只有在放假的日子才敢穿上過過癮，不過這種大膽的創意和行為，也是獨特的。

父親在百泉初中，絲毫不被約束而橫衝直撞，就在二年級末期，校長梁錫山先生，為了提升學生的程度，規定假日要照常上課，由老師們義務為全體同學補習。這種循循善誘與教導的情誼，令人感動。但是那些小朋友年齡都還幼稚，幾個人能夠體會老師的善良苦心？父親當時認為，放假就是應該去玩的，為甚麼不准放假？不准玩？於是，他跟一位同學結伴跑回家去了。第二天一覺醒來無所適從，也走投無路，又沒有什麼吸引他去玩，只好再回到學校，就這樣，事情爆發了。

父親走進學校大門，正在上課的全校師生，焦距都投到他的身上。他膽顫心驚的走進教室，才發現偏偏是梁錫山老師正在為同學補習英文。梁老師問道：「你跑去哪裡了？」他輕聲回答：「回家。」「你不曉得今天學校不放假？」父親搖搖頭：「不曉得。」然而口中沒說，心中卻在吶喊：「你明知道是星期天，為甚麼不放假？今天是應該放假的，你剝奪了我們的權利。」雖然那個年紀對「權利」二字沒什麼概念，但是他心底確有反抗的衝動。

梁錫山頓時臉色發青，在英文讀本裡挑出一段要父親背誦。用不著算卦就知道結果，念都念不出來了，更不要說背了。結果支吾了半天，也吐不出一個單字。梁老師氣急了，把書本猛摔在桌上，接著伸出手掌正要落下，父親他的「英雄氣概」爆發了，一舉胳膊架開揮來的大掌，當時這是天大的反逆事件，梁老師也愣住了，喝道：「你敢動手？」他也反喝道：「你敢動手？」梁老師大怒說：「學校不要你這種學生，給我滾出去。」當時，父親自己也被嚇住了，可是又不肯討饒，只因為害怕被罰跪。於是，也叫喊著：「走就走，你摔壞我的英文課本，你賠我的書。」梁老師氣沖沖走出教室叫說：「賠他一本英文書！」不一會兒，工友拿著一張布告貼到布告欄裡，上面寫著：「郭定生冒犯師長，開除學籍」。這是個滔天大禍，父親的「英雄氣概」霎那間全都沒了，可是仍作最後的掙扎，於是衝過去把布告撕下。

幾個同學向他小聲的說：「你還不快逃，他們叫警察去了。」本來還想逞英雄站在那裡表示毫不動搖，這下才發覺事情搞大了，於是，他就像土撥鼠一樣，狼狽的跑出校門無影無蹤了。

飯後，父親坐在沙發上跟我們說：「這是他一生中，第一件讓他後悔終身的事。如果人生能重來一遍，他絕對不會冒犯梁錫山老師，因為梁老師性情溫和，十分愛護學生，又很負責教學。可惜當時年輕氣盛，完全不能體會，等到能體會的時候，梁老師已經逝世。」

7 吸毒成癮 傾家蕩產

被學校開除了，父親匆匆奔回三公里外的縣城老家，不是天天睡大覺，就是到城外去抓螃蟹，幸好當時的荒僻小城，還沒有青少年幫派，否則，依父親的個性一定會陷入另外一個更淒慘的世界。

我的爺爺雖然寫了長達三、四頁的來信沉痛的責備他的兒子，但是父親莽撞成性，根本不予理會。後來還是我大姑姑郭育英的眼淚，讓她這個寶貝弟弟有了罪惡感而慚愧不已。接著，遠在開封的爺爺郭學忠先生，寫信叫這個闖禍的兒子前往開封。就這樣，他才結束了在輝縣老家這荒唐的四年，悄悄前來，狼狽離去。

父親回到開封了，我爺爺郭學忠已是臥病在床，最吃驚的是已經從原先的巨宅大院，遷到一個大雜院裡了。輝縣老家的幾畝田地，也陸續賣掉來維持這個殘破的家，眼前的生活已經接近赤貧，因為在這之前，繼母已經由吸食鴉片，淪落到吸食海洛英了。

在一九三〇年代初期，鴉片橫掃中國，幾乎深入每一個角落。我沒看過鴉片，也沒見過海洛英，父親敘述說：「海洛英是有史以來最美的劇毒，像太白粉一樣的細細粉末，吸食的時候，只需要一張錫箔紙，把雪白色粉末狀的海洛英用小拇指的指甲，挑起一點點，放在錫箔紙上，用火柴在錫箔紙下輕輕一烤，那一小撮美麗的白粉末，立刻化為一縷似有似無的青煙，冉冉上升，這時候，癮君子立刻把鼻子湊到青煙上，深深的吸一口氣，毒品立刻進入全身的每一條血管，前後只要幾秒鐘。一個煙癮來襲的人本來全身癱瘓，無氣無力的兩眼渙散，還能毫無克制的流出口水，這種狼狽的情況讓人震驚。」他繼續說：「吸毒的人沒有羞恥心，女人就在這個時候賣淫，男人就在這個時候竊盜，只為了要能得到一包白粉。僅僅是小小的一包到手，眼睛立刻發出貪婪的凶光，用發抖的雙手把它小心翼翼的打開，開始吸食。海洛英真是奇妙，你會發現他在吸食之後，完全變了一個樣子，眼中凶光化為亮光，智商也突飛猛進，行動起來矯若猿猴。」

我問說：「你還真的有研究呢？那你嘗試過嗎？」父親沒理我，他是懶的浪費時間回答我這愚蠢的問題，而繼續說他的繼母。「你們爺爺也一度參與吸食，最後是傾家蕩產才被迫停止。但是繼母卻賣了兒子、賣了女兒繼續吸食。父執輩不斷的規勸她、警告她。」

父親說自己真是幸運，還在少年的時候，就認識這位「言足以拒諫、智足以飾非」的典型人物，弟弟還傻傻的問：「是誰啊？」

父親繼續說：「每當大家規勸繼母的時候，不用等到開口，她立刻就分析毒品的可怕性，甚至連海洛英的製造過程，和經銷過程，中盤、小盤的剝削情況，以及毒品對身體的嚴重傷害，都十分精闢，並且也知道海洛英價格昂貴，並舉出實例，某家某家曾是良田千畝的富戶，現在全都賣光，女兒在街頭任人玩弄，繼母講到傷心處，會泣不成聲，發誓一定戒掉，否則就是沒心肝的禽獸。」這個潑婦知道吸毒的壞處，比任何規勸她的人都多，而她從深層挖掘出來的更深一層的害處，讓所有的人都傻眼，也震驚的無話可說，每一次都深深的被感動，認為家庭的災難終於要過去了。然而，她照樣吸她的毒。

父親回到開封後，手中沒有初中畢業文憑，又沒有初中二年級肄業的證書，這才開始承受了沒有證明文件的煎熬。他最怕的是數學，初中的數學科目有算數、小代數和平面幾何這三項，這時街上剛好開了一家「開明英數補習班」，他就去求爺爺准許他去補習。那是一家野雞補習班，只有一間破舊的教室，裡面擺著幾張桌椅，而學生呢，就他這一位。父親回憶說：「教師一條腿微跛，我都不記得他的名字了，但是我認為他是一個偉大的教師。這輩子歷次考試都像在流血戰鬥一樣，就靠他教給我的這一點點本事。」

我好奇的問道：「這一點點的本事是什麼？就能讓你打遍天下？是怎麼作弊嗎？」呼！眼前這位老人家涵養真的不是很好，居然要翻臉了。

就在這位偉大教師的教導之下，父親得意的認為自己確實有數學的潛力，因為從來沒摸過的平面幾何，居然在短短兩三個月中，弄得滾瓜爛熟。我趕緊狗腿一下：「嗯！您老人家是大智若愚嘛！」

父親要報考的是省立開封高級中學，是一所青年學子都嚮往崇拜的好學校，入學資格也很嚴格，他什麼證件都沒有，結果還是靠爺爺的關係，才能讓他報名參加考試。

父親從來都不怕考試，因為從不抱著寄望，這次為了報考這樣的好學校，又去辛苦的補習三個月，而且也激發出潛力，讓算數有顯著的進步，最重要的是，毫無退路了，所以，他就做這最後的奮力一搏。

十多天以後放榜了，校門口擠的水洩不通，父親盯著榜單，終於看見榜單的一角寫著「郭立邦」三個小字，他被百泉初中開除之後，就改名叫「郭立邦」了。這對他而言，是人類有史以來最大的驕傲，只讀初中兩年就被開除的壞學生，功課又是第一名的爛，竟然考取「全世界最好的高中」，他興奮的到了極點。只有他認為「開封高中」是全世界最好的高中。

父親因為初中的基礎太差，雖然勉強考上，但很難跟得上進度，他被功課搞的苦不堪言，簡直就奄奄一息了，他承認實在受不了那些「橫行」的英文和數學的折磨。這使他終於悲哀的發現，讀書是一件苦差事，那時候還沒有招兵買馬的行動，如果有的話，他一定早就從軍報國去了。

在輝縣沿村的郭家祠堂，在二〇年代，曾經有過賞格：本族青年小學畢業的獎賞是二十銀圓，中學畢業的獎賞是五十銀圓，大學畢業的獎賞是一百銀圓。那時候農村的僱工，一年工資才二十銀圓。一百銀圓能夠購買年輕人五年的勞力，這在鄉下是一個令人吃驚的數目。父親就曾經發誓要拿這筆獎金來減輕日漸衰老父親的負擔，只可惜，有理想卻沒能耐。

當時年代的輝縣，竟然這麼重視學子，能有這麼優渥的獎學金提供給學習有成的年輕人，直覺輝縣應該是人才輩出才是。但是，這裡不僅是男性的知識分子不多，女性的知識分子更是少得可憐。不說能認識幾個大字的女性，就是從沒纏過小腳的女性，在三〇年代仍是罕見的稀有動物。父親的一位堂兄郭立生先生，師範學院畢業，曾拿過祠堂五十銀圓的獎學金，是最有前途的紳士，但是因為他排斥女人纏腳的「三寸金蓮」，所以一直都沒法結婚，因為找不到沒有纏足的女孩。五十年後，父親重返家園，才知道郭立生後來終於在新鄉娶到了一位沒纏三寸金蓮的妻子，不禁感嘆的說：「在那個古老落後的傳統社會，要讓他們明白纏足是不人道的，竟是那麼的困難，所以，我從小就懷疑中國人對美和醜的鑑賞能力。」

父親有自知之明，放棄了籃球夢，改打羽毛球了，還藉著把球打出圍牆跑出去撿球時，一窺路過的師範學校的女同學，就大為得意。有這麼一天，他在撿球時，看到一個書包上的名字：何玉倩。

父親跟我們描述當時的情景說：「背書包的主人是胖？是瘦？是高？是矮？是美？是醜？通通不知道，只驚鴻一瞥『何玉倩』三個字，就開始魂不守舍了。」他回到學校，朝思暮想何為玉倩？玉倩為何啊！

於是，父親造就出了一封密密麻麻長達五張信紙、平生的第一封「情書」，他說內容已經不記得了。我認為不是不記得，是不好意思說吧？我認為父親高中年齡隨隨便便，對著空氣就能寫五大張，真是從小看大。我以為這封情書應該稱的上是短篇的愛情小說了？

寫畢之後，父親小心翼翼的貼上郵票、投入郵筒，然後天天晃到學校信箱旁邊觀望，這等回信真是漫長難熬的日子啊！期待加上盼望，終於撥雲見日，他收到了回信。沒錯！秀麗的字跡寫著「郭立邦」，也是師範學校的信封。不過，信口沒封，只有一張信紙，拿出一看，上面寫著：「你年紀輕輕不用功讀書，卻給女生寫信，我們已把它公布在學校的布告欄裡，看你以後還敢不敢？」被出賣了！那五大張嘔心瀝血的創作，沒稿費也就不計較了，卻換來一個迎頭棒喝。

這是個既無情又殘酷的打擊，對一個才十八歲的青年來說，會覺得羞愧難當無法承受，尤其還被貼到女子學校的公布欄上。父親當場把信揉成一團塞進口袋，沮喪的坐在牆腳，好久都站不起來，心裡懊惱極了，實在後悔寫這封信，而且還非常害怕這封信會流傳開來。

這時候，父親恨這個叫何玉倩的女生，為甚麼要用這種置人於死地的手段，而只不過是為了炫耀她被男生追求過。

在半個世紀都過去的今天，父親說起這段往事，雖然只是少年時期的小小經歷，似乎教訓的傷痛仍然存在。他告訴我們說：「這個打擊，讓我一輩子堅持一項做人的原則，就是絕對不利用朋友的真情善意，來達到自私的目的，因為我曾身受其害。」這句「絕對不利用朋友的真情善意，來達到自私的目的」，也是我們兒女的座右銘。

8 西安事變 犯上作亂

擁有五千年悠久歷史的古老中國，就在這段時間，正在遍地沸騰——貧民飢餓的沸騰、日本侵略的沸騰、共產黨武裝革命的沸騰、全國人民抗日情緒的沸騰，並且，都沸騰的到了極點。

這個時候，政府的中央軍，跟共產黨的紅軍，正在陝北對峙。一九三六年十二月十二日，西安事變爆發，第二天一早聽到廣播傳出「西安發生兵變，蔣委員長被扣」的消息。全國立即陷入驚慌，蔣中正被扣，全國人民都好像失去了重心。父親幼小的心靈，對這個巨變感到心痛如絞、悲憤不已。跌跌撞撞、邊走邊哭，覺得天地就要崩塌了、中國就要亡了。路上行人都駐足，驚訝的凝視著他踉蹌的步伐。大家都以為他生病了。當時幾乎全民都得了這種「愛國病」，大家愛國的激情升到了極點，使蔣中正先生真正躍升為全國的最高領袖，民心士氣一夜形成，無人能敵。

父親告訴我們，這件事在歷史運轉的法則上，使他有很多的醒悟，人生挫敗不可避免，處理的不好就造成災難，處理的好，就更上層樓了。這也印證了他曾經勉勵我們的一句話：「上帝背後的禮物」。

西安事變那天，東北軍的領袖張學良先生，和西北軍的領袖楊虎城先生聯手，在西安發動「兵諫」，扣押了蔣中正先生，迫使蔣中正先生接受「停止剿共、一同抗日」的主張才獲釋，也使中國建立了形式上對抗日本的統一戰線。

這個事件兩個禮拜後和平解決，叛軍領袖張學良先生親自護送蔣中正先生專機飛返南京。就在一年後的第二天，日軍就攻陷南京，滅種性的大肆屠殺南京人民。

西安事變結束後，楊虎城被囚禁了十二年，在一九四九年被暗算身亡。張學良被判處十年有期徒刑，一九四六年以後被遷移到台灣，蔣中正先生下令繼續軟禁，直至一九八八年，蔣家父子相繼過世，一九九〇之後，他才逐漸恢復人身的自由。隨即遷居美國，於二〇〇一年病逝，享壽一百零一歲。張學良先生改寫了中國歷史和世界歷史，也徹底的改變了自己的命運。

對於張學良，父親批評說：「沒有一個非國家元首級的人物，能發揮出這麼大的的爆破力量去扭轉歷史，好像一個侏儒在玩弄核子導彈發射器的電鈕，在那裡不斷的按下紅鍵。一個歷史學者，最有興趣的是探討這個侏儒，啟動毀滅性一擊的紅鍵時，他真的是一個白痴？還是不知道它的嚴重性？還是他自認有能力控制所有的後果？以及，他為什麼按下紅鍵？」

蔣中正被釋放後，回到南京立即寫了一本《西安半月記》，宋美齡女士也寫了一本薄薄的小冊子《西安事變回憶錄》，然後合訂成一本，敘述他們在西安事變中的英雄事跡，最重要的包括兩項：一是張學良看了蔣中正的日記，發現蔣中正確實是愛國的，受到感召才幡然改圖。一是蔣中正把張學良和楊虎城一塊喚到面前，向他們曉以大義、訓話致詞。

但是，這不表示張學良先生清白無辜又加上純潔善良，陝北戰場上，中央軍和共軍正在流血廝殺，張學良當時以中央軍副統帥的身分，卻暗中把中央軍的武器彈藥金錢輸送給敵人，還洩漏中央軍的行動和部署。這顯然是陣前叛變，而後又扣押最高統帥，幾乎造成全國的癱瘓和混戰，這絕對不是一般的刑責，這絕對是無法原諒的陣前叛變，就是在今天（二〇一四年），也是唯一死刑。

可是，到了後來，幾乎全世界的人都同情張學良，並不是否認他是叛徒，而是對蔣中正先生軟禁他三十年之久，都產生了強烈的反感。

明王朝時代，一位高級官員鄭鄤先生，是位極有文學素養的人，也是真正滿門朱紫的簪纓世家。他生於一五九四年，歿於一六三九年，他的繼母吳氏不但對他百般虐待，也特別的對年輕貌美的婢女百般虐待，多位婢女甚至被虐待致死。鄭鄤在山中結識了一位巫婆，當地的婦女對此人極為推崇，因此鄭鄤想出了一個餿主意。帶著巫婆回家見繼母，讓其做法裝神弄鬼，痛打繼母二十大板。結果在一六三九年（崇禎十二年）被凌遲處死。劊子手把鄭鄤的屍體肌肉一條條的割下來出售，而京師的人們爭著買鄭鄤被割下的肉做藥引子。這是中華文化傳統禮教中野蠻的酷刑之一，讓人不禁顫慄。我不是介紹鄭鄤的案件，而是指出一點，在中國的傳統社會裡，毆打繼母是何等嚴重的罪大惡極，它被全民譴責，尤其是被儒家知識分子譴責，也被政府當做殘酷的鎮壓目標。

父親在開封的家，雖然敗落到只剩下三間破屋，可是他繼母的脾氣卻因為吸食海洛英而更為急躁，她要錢，爺爺不給，她弄不到錢就去盜賣家裡的煤塊。漸漸的故態復萌，又開始經常的咆哮咒罵，照樣的辱及我們郭家的祖宗三代。

父親的憤怒從小累積，累積了十多年了，這時已經是高中生，自認是大人了，不能忍受年衰多病的老父繼續受辱。有一天，他繼母在院子裡又暴跳如雷，露出猙獰和潑辣的樣子，連珠炮似的詬罵躺在病榻上的我的爺爺。

父親聽了許久，也實在按耐不住了，一個箭步衝到他繼母面前，大聲說：「不要再罵了！」繼母突然愣住，十八年來累積的威嚴，使她根本目中無人，於是變本加厲、聲音愈變愈大，並挑釁的說：「你這個叫炮頭，你們郭家都是叫炮頭，男盜女娼，你要怎樣？嘎！你敢打我嗎？」這個「打」字，為父親指出了一條明路。他既憤怒又害怕的渾身顫抖，在地上劃了一條線，大聲叫道：「妳敢超過這條線，我就打！」只見繼母額頭青筋跳動、雙眼射出火焰，氣的牙齒嘎嘎作響，這個剽悍的女人不信有人敢這樣對她嗆聲，何況是在她鞭子下不斷哀嚎、匍匐、乞求饒命的這個男孩，竟敢如此無禮，於是她毫不猶豫的衝過了這一條楚河漢界。

就是這一霎那的瞬間，被繼母吃定的這個年輕男孩，揮出堅硬有勁的拳頭，正擊中她額頭跳動的青筋上面。在當時，這是向「二十四孝」挑戰的第一拳，也是向幾千年傳統禮教挑戰的一拳。輕脆的一聲「碰」！繼母就應聲倒地，開始蜷曲在地上打滾哀嚎：「唉喔！唉喔！你敢打我啊？」這個男孩跳上去又是一拳，繼母鼻孔朝天，噴出了一縷紅光。

這時候繼母才發現十八年來的魔法已經失效，她面對一個無法想像的劣勢局面。她只有改口大喊：「郭學忠！你叫你兒子打我是嗎？我跟你們拚了！」這時，我爺爺在屋裡發出焦慮而微弱的聲音：「小獅兒！你在幹什麼？還不住手！」

父親繼續敘述當時的情況：「當時我又氣又恨，一瞬間所有的怨怒都衝了出來，也不知道哪來的力量，腦袋一片空白，狠狠又補了一拳。」「喝！連三拳呢！你繼母的臉不都變形了？她鼻子還在嗎？」弟弟好奇的問。

這個凶悍的繼母，在眾目睽睽之下受到繼子毆打，突然害怕起來，唯恐他拿起放在旁邊的菜刀，於是一改囂張的謾罵為痛苦的哀嚎：「救命啊！救命啊！」繼母躺在地上耍賴，兩腿亂踢大聲的呼救。父親這時好像突然清醒了，眼見闖下大禍，心裡也驚慌害怕起來，又不知道要怎麼善後，只有拔腿向門外飛奔、一溜煙的逃回學校去了。

過了好幾天，父親心情總算平穩下來了，才硬著頭皮、畏縮膽怯的回家。一路上想著各種可能會發生的狀況，也盤算要怎麼來應付，如果繼母撲上來打人？或是手上拿把西瓜刀？還是……繼母已經逃走了？當然，這就太完美了。他躡手躡腳進到房間，坐在臥床的父親旁邊，居然奇蹟發生了，沒有發生任何事情。一路上所建設的心理準備，都沒發生，父親也沒再追究、繼母也沒逃走。「小獅兒！你媽正在房間給你做棉襖呢，你去向她賠個罪吧！」我的爺爺衰弱的說。

父親心驚膽戰的走到繼母面前，並沒有賠罪，因為他不知道怎麼賠罪，只是繃緊神經準備隨時應戰。然而繼母的表現又是今天第二個奇蹟了，她微微的笑著，和藹可親的說：「來！比一比，看看合不合適，合適的話，媽再給你做。」

父親跟我們說：「這是我自從有記憶以來，聽到從繼母口中吐出最溫柔甜蜜的聲音了，當時幾乎感動的要跪下懇求她的寬恕。但是沒這麼做，總感覺不大對勁。」

父親並沒有因為這件事情的平安落幕，而解開心中的結，不過，總是已經善了了，就這樣都過去吧！他也就沒再胡思亂想了。又過一陣子他從學校回家，繼母就跟他說：「你等一下，媽給你去煮江米甜酒去！」剛好隔壁的蔡掌櫃在旁邊聽著，悄悄的說：「你媽待你不錯！」父親尷尬的點點頭。「傻小子！」蔡掌櫃低聲說：「你得小心你媽給你吃的東西，你看你媽的嘴角。」

父親伸頭看到繼母的半個側臉，發現她的嘴角向上撩起，不自覺的顯露出心中正盤算著什麼邪惡計劃的得意。父親打了一個寒顫，可是沒有理由拒吃繼母煮的東西啊！他感覺自己又陷入了困境，唯一的方法就是不要常回來，少跟繼母碰到面。

我不認同父親出手毆打他繼母，因為鄭鄤先生的故事太沉重，但是父親告訴我們，直到今天垂垂已老，他都不後悔那次的暴力行為，而且恰恰相反，如果那次沒有出拳，他一輩子都不會原諒自己的懦弱。

十八歲的大男孩血氣方剛，在繼母的霸凌下壓抑了十幾年，我也支持他的無法克制，這次的爆炸已非三日之寒，而且似乎也收到了意想不到的戰果，起碼讓一個大男孩發洩了情緒和精力，也使他繼母收斂了許多。但是，我仍然以為，這種「犯上作亂」絕對不是一個很好的教材或示範，因為這不是勇氣，而是衝動，絲毫沒有智慧的戰略思考。萬一他繼母報案，豈不大傷？

9 醜陋帝國 掠奪侵略

一八八三年中國大清帝國與法國法蘭西第三共和國，為了越南主權問題而爆發戰爭。當時除在越南境內是第一戰場之外，法國還派遣部隊打到中國的雲南邊界，並取得了台灣海峽的制海權，先後占領台灣基隆和澎湖。在中法大戰的過程中，中國在廣西的諒山獲得這場中法戰爭的唯一大勝，法軍嚴重挫敗，美國軍艦則偷偷的向中國開炮支援法國，清政府也莫可奈何。後來在英國調停下，李鴻章於一八八五年與法國簽訂《中法新約》。

英國也是到處侵略，一六〇〇年侵入印度、一九〇〇年參與八國聯軍侵入中國、甚至澳大利亞最大的城市雪梨市，都正式宣布英國移民一七八八年登陸澳大利亞是「侵略的行為」。

英國向中國走私鴉片二十多年來殘害中國人，林則徐於一八三九年在廣東強行銷煙，中英終於開戰，而中國最後戰敗並賠款割地。所簽訂的《南京條約》是近代中國的第一個不平等的條約，除了賠款，還將香港島讓予英國，後於一九九七年英國歸還中國。

第二次鴉片戰爭於一八五六年發生，是英國與法國趁著中國太平天國暴亂之際，以亞羅號事件及西林教案事件為借口，聯手攻打中國的戰爭，是第一次鴉片戰爭的延續，所以也稱「第二次鴉片戰爭」。英法聯軍之役，讓中國先後簽訂《天津條約》、《北京條約》，以及俄國趁火打劫的中俄《璦琿條約》等不平等條約，中國因此而喪失了東北及西北共一百五十多萬平方公里的領土。

而美國，雖然沒有直接參與鴉片戰爭，但卻派出軍艦幫助法國。一八四四年，美國派了四艘軍艦抵達澳門，對中國政府進行外交訛詐，逼迫中國政府簽訂了《望廈條約》。這是中美之間簽訂的的第一個不平等條約。

美國出兵的國家很多，包括了利比亞、巴拿馬、格瑞那達、伊拉克、索馬利亞、南斯拉夫、阿富汗等國，對美國而言，都是以「國際警察」來掩蓋「國家利益」之姿出兵，當然也就「師出有名」。而英國的侵略行為，建立了世界性的殖民地，後來卻都成為擁護英國的友邦。美國能讓中國人都相信中美之間的美好關係，基本上，中國人不會相信美國會顛覆中國政府，當然也不會相信美國會侵略中國，但是，中國人也都相信，大多的侵略事件，似乎跟美國都脫不了關係。

父親跟我們說：「做為一個侵略者，日本真是世界上最笨拙的國家。也只有日本，皇軍所到之處，除了種下仇恨的種子之外，沒有其他任何的收穫。」而在戰敗無條件投降之後，還想竄改歷史掩蓋罪行。

中國長期以來的腐敗、落後，和內部嚴重的分裂，所造成的積弱不振，把日本誘惑的如醉如痴，彷彿不把這個軟弱的鄰居一口吞下，簡直天理不容。日本早就在中國各地詳細的考察研究，第一個就發現中國各地人民說的話不但千奇百怪，而且都不一樣，所以兩地的居民溝通不易。日本探子喜出望外，覺得這個現象表明，第一、中國人無法團結，第二、無法統一指揮作戰，第三、國困民窮，又逢內部鬥爭的消耗，絲毫沒有戰力。

一九三一年九月十八日，父親才進入河南省立第四小學讀二年級，開學沒幾天，日本關東軍就以中國軍隊炸毀日本修築的南滿鐵路為藉口而占領瀋陽，發動了九一八事變，開始全面武力侵華。這次事件爆發後的一年時間，東北三省就全部淪陷，被日本關東軍占領。

一九三七年七月七日，日本軍隊在河北省宛平縣盧溝橋，假裝一個士兵失蹤，向中國展開大規模、滅國、滅種性的瘋狂攻擊，日本人經過科學的計算，已經算出中國多久必亡的結論。當這個「七七事變」的消息傳出時，中國全國都陷入了瘋狂，一種「誓死抵抗」的決心，在全國沸騰，而國民黨和共產黨已經達成協議，都以國家大局為重，聯合抗日。

一九三七年十二月十三日，日本皇軍占領南京後，立即對手無寸鐵的民眾與放下武器的戰俘進行瘋狂的血腥屠殺，伴之以姦、殺、擄、掠、焚。日軍的恐怖暴行延續了一個半月，殺害中國的軍民同胞，包括老弱婦孺，超過三十萬人。南京成了一座「人間煉獄」。這是日本軍國主義侵華戰爭中，最具代表性的暴行之一，這個震驚國際的「南京大屠殺」事件，在世界文明史上，記錄下最黑暗的一頁。

父親今年滿十八歲了。想當然爾內心激動澎湃，好想在戰場上成為英雄，連作夢都在前線揮刀殺敵。於是，在七七事變後不久，他毅然決然的放棄這個全世界最好的高中，去投考河南省軍事政治幹部訓練班，真正的投筆從戎去了。他這時是一腔熱血，看到國家被鬼子欺負，這火熾的愛國心，驅使他投入這個大洪爐、大時代。還有，也能離繼母遠一點，免得慘遭毒手。另外就是開封高中一直在催繳初中的畢業證書，他哪裡有？他希望能逃到一個不需要畢業文憑的地方，而現在正是大好的機會。

軍事政治幹部訓練班設在南陽縣，要訓練三個月，畢業之後省政府負責派任工作，最高可當聯保主任。

早在北宋時，王安石的變法內容裡，對鄉村的住戶就有這樣的設定，每五家組成一個保，五個保為一個大保，十個大保為一個都保。凡有兩丁以上的農戶，選一個人來當保丁，保丁平常時日耕種田地，空閒時要接受軍事訓練，有戰事發生，就要征召入伍。以住戶中最富有的擔任保長、大保長、都保長。用以防止農民的反抗，並可節省軍費。「保」是中國政府最基層的單位，就好像台灣現在的「里」，若干「保」可以組成「聯保」，也就是九〇年代的「鄉」，聯保主任就是鄉長。這對當時這群十八、九歲的大男孩來說，簡直是天大的誘惑。這一群年輕人，都充滿了信心和熱情，也都充滿了高昂的鬥志，認為正是他們豐功偉業的開始。

父親就在這三個月的集訓中，第一次接觸到共產黨那種神秘、溫暖的觸摸。

一天晚上，一個學員叫張純亮，也是來自開封高中，父親開始敘述這段故事：「他比我要高一班，因為功課奇好，大家都尊敬他，他把我叫到一個灰暗的角落，摟著我的肩膀，低聲的告訴我，共產黨在陝北有一個高尚的革命聖地，全國優秀青年從四面八方的湧向那裡，參加真正的抗日工作，問我願不願意也去參加。」他那時正崇拜著蔣委員長，自然不會相信還有其他的革命聖地。但張純亮提醒說：「共產黨也是擁護蔣委員長的，你沒看報嗎？」

張純亮把陝北描繪成一個美麗的樂土，大家像兄弟一樣的相互照顧，那是一種革命的感情。不過生活很苦，平庸的年輕人總是尋找藉口不敢參加。父親當然不會認為自己平庸，就這樣的，他成了張純亮精挑細選出來的優秀青年。

父親繼續說著：「不久，在一次聚會時，我們決定某一天晚飯過後，分別向隊上請事假、病假，或返鄉探親假，然後在東門裡集合，由張純亮當班長，好像出操一樣把我們帶出城門，這樣可以避開崗哨的檢查。共產黨自有他們的地下交通網，把我們送到陝北。」

南陽跟延安之間，直線距離一千公里，當中隔著高聳雲天的秦嶺山脈，沿途還有國民政府的軍警和地方政府的崗哨，段段都有阻截，隨時都會被逮捕槍斃。這一批年輕人熱血澎湃，準備接受任何嚴峻的考驗。就在前一天晚上，張純亮被逮捕，此事就無疾而終了。

也因此，父親沒去成這偉大的陝北革命聖地，而這是他一生中，唯一一次可能加入共產黨的機會。直到一九六八年，他在台灣參加「民主同盟」例外。

三個月之後訓練班結業了，父親隨著大多數同學，被保送到「軍事委員會戰時工作幹部訓練團」，這個單位設立在武昌左旗營房，簡稱「戰幹團」。跟他同樣從河南去的同學，大約有五百人，被編成一個大隊，番號是第五大隊。他被編到第十三中隊，中隊長是吳文義先生，是中央軍官學校十二期工兵科的畢業生，是位東北籍的軍官。

父親感恩的說：「在我人生中三個最大的關鍵時刻，都靠著他即時的出現，他是我生命史上，最重要的一位恩師。」

「戰幹團」訓練時間是六個月，前期是普通訓練，後期是分科訓練。父親的好奇和好動，使他報考了諜報隊。他從小就有著豐富的幻想，而且超乎一般的豐富，這為他以後的文學創作，這個樂活的基因就是根基。

父親希望當一位神出鬼沒的諜報人員，殺敵立功。然後以一個平凡人的姿態在街上閒逛，沒有人知道他是位對國家有偉大貢獻的人，可是卻在一個秘密組織中受到尊敬。後來他沒當成為國殺敵立功的「〇〇七」，反而在三十年後做了共產黨派來台灣的「〇〇七」，讓他九死一生。

英雄理想沒實現，父親又返回吳文義的十三中隊——政工隊。

「戰幹團」是當時國民政府為阻截風起雲湧奔向陝北的青年潮，所設立的收容機構，主要的訓練課程就是「思想教育」。其中有一個課目為「領袖言行」，他還記得有位教官是這樣說的：「全國軍隊，以團為單位的動向，什麼時候在什麼地方行軍，或是駐紮，什麼時候在哪個地方作戰，我們英明的領袖都瞭若指掌。」從同學臉上的表情，可以讀出那種對偉大的領袖，從心底深處湧出的崇拜與尊敬。等了好久，終於等到要出光榮的任務了，有一天，蔣中正要到「戰幹團」來訓話，十三隊被派出當儀隊，父親以第一排第一班排頭的資格，昂然的站在營房大門的內側，這個位置太好了，使他能清楚看到國家最高領袖的威嚴。父親敘述說：「記得當天，整個營區鴉雀無聲，兩千多位學生，像豆腐乾一樣的排在司令台前，寧靜的連風都停止了，這種氛圍令人窒息，正在大家緊張的面臨崩潰的時候，營門號角響起，兩位少將輕輕的從營門跑進來，站在儀隊旁邊。接著聽到閱兵號啟奏，是一曲鼓舞沸騰的軍樂。」他也不敢大膽的盯著看，只敢瞇著眼偷偷用瞄的，於是，只有在照片上看過的大人物，緩緩走了進來，後面一群隨從。

蔣中正先生穿著全副軍裝，英挺端正的走到儀隊面前，儀隊向他舉槍敬禮，他也舉起戴著白手套的手，向儀隊還禮。父親當時既興奮又緊張，腦子想著，哪天回鄉要如何誇耀親眼看見領袖。結果居然傻傻的沒注意敬禮的口號，也就沒舉槍向領袖敬禮。這下慘了，檢閱結束後，區隊長李齡認為他是故意侮辱最高領袖，於是送辦軍法。結果被關了三天禁閉，才憔悴不堪的被釋放出來。

我叫父親別懊惱，就是二十一世紀，在軍中對這種犯錯的處罰上，也不會太輕。我說：「當兵哪！耳朵不好怎麼打仗？」父親的耳朵一直不好，對一些「忠告」始終都聽不清楚，以至惹來十年牢獄之災。

緊接著，日本已經開始轟炸武漢，學員們每次聽到這刺耳的空襲警報響起，就會疏散到對面馬路的「蛇山」躲避空襲。有天大早，日軍又來轟炸，大家奔向蛇山，都趴在地上，只見日本飛機穩定沉重的吼聲從南向北移動，逐漸逼近，瞬間大地如死，大家的心臟也都凝結住了。

父親藉著手勢，敘述這驚心動魄的場面，他說：「我看到九架轟炸機，機身上大大的紅色日頭極為刺眼，就在我頭頂正前方出現，那是最危險的角度，突然，像是從地面拔起東西似的，原來高射炮開始反擊，日本飛機旁邊布滿炮彈爆炸的白煙。那九架飛機像個整體一樣，稍微往上一揚繼續往前飛行，這就更接近我們了，我們肉眼都能清楚看到，在機腹下灑下幾十個黑點，順著飛行方向的帶動，我們正是它的目標。」

炸彈摩擦空氣的嘯聲把整個蛇山罩住了，每一個學員，都用標準的伏地姿勢，雙手抱著後腦，恨不得把頭都埋進土裡，大地不斷的震動，只聽到一片哀號。這要命的十秒鐘，卻好像幾個世紀。

我曾服役陸軍兩年，歷經各種野戰訓練，但是這兩個狀況差別太大，我們無法想像，這生死一線的瞬間，是什麼樣的驚恐。而我在接受手榴彈投擲訓練時，發覺有的新兵一拉開插銷，就腿軟昏倒了，這也是生死一線間，真是誇張！

日機遠離，父親抓住水壺想喝水，拿到眼前一看，竟是一隻沒手臂的斷手，嚇的大叫：「隊長！隊長！」趕緊往旁邊一甩，兩腿發軟的往山下跑，還被一個面目全非、全身鮮血的屍體絆倒，直到跑回營房，又看到一條腿掛在營房門上。

如果要問：「什麼是嚇破膽？」這就是嚇破膽，全體團員都嚇破了膽。父親對我大聲說：「你們那個叫什麼？叫蠢才、叫白痴！」罵的好！這嚇破膽的故事還有續集呢，沒幾天，一位大官蒞臨，全體學生都集中廣場聽候訓話，大家被嚇破的膽子還沒康復，突然間警報又淒厲的長嚎起來，全體同學一哄而散、衝出營門、四處亂竄，隊長吆喝怒罵、恐嚇槍斃都阻擋不住。

有幾個人一直跑到矮堤旁邊趴下，父親當時嚇的全身顫抖，害怕會被炸死，其實真正害怕的是變成殘廢，這個時候，他希望能有一個鋼盔。

父親對自己像大家一樣的倉皇逃命，覺的非常慚愧，責備自己不配當一個革命軍人。

其實這很正常，身歷其境不會有人不害怕的，在我拉開手榴彈插銷，還沒擲出手之前，我的腦袋只有一個念頭，就是用最大的力氣，把手榴彈丟的越遠越好，然後趕緊伏倒在地，等到爆炸之後飛奔跑回列隊，而兩腿仍在發軟。

10 珞珈歡曲 奪命悲歌

「戰幹團」這六個月的訓練，就在日軍空襲的警報中結束了，大部分同學被派到部隊擔任政工的幹部，父親則和少數的同學被送去參加「三民主義青年團」工作人員訓練班的考試。這「工作人員訓練班」簡稱為「青幹班」，設立在武昌「珞珈山」半山腰的武漢大學裡面。父親今年十九歲，是最年輕的學員，雖然受訓時間只有短短的一個月，卻對他的終身有極大的影響。

在那一種自認受領袖寵愛、受國家重視、身負救亡圖存、肩擔重責大任的雄心勃勃的氛圍裡，每個人都是豪情萬丈。父親說：「當時最讓我們興奮感動的，就是委員長蔣中正先生每隔幾天就來作一次訓話，使我們感覺到，和最高領袖是那麼的接近。」他就是在這「戰幹團」短短一個月裡，與其他人集體宣誓加入國民黨的。

一個來自鄉下才十九歲的大孩子，根本不懂自己的定位，可是長官告訴大家：「你們是英明領袖的子弟兵！」父親聽了，既興奮又驚訝，不敢相信會有這麼大的榮耀，決心要效忠領袖，願為領袖活、願為領袖死。從他當儀隊的那時起，就有了這種赤膽忠心，假若這時有人行刺蔣中正，他一定會用血肉之軀跳出來擋子彈，以保護領袖，甚至會趴到要爆炸的炸彈上面去。

武漢大學是最美麗的大學之一，一側是一望無際的東湖，父親高超的泳技就是在這個透澈的湖水中練出來的，甚至還學會了跳水。那時候還學會了一首歌，是李叔同先生的《送別》：

長亭外，古道邊，芳草碧連天。
晚風拂柳笛聲殘，夕陽山外山。
天之涯，地之角，知交半零落。
一斛濁酒盡餘歡，今宵別夢寒。
長亭外，古道邊，芳草碧連天。
晚風拂柳笛聲殘，夕陽山外山。
長亭外，古道邊，芳草碧連天。
孤雲一片雁聲酸，日暮塞煙寒。
伯勞東，飛燕西，與君長別離！
把袂牽衣淚如雨，此情誰與語！

長亭外，古道邊，芳草碧連天。
晚風拂柳笛聲殘，夕陽山外山。

這首歌一九一四年問世以來，被傳唱了將近一百年！至今仍是廣大的學生用以喚起離別的愁緒、觸動心靈深處的「送別歌」。父親直到這麼多年後的今天，還能記得歌詞，他說：「每當歌聲響起，我就回到那一去不返的青春年齡，三四百位青春洋溢的小伙子，在武漢大學的體育場上席地而坐，由那些年輕的女同學領導著教唱，草綠色的裙子隨風飄蕩。其中一位女同學，名叫錢純，大約二十二、三歲，歌聲溫柔甜美，而她主持小組會議時，又是那麼有條有理。」父親記憶猶新的說：「錢純是南方人，既漂亮又大方，大家都驚為天人，只敢偷瞄，不敢直視，連靠近她都不敢，就別說是跟她說句話了。」可惜後來，錢純被派到二百師，在衡陽火車站上被日本飛機炸死。

一縷芳魂消散，父親似乎仍思念不已。唉！他自小就愛美女，所以我保證，「鄧克保」絕對是個小美女。

在訓練快結束的時候，日軍逐漸接近武漢，「青幹班」同學被送上火車，向南方開拔。有一天大夥兒正坐在火車敞篷的車廂上，無憂無慮的歌唱歡笑著，突然之間大家一起發出驚嚇的叫聲，一架日本軍用偵察機飛的低低的，兩個巨大的太陽標誌，從頭頂上擦過、呼嘯著一掠而過。火車立即停了下來，隊長叫大家四處疏散。大家立即躲進北伐時留下的戰壕，外邊雜草密布，幾乎看不到太陽。緊接著，兩架日本戰鬥機飛過來開始掃射，大家擠在戰壕裡各個角落，趴在地上憋住呼吸，深怕飛機上的架駛員聽見。

父親敘述這一場突擊，他說：「將近二十幾分鐘的密集掃射，竟然沒有一個同學受傷，可是火車頭已經變成廢鐵了，我們全體只好徒步行軍走向長沙。」從湖北武漢到湖南長沙，直線距離大約三百多公里，這群年輕人走了五、六天，終於抵達了長沙。

到長沙之後，被安頓在一家空蕩蕩的民宅住下。公家提供伙食，父親並不為吃飽煩惱，只是身上一文不名，如果沒趕上開飯時間，就得挨餓到下一頓了。尤其九月以後天候漸涼，身上穿的還是單薄的短褲軍裝，已經無法抵抗寒意了。他每天都呆滯的坐在寢室的地板上，雙手抱膝一言不發，寒意襲人，內心又感覺空虛。有一天，一位年齡相仿、名叫趙蓉的女同學，悄悄遞來一件黑色的外套，微笑的說：「穿上吧！」父親是個還沒開化的北方野孩子，也忘了跟她致謝，就立刻穿上，感到無限的溫暖。

父親說：「可是我沒有膽量找她說第二句話，卻對她終身不忘。」我開玩笑說：「你不是高中就會寫情書給何玉倩嗎？你可以寫情書給趙蓉啊？起碼，不會比那次更慘吧？」父親「哼」了一聲，靦腆笑笑又搖搖頭「唉」了一聲，繼續說：「有一位女同學和她感情最好，名叫周倫，她以舞劍受到大家注目。後來遷台之後，周倫也到了台灣，住在台北縣五股鄉，我曾經去看望過她，周倫知道趙蓉在大陸沒有出來，但卻不知道她最後的下落。」

父親他們在長沙不到一個月，感覺氣氛愈來愈緊張，家家戶戶都緊閉門窗。這一批年輕學生整天沒事幹，就天天逛大街，長沙市中心有個名勝，叫天心閣，裡面還有個動物園。慢慢遊客愈來愈少，動物也都開始發出淒涼的哀鳴，這才發覺牠們已經挨餓好幾天了，原來餵食牠們的工人都跑光了。沒幾天，大樓的柱子上出現耀眼斗大的日文標語，沒人知道是什麼意思。只知道這是個不祥之兆。果然，這是中國人向日本軍人所做的心戰喊話，長沙顯然要放棄了。

當天傍晚，一輛吉普車把父親和另外三位同學——范功勤、李淼和劉浥塵載到中央團部臨時的辦公室，當時辦公室已經凌亂不堪了。組織處秘書湯如炎先生，派遣父親當三民主義青年團中央直屬豫北分團主任，其他三人都是幹事。每個人又發了一筆錢，命令他們立刻動身從長沙南下，然後繞道回到已經被日本占領的豫北地區——河南省北部，展開工作。

我問：「他們為什麼要選你當主任？」父親說：「不知道！不過從此我就成為國民黨的幹部了，多少年再回想當時，真是一個草率的派遣，事實上，哪是什麼幹部，不過就是臨時配搭罷了，既沒教求生本領，也沒教宣傳技巧，就把我們四個傻呼呼的熱血青年送到日本占領區，像驅羔羊到虎口一樣把我們打發上路了。」我看他聲音變大了，就沒追問當時發給每人多少錢？

此時，國民政府為了阻撓長驅南下的日軍，居然炸毀黃河堤岸，一個人工的黃河決口，造成空前的悲慘事件。黃河花園口大決堤事件，發生在一九三八年的六月九日。為了阻擋日軍的追擊，蔣中正效法諸葛亮的白河用水，下令炸毀黃河大堤，希望來個水淹日軍，並且讓附近所有鐵路全部泡在水裡，使日軍無法運兵追擊。並以軍事機密為由嚴密封鎖消息，老百姓全然不知自己的政府即將毀滅他們。黃河自古有「天河」之稱，河床比兩側的農地還高，一但大水決堤後果不堪設想。

一九三八年的五月底，蘭封會戰兵敗如山倒，屢戰屢敗已經完全絕望，蔣中正就下令，於六月九日那天，在鄭州與開封之間的花園口，用炸藥炸開大堤。連眨眼都不及的一瞬間，幾十層樓高的洪濤暴急衝下，二、三十公里以外都能聽到這怒濤奔騰的巨響。大洪水不分低窪、高地，一視同仁一概覆沒，再直奔東南方兩百公里以外的淮河。整個平漢鐵路以東全部被大水淹沒，一千二百萬畝的農田也都泡在水裡，走避不及的百姓全被大水活活淹死。

諸葛亮是以水灌敵，而蔣中正是以水淹民，據想當日遇之誰不魂飛魄散？這是一件人為製造震驚全世界、慘絕人寰的大浩劫。

當時正值麥收季節，農民正在收割小麥，猝不及防全村滅絕。黃河怒濤所經之處，瞬間房屋倒塌、屍體遍野，一片慘不忍睹的景象令人心驚動魄。

比起二〇一一年日本三一一大地震引發的大海嘯，還要悽慘百倍。浪濤數十丈，淹死、活埋者不計其數。浩劫餘生的人民百姓成千上萬，扶老攜幼的沿路乞討、飢民哀嚎痛哭、慘不忍睹。在聯合國與世界各國的災難統計中，明確記載著這次人為的災難浩劫，有八十九萬中國人民死亡，以及無以數計的百姓傾家蕩產、流離失所。

這個用近百萬無辜生命所換來的喘息時間，也僅有短短的四個月，一九三八年十月，距花園口炸開後第四個月，武漢仍然失守。這麼大的代價，並沒挽救武漢失陷的命運。開封城本來在黃河以南，這一淹竟然到了黃河以北，抗戰勝利後黃河再度改道，開封城才再回到黃河以南。

父親一行四人，徒步離開長沙，沿著鐵路南下，這一路他們看到國軍增援部隊沿著鐵路北上。到了易家灣，忽然背後紅光沖天，歷史上最著名的長沙大火，就在他們幾十公里的背後衝入天際。

這是一九三八年十一月發生的事，距離黃河大決堤事件不過半年，這是國民政府的「焦土策略」，在長沙無法守住之時，將其重要設施全都燒毀，以免資敵。

於是，又是一場人為的劫難發生了，這迅速而凶猛的無情大火，一瞬間便吞沒了兩千多個睡夢中無辜市民的生命，城裡的彈藥庫也遭波及有如萬炮齊轟，大火連燒三天三夜才被撲滅。

這場由人放的大火，造成五萬多棟房屋變成焦土，幾十萬人無家可歸。父親敘述說：「一連數周整個長沙餘煙飄繞，散發著人肉燒焦的臭味和土地焦烤的異味。蔣中正先生趕赴火場視察，都不得不承認，這次事件，不是屬於那一個人的錯誤，而是整個團體的錯誤。」

然而，長沙燒成一片焦土之後，日軍距離長沙，至少還有二十公里。

國民黨在內戰期間兵敗如山倒，被「水深」和「火熱」的中國百姓趕出大陸，不是沒有原因的。

長沙大火與黃河決堤兩大慘案，都在對日抗戰期間，國民政府錯誤的決策導致的三大慘案之二。還有另一慘案，是一九四一年六月五日重慶「較場口大隧道」的慘案。這些在台灣的歷史課本裡，根本讀不出真相。所以，我們要譴責的不只是日本人殘害中國人，並竄改歷史，國民黨一樣殘害中國人，也一樣會掩蓋自己的罪行、扭曲歷史的真相。

父親一行四人繞道新化、益陽、沙市、襄樊、南陽，最終抵達洛陽，這是第一戰區長官司令部的所在地。就在洛陽，他們都脫下軍服，換上便服，四個人分別先行潛回各人的家鄉，約定一個月後，在林縣會合。這是當時國軍唯一還沒失守的鄉鎮。於是，父親輾轉跋涉，歸心似箭的回到了家鄉，他自從被百泉初中開除之後，就沒回過這個老家。

父親並沒進自己的家門，直接就投奔常村的五叔郭學慈先生的家了。這雖然是日軍的占領區，但日軍僅只集中駐紮縣城，中國龐大的像一個大海，日本的軍事力量是無法徹底控制的，只靠一些願為外國走狗的漢奸——皇協軍來維持秩序。

11 婚喪喜慶 逃離故鄉

父親的五叔告訴他：「你爹為你定下一門親事。親家是縣城南關人家的女兒，名叫艾紹荷，比你大三歲。」父親雖然反對，可是，這整個大家族，都堅決支持我爺爺郭學忠先生的立場。

我大姑姑也趕了回來，哭哭啼啼的規勸。父親說：「好幾回，我都衝動的想半夜開溜，但因抵不住姐姐的眼淚，於是在一九三九年，我過了十九歲那年就成親了。」這是父親他第一次的婚姻，依他堅強、頑固、永不順服的個性，當然只有他姐姐柔情的眼淚才奏功效。但是他又不承認有這樣的個性，他還說他這一生之中，有太多時候都是放棄堅持己見，接受別人的支配，他認為這一次的婚姻就是一個例證。

父親一直慚愧與懊惱那次對禮教的順從，他說：「假設人生能夠重來一遍的話，我絕不會再犯同樣的錯誤。而這次婚姻，帶給我終身的歉疚。」他傷感的補充說：「紹荷有舊式女子所有的美德，如果我能安於種田的生活，我們會白頭偕老。」

在這次讓父親終身歉疚的婚姻之後，讓我們有了一位值得尊敬與愛戴的大姐冬冬（郭素萍），也跟我們後來其他的四位兒女一樣的，從小就沒有父愛。我很懷疑，父親後來的四段婚姻，是否都是放棄堅持己見？還是接受別人的支配？是否都曾讓他終身歉疚？還是他仍然認為「假設人生能夠重來一遍的話，絕不會再犯同樣的錯誤」？

眼前見父親銀髮蒼蒼、垂垂老矣，我早已不在意這些問題的答案。因為，我在內心深處已早有定見。

有一天，突然傳來一個噩耗，父親即倉促趕赴開封，抵達之後卻只看到冰冷的棺木。這是我的爺爺——郭學忠先生的棺木，爺爺已經逝世。這個鄉下出身的知識分子，以一個農家子弟，闖進複雜的城市世界，不久就被腐化，以致潦倒以終。

我爺爺身跨兩個王朝——大清帝國和中華民國，卻無法抗拒當時官場文化的主流，就是鴉片和海洛英，終於弄得家破人亡。爺爺逝世時才五十七歲，太年輕了點，我猜，被毒品毒死占三成、被悍妻潑婦氣死占了七成。

就在棺木旁邊，父親看著他繼母用香煙盒裡的錫箔紙吸食海洛英。當時日本人在占領區內，執行毒化政策來摧殘中國人，所以吸毒在當時是合法的行為。

父親說：「五十年後，直到九〇年代，我才發現中國人並不信神，而只信鬼。」他這項偉大的發現，就是在我爺爺郭學忠先生的祭典大禮上發現的。他說：「這是我又一次硬碰硬的向儒家的傳統禮教屈服。我那次被搞得腰痠背痛外加昏頭轉向，跪下又起、起來又跪，跪跪起起、起起跪跪，不知道已經有多少次的循環，三拜九叩的次數和跪下的詭異，讓我百思不得其解。」而這種儒家學派如山如海的儀式，實在讓人會冒出無法遏止的憤怒。

雖然祭典令人煩厭，但總會結束。讓父親驚恐不安的，還是他的繼母，因為，繼母絕不會忘記被他毆打的奇恥大辱。

這幾天，父親就常常看見繼母微微揚起的嘴角。第三天，他護送著爺爺靈柩返回祖籍輝縣之後，為了逃避繼母持續迫害的潛在危機，決定還是暫時遠離躲避，於是，他跟新婚妻子邵荷道別，匆匆逃離了輝縣，這一離開，就是四十年。

父親傷感的說：「四十年後重返家園，紹荷已經過世。重拜父墳，往事歷歷。」此刻，陽台的玻璃窗，已經映出鏡中蒼髮老人的眼眶泛出了淚光。

父親匆匆離家連夜北上，經過山區，兩天後趕到林縣，就在河澗鎮跟范功勤、李淼、劉浥塵會合，加速成立早就應該成立的「三民主義青年團」。豫北二十五縣，這時只有林縣仍由新五軍據守，西邊是太行山，是共產黨的大本營，北面則是共產黨的游擊隊。

一行四人找到一家民宅，就掛上招牌，布置成了辦公室，白天辦公，夜晚也就席地而眠。

這四個人的頂頭上司在重慶，遠在天邊，四個人都不曾受過任何專業訓練，「軍幹班」三個月、「戰幹團」六個月，再來就是在珞珈山上，短短一個月「青幹班」那美麗夏令營的生活，前後加總不過十個月。現在都待在辦公室，除了願為英明的領袖戰死之外，不知道要做什麼，甚至連要怎麼效忠戰死都不知道。

他們太年輕了，父親當時才滿二十，那三位不過二十二、三吧？這種年紀嘴上無毛，能作什麼？現在卻把組訓青年、對抗日本和共產黨的沉重任務交在他們手上，豈不是太兒戲了嗎？其實，他們不過是被犧牲的棋子，中央團部潦草塞責，敷衍了事的隨便派遣，表示又成立一個分團，如此而已。這使我想起，我因為服兵役，為了日子好過而宣誓加入國民黨，退役之後還必須參加各區的小組會議，結果不過是聽聽訓示、閒聊散打，有時還得忍受官腔官調，其實都是官僚官場，很快看破就不去了。

「在那是瞬息之間千變萬化的淪陷區後方，不知道明天會是什麼樣，想混日子可不是你所想的那麼容易。」父親的意思是說，我們的小組會議是在混日子。當然，所以我才知錯能改、懸崖勒馬啊！

一天下午，河澗鎮上的軍隊突然增加許多，人喧馬嘶，顯露出不尋常的氣氛。父親去打聽，原來是拒守林縣的國民黨新五軍已經潰敗。在對日抗戰開始之後，政府軍各戰區紛紛失利，日軍士氣高漲，揚言「三月亡華」。幸虧祖先們留下這個廣袤的土地，使日本皇軍筋疲力竭。

當時的國共關係也非常微妙，彼此爾虞我詐，相互指控，共產黨偷襲正在作戰的國民黨將領，國民黨也將共產黨視為「匪黨」，只要狹路相逢一定暗下毒手。那個年代，多少青年被槍斃、被活埋、被丟入黃河、被野狗裹腹，多少青年死的不明不白、屍骨無存。

黃昏以後一片寂靜，戶戶緊閉門窗，不見一絲燈光。父親他們隨著零零星星的殘兵敗將向東撤退，完全不知道情況，也不知到目標在哪裡，只知道隨著大家摸索著、一步一步的往前走。不久，這支殘敗的隊伍進入了另一個山區，天上沒有月光，地上沒有燈光，伸手不見五指，只聞低低的蟲鳴。山徑狹窄又崎嶇，旁邊又有懸崖，栽下去一定粉身碎骨。幾經輾轉山間，這支隊伍走進一個村落，遇見了流亡的安陽縣政府，大家這才知道，已經離開了林縣，進入了安陽縣境。

父親跟我們說：「主任秘書韓彬如先生命令我們四人前往洛陽報到。這個突變讓我們如獲重釋，因為我們自知年紀太輕，難以負擔重責大任。」於是，這一行四人，就在不知名的險山惡水中，朝著目標摸索著前進，最後，進入日軍占領區，又被皇協軍勒索個精光，就這樣歷經了千辛萬苦，終於渡過黃河，抵達洛陽。

12 大隧道案 慘絕人寰

到達洛陽之後，父親被派到偃師縣分團當幹事，「主任」頭銜沒了，他並不在乎。他說：「一個革命軍人不應該計較任何名分，但是不久，我的內心就開始轉變，並不是讓我重視官位，而是發現上進的重要。」人生最大最新的誘惑，在引導著父親踉蹌的邁步。

當時，戰時的陪都重慶，有一個中央訓練團，這是國民黨培養幹部的基地，分別由全國各地選拔黨、政、軍優秀幹部，到重慶參加一到三個月的政戰訓練，使他們能和中央的高級官員接近，而產生敬畏之心與向心力。不久，父親就被保送去受訓。於是，他又歷經四、五天的火車、汽車的行程，終於抵達了重慶，這對他來說，又將是一個全新的開始。

重慶是戰時的首都，是對日抗戰時中國人的聖地，街道像舊金山一樣，高高低低順勢修築，一年有半年是大霧迷漫，對健康比較不利。可是在抗戰初期，這六個月的霧季，日本飛機不會來轟炸，而在另外晴朗的六個月裡，則是「跑警報」的季節，所以霧季反而成為這個山城的保護網了。

在重慶的居民，家家戶戶都有一個防空袋，裡面裝著一天的民生必需品，單位職員甚至還攜帶緊急的公文。每天早上都先仰望山頭掛的警報氣球，當掛起一個球時，表示日機已從武漢機場起飛；當掛起兩個球時，表示日機已進入四川省境；當掛起三個球時，就是日機已接近重慶，或是已經飛到頭頂了，就要趕快進入防空壕洞躲避日機的轟炸。

從一九三八年二月十八日起，日本陸海軍航空部隊遵照日本最高統帥部的指令，為摧毀中國人民的抗戰意志，對戰時首都重慶進行了史無前例的大轟炸。鋪天蓋地的重慶大轟炸，從一九三八年二月到一九四三年八月歷時五年半。

往往天還沒亮，一個球已經升起，空襲警報就發出像受傷的野狼一樣的那種哀嚎，接著，全城的人都逃出家門，奔向附近的防空壕洞。重慶是山城，建築物幾乎都在山脊兩側，所以防空壕洞既普遍又堅硬，從來沒有被炸塌過。

就在父親到重慶的那年六月，恰巧碰上了大隧道慘案。這大隧道是指重慶山脊唯一的一條防空壕洞，幾乎是把山掏空，從西方的入口到東方的出口有好幾公里，每隔一段距離開一個洞口，供民眾進出。慘案發生的那天，日本飛機從一早就來轟炸，全城都在震動，當時的中國，面對日本人野蠻的屠殺和瘋狂的轟炸，根本沒有防禦的能力，日機只須保持一架飛機在上空盤旋，就足以讓山城變成死城。

這是一九四一年的六月五日，日機突然又夜襲重慶，缺少準備的市民聞警後倉皇湧向就近的防空壕洞。父親回憶說：「當晚，蜂擁群擠進入了校場口這段僅可容納五千人的隧道，頓時擠入上萬人。」

這次空襲，日軍出動二十四架飛機分三批輪番轟炸，在這長達五個小時之久的「疲勞空襲」下，由於隧道內避難人數超過容量，裡面又潮又濕，空氣又不流通，避難的人擁擠不堪，乾渴飢餓加上氧氣不足，到了午夜時分民眾開始發出呼嚎，可是把守洞口的士兵卻都不予理會。每一個洞口又都放下柵欄，防止民眾闖出亂跑而引起日機攻擊。

就這樣煎熬到解除警報之後，人們劈開柵欄，看到裡面的屍體重重疊疊的已經堆到了洞頂，而隧道深處的人大都窒息而亡，其狀慘不忍睹。

官方公布有二千五百名民眾窒息，但通常官方數字保證不實。這個震驚中外的「大隧道慘案」，也是中國防空史上一個最大的恥辱，事後衛戍司令劉峙遭到免職。父親說：「劉峙是國民黨政府有名的飯桶將軍兼撈錢將軍，但依照傳統的官場文化，他不久必定升官。」果然，一九四八年五月，蔣中正高升劉峙為徐州「剿總」總司令，結果在淮海戰役全軍覆沒。

一九五四年，劉峙在台受聘「總統府」國策顧問。一九七一年病逝於台灣。而劉峙的曾外孫女劉潔女士，卻是在「美國將軍搖籃」之稱的西點軍校，以第一名的優越成績畢業，這是近年來首位獲此殊榮的華裔女性，相較之下，華人之光令人欽佩。

父親的回憶，都是令人傷心和悲痛的往事，但是他也有榮耀的經歷，就是和蔣中正曾躲在同一個防空壕裡，有一天上午，警報突鳴，中央訓練團的所有團員，都被帶進一個龐大的隧道中躲避空襲，這個防空壕洞應該有幾十個足球場那麼大，三面是天然岩石，側面開向山谷。當大家坐定之後，蔣中正在護衛之下也走了進來，坐在一張藤椅上，衛士們四周站立。沒多久轟炸開始，大家都聽見遠遠的重慶市區轟轟的爆炸巨響。

父親回憶著說：「我仔細的觀察領袖，發現他鎮定如恆。忽然，我突發奇想，如果這次把他炸死，歷史上不知怎麼描述這一幕？又怎麼描述我們這些陪死的無名小卒？」

那個時代，最高領袖的權勢，是大到沒有極限的，蔣中正把他的簽名照片送給中央訓練團的每一位學員，這張身著戎裝、威嚴英挺的人像，確實使人動容。當時能有這張照片的人，不但是無上的光榮，還能當作護身符避邪。

蔣中正會親自校閱、一一點名，還注視打量學員的臉龐、身軀，一兩秒之後又微微點頭，在名冊上打一個勾。這種點名方式比贈送相片更能產生預期效果。有的學員喜不自勝的喃喃自語：「點名之後，領袖對我有了印象。」然而，父親接著說：「放心吧！領袖對你不會有印象的，點名是叫你對領袖有印象。」大家聽了這話都愣住了。父親自己也警覺又失言了，趕緊低下頭，立志不再多話。他只是想一語點破那位同學的冥頑，全沒想到它的危險性。

顯然，這次並沒有讓父親記取教訓，後來遇事，不但不吐不快，甚至還用筆寫出來，讓自己鐵證如山、罪證確鑿。

在重慶這一個月的期間，父親的思想發生了急遽的變化。他們有一位同學，年約三十，是一個大學畢業生，當時婉拒被派到淪陷區工作，堅持留在中央團部工作，大家都暗中譏笑他是一個懦夫。這次父親到了中央才發現天地之大，不是一個地方性的小幹部可以想像的。

那位同學因為資歷好，已經當上組織處的副組長，手握全國工作幹部的升遷調補，現在趾高氣昂，不太認識以前的同學了。而其他的同學，有的保送到復旦大學，有的保送到四川大學，還有的保送到武漢大學。他們一個個前途似錦、神采奕奕。而自己只是一個高中二年級肄業的地方性的土包子小幹部。

父親非常後悔當初聽從長官們勉勵大家獻身革命、「革命就是大學」的訓話。這使他改變了志向，一定要上大學，即使是上一天大學，也比高中肄業有出息。

父親在離開重慶前的那幾天，瘋狂的尋覓上大學的途徑，因為他非常注重自己的文憑，最後發現根本不可能。因為他沒有高中畢業或高二的肄業證件，即使有，中央團部也不會無緣無故保送數千里之外的一個地方低級幹部。

父親既沮喪又悲哀，不甘心這樣被低學歷所吞沒，於是決定參加第二年「西北區大專院校」聯合招考。他重新收拾起殘破不堪的功課，但是卻不知道，連報名最基本的資格，他都沒有。

13 買假造偽 遭除學籍

經過朋友介紹，父親終於在一個遙遠的村落裡，花了五塊銀元，買到一張甘肅省立天水中學二年級肄業期滿證書。對於這遠在天邊的地方，也顧不了那麼多了，就用這個買來的假證件完成報名，參加一九四二年「西北區大專院校」聯合招考。之後又是一番煎熬等候放榜，結果居然錄取了，父親被分發到位於甘肅省蘭州市的省立甘肅學院法律系（一九四六年與西北醫學院合併改為國立蘭州大學）。

父親喜極而泣。蘭州是甘肅省的省會，在大陸西部千里之外，那時候還沒有鐵路運輸，坐長途汽車要超過四天。他沒有選擇的餘地，於是決定拋下一切，西奔前程。其實是因為證件的緣故，哪敢太強求。今年，他二十三歲，又開始了嶄新的旅程。

到了甘肅學院，就在辦理註冊登記時，一位組員翻閱察看「肄業期滿證書」時，露出濃濃的困惑眼神，問說：「你在天水中學念過書嗎？」「念過！」父親肯定的回答，心臟也跟著跳動起來。「民國二十八年有二年級嗎？」「有！」他仍然肯定的回答，全身也跟著發起毛來了。那位組員繼續低沉的問：「我是天水中學畢業的學生，那一年……好像還沒有二年級吧？」「有！」這時候，父親全身已經僵硬。「好吧！等我查查看。」很顯然的，假證件還是有些破綻。

父親把行李提到宿舍，坐著發呆。心裡甚是苦惱，這個挫折是他不能克服的，只有等著被開除了。不過同時也安慰自己，這事最快也要一年以後才能查出來，一年之後又會是什麼局面？誰也說不準。父親為讀書受盡折磨，許多往事又歷歷浮現。

這一年很快就過去了，父親大學生涯的一年級也結束了，同學們都返回家鄉，閒來無事，他一個人就去閒逛打發時間，心裡深藏著假證件被揭穿的擔憂。

父親信步而走，恰巧遇到幾位百泉初中的同學，現在都是輜重兵團的駕駛，要運送新兵到新疆。邀請他一塊到新疆兜風旅遊，父親毫不考慮，立刻就跳上車了，他心想：「我真希望深入新疆，永遠不要回來，永遠不要受到證件的壓迫。」

這是父親第一次進入河西走廊，也看到了大西北最貧窮的一面，這地區多是戈壁灘，都是亂石，而不是很細的沙子。他對於完全匱乏的農民生活，心中陣陣絞痛。後來車子到了酒泉就轉到玉門油礦，沒再去新疆了。

酒泉位於甘肅省西北部，河西走廊西端，因傳說泉中有金，故又名「金泉」。父親也是第一次到這「城下有泉，其水若酒」的城市。車子又繼續往北開了約一百五十公里到了玉門縣西南二十公里的萬山叢中，有座水壇冒出原油。中國人忙於做官和內戰，沒人理會這個天然資源。直到一九三八年民國政府資源委員會在重慶設立「甘肅油礦局籌備處」，才開始開採油礦。這次旅遊讓他親眼目睹到當時中國唯一的油礦。父親說：「就在大隧道慘案的第二年，也是我去年到甘肅學院報到的八月份，蔣中正也來到這裡參觀玉門油礦。」可見這個玉門油礦在當時戰略和經濟的重要性有多高。

幾天的旅遊結束了，一行返回了蘭州，父親一走進校門，就有一位同學悄悄的跟他說：「你被開除了！」「學校可能已經報警了，你要小心！」該來的跑不掉！他心中有數，知道是那個天水中學假證件惹的禍。於是，他趕緊溜進宿舍，大家都放假去了，父親悄悄收拾行李溜出大門。心想，幸虧有趟玉門之行，不然可能已經被抓走了。

父親千辛萬苦遠奔邊陲，就是要圓讀大學的夢，現在美夢又破碎了。他垂頭喪氣的走在街上，暫住一間小客棧，躺在床上發呆，真不明白那位賣他「天水中學二年級肄業期滿證書」的朋友，為甚麼讓證件輕易的破功？

父親回憶說：「我想哭，但是哭不出來，太多這樣的遭遇，想哭一場的時候卻沒有眼淚。」這樣熬過幾天，真是千絲萬縷，而且一團混亂沒有頭緒。在飛機場檢查站，他有位朋友叫張辛伍，提供了一張飛往重慶的機票。於是，就在一九四三年夏末，父親從離開重慶到蘭州這短短的一年，又重返這舉目無親的重慶了。

這時，日本空軍對重慶五年半的「疲勞轟炸」才剛結束。六年後，國民黨在跟共產黨的內戰中，完全的崩潰，父親在上海遇到落魄的張辛伍先生，就請他隨行一起到了台灣。

重返故地，眼下全是殘垣斷瓦，街頭巷尾沒有一處建築是完整的，所看到的人們，也個個面黃肌瘦，驚恐未定的表情溢於眉間，這些人都是日本五年多來的轟炸，並投擲燃燒彈後，幸運的生存者，有的一家五口只剩一個孤兒，有的缺手斷腿、有的全家屍骨無存。這慘不忍睹的淒涼，讓他感嘆萬分，也對當時國家的貧弱，而自己卻不能分擔與奉獻，心頭針針刺痛。

沒人可以投奔，父親就經常信步在街道上，或是獨自到處徘徊流連，想著人生就像十字路口，往左？往右？還是直走？還是回頭？但是四方的路，好像都是大霧瀰漫。眼前雖然是一片殘破，但他覺得重慶起碼比蘭州有盼望，起碼換個環境，也會有新的機運。

就在一個十字路口，父親濃厚河南腔調的問路口音，引起一位從消費合作社下班的崔秀英女士注意，發覺兩人是同鄉，就格外親切，從此，埋下了兩人的情緣。

父親今年二十四歲，正是嚮往愛情滋潤的年齡，尤其亂世更易激發兒女之情。在無限的惆悵和孤獨、寂寞的生活之下，兩人產生了感情，進而趕時髦同居在一塊了。崔秀英當年二十一歲，畢業於河南省息縣的師範學校，是一位才華洋溢、能歌善舞的女孩，也是位願意為國家民族奉獻的熱血女青年。這段暫時有人彼此依靠慰藉的日子，並不能讓他放棄上大學的決心。

14 再接再厲 複製證件

父親上大學的決心，事實上早就已經到黃河了，甚至已經見到黃河波濤中，即將滅頂的棺材了。但是那顆赤子之心不但未死，反而愈挫愈勇。他一面找工作，一面準備功課，要參加次年西南各院校大專聯考。

父親勉勵我們說：「人生有很多難以預料的際遇，只要你不放棄，上帝一定會為你開門。」的確，在距離重慶大約五十公里的青木關，有一個教育部設立的「戰區學生招致委員會」，主任岑文華先生是熟識，於是，父親決定去拜訪，看看有沒有什麼機會或出路。這位德高望重的長輩，就把他安置在「重慶登記處」擔任助理之一，做一些校對、審查的工作。

此時，父親雖然看不到未來，也不敢回想過去，但終究能暫時棲身有份收入，也能在穩定中求發展。然而，機會總是在瞬間，給有企圖心和已經準備好的人。

淪陷區的學生前來登記時，要在表格上填寫個人資料，包括原來就讀的學校、科系、年級等等，經過考核再簽署意見之後，轉報給教育部高等教育司，再分發到各大學繼續就讀。有時候沒有證件或證件不全的時候，由岑主任親自口試盤問。

有時候岑主任不在，父親就代理簽注意見，而且簽上自己的大名，教育部也不問究竟，只要有簽名就一律分發。業務接觸久了，就懂了其中的蹊蹺，一個奇異的靈感突然鑽進父親的腦海：「我為甚麼不能分發我自己？」

有一天，父親正在整理這些登記表時，看到一位從南京逃來學生的登記表格，是中央大學政治系肄業三年期滿的學生，具有全部的成績單，都是貨真價實的真證件。突然眼睛一亮，這位同學的大名是郭大同，父親當時突然感覺腦充血，竟從椅子上摔到地上。

真是如獲至寶，他趕緊到照相館把郭大同的證件全都翻照下來，再把原件改成「郭衣洞」，再拍下照片。既興奮又緊張，他回到辦公室，先把郭大同複製的文件貼回照片，再簽注意見呈報上去，等過了兩個月，估計教育部已將郭大同分發完畢了，再請朋友用「郭衣洞」的名字填寫一份登記表，最後自己簽注考核的文字：「經過嚴格盤問考查，該生資料正確無誤，建議分發同級學校」最後下款再簽上「郭立邦」三個字，就宣告大事篤定了。至於照片，就簽上「後補」兩字，以後當然沒有補，這種例子太多，教育部從不追究。這次，父親居然能同意我，覺得「郭奉桐」比較好聽，但這不是重點。

又是一段難熬的日子，等了又等、盼了又盼，別的學生兩個月就能接到分發令，而「郭衣洞」這位學生已經兩個半月了，都還沒有回音。父親終於按捺不住了，他就向同事借了一套中山裝，把破皮鞋擦亮，搭巴士前往青木關，到教育部高等教育司，代表岑文華主任，前去查詢淪陷區學生郭衣洞的分發事宜。

官員們對父親的辛苦和負責的精神十分嘉許。查卷後告訴他，郭衣洞已經分發到國立東北大學，要他回去安慰那位從南京流亡到重慶的，名叫「郭衣洞」的可憐大學生，分發令日內就會寄出。

這是一件令人難以置信的大好消息，父親一度還懷疑自己的耳朵是否聽錯。於是一路都眉開眼笑在心頭、情歌小調在口裡，喜孜孜的返回重慶。

從蘭州回到重慶這一年，總算有了突破，人生瞬間充滿了亮光。這時，日本對重慶的大轟炸已幾近停止，沒有空襲就沒有流血，沒有混亂，生活就會平靜。父親這時與崔秀英住在一塊兒相互照應，也結識了更多的朋友。

我說：「你真了不起，一路買偽作假，到老還坐進總統府裡了。」我這是找罵挨，但是他老人家知道我有遺傳他的幽默。

父親求學的過程真得很辛苦，酸臭苦辣鹹，唯獨少個甜，換了意志不堅的人，一定早就放棄，另起爐灶了。

此時，父親抑制了心底的興奮，不敢宣布這個消息，深怕又是一場空歡喜。終於不久，教育部的分發令寄到了，他向岑主任辭職，說了一大堆理由和謊言之後，岑主任露出慈藹和關切的笑容，說：「你搞的鬼我全知道，快上學去吧！」

父親從小是個沒有母親的孤兒，從小也很少享受父愛，而是在繼母淫威之下被鞭打責罵中長大的，有人誇獎他無所畏懼。他解釋說：「其實不然，我最懼怕的，是加在我身上的溫暖和恩惠。岑主任像父兄一樣的恩情，使我深深感動，並永遠不會忘記。」

父親這一生不遺餘力的鼓勵和幫助年輕人，無論在國內或是國外都能繼續升學讀書，一方面自己的遭遇深深體會求學的艱難，另方面是深受岑文華的感召。

父親要起程繼續去讀大學了，崔秀英和朋友們送他去搭巴士前往三台。東北大學創建於一九二三年四月，張學良曾於一九二八年八月兼任該校校長，直至一九三六年底西安事件結束。「九一八事變」後，東北大學被迫先後遷徙北平、開封、西安和四川三台等地，可見戰亂造成學子求學的困難，是多麼的嚴重。

父親被分發的東北大學，就在四川省的三台縣，位於重慶西北方約三百公里，這跟要到瀋陽，直線距離就超過兩千多公里來比，實在是近的太多了，日後與崔秀英和朋友們見面，也近多了。

「郭衣洞」是個新名字，即將踏上新的旅程，父親一路上默念這個新名字，也充滿了新希望，他回憶當年報考開封高中時，由郭定生改為郭立邦，結果差點忘了自己是誰。

幾個小時就到學校了，父親先到教務處報到，教務長親自檢查證件，翻來覆去的看，他又開始冒汗。還好一切都順利過關。於是住進宿舍，準備甄別考試，這是他第一次面對沒有英文和算數的考試，心情輕鬆多了。他說：「雖然政治系的書籍從來沒摸過，完全沒有一點概念，但是我並不害怕。」他對政治系下了一個定義：那是一個識不識字都可以讀的系。天哪！他這張嘴巴，隨時都會得罪一船人。

父親篤定的說：「我是從南京淪陷區來的流亡學生，深受政府關注，只能使我降級，不能把我開除。」

一個星期之後，父親被編到政治系三年級就讀。他大嘆說：「人生真是奇妙，我在甘肅學院法律系只讀過一年級，現在合法的升到東北大學政治系三年級，二年級是一片空白，我無法想像這些年來各樣的轉折衝擊，會讓我這麼的驚喜。」

教育部那位科員，怎麼會將他分發到東北大學，而沒有分發到重慶的中央大學、重慶大學，或是成都的四川大學、華西大學，以及樂山的武漢大學，還有郭大同分到哪兒了？都是根據什麼樣的邏輯分發，沒人搞得清楚。父親說：「一件無心的作業，帶給人很大的變化，假如我沒讀東北大學，以後發展的軌道，可能不會走向台灣。」

「是無心的作業嗎？不是處心積慮的嗎？」我這樣問著。父親回答說：「任何能提升自己的機會都不能疏忽錯過，也就是說，要處心積慮的是提升自己上進，而不是欺負別人打壓別人或利用別人。」的確！太多聰明人了，有點權勢嘴臉就醜了，神氣活現不可一世，其實，謙虛的態度可以看出成功的深度，狡詐毒辣的舌頭最終都要被撕碎。

父親終於開始享受這遲到與難得、勞而不累、幸福與滿足的大學生活了。秋過冬來氣候迅速寒冷，基督教會在三台設立一個學生公社，提供很多粗布的棉大衣借給貧苦的學生禦寒，因為四川的冬天絕不是沒有棉衣可以熬得過的，於是他趕緊也借了一件。比較糟糕的是，父親染上抽煙，多了難以負荷的開支。那時候買香煙，不是一包一包的買，而是一支一支的買，類似小舖在學校附近設立的最多，這種香煙一支一支的買賣方式，直到一九七〇年，在台灣也有，也都選擇在學校周邊。他幾乎每天要去拜訪一趟，把一張揉著的鈔票放在桌上，伸出食指大言不慚的說：「司令牌，一支。」然後回到學校，吞雲吐霧一番，好不得意。

教育部每個月都會發給學生代金，就是貸款的意思，是國家借給學生的學費，將來畢業之後要分期償還。可是這個動亂的四〇年代中期，人心動盪，物價飆漲，每個月才三個銀圓的政府代金，基本上連伙食費都不太夠，何況，父親每天都得「潤肺」一下。

「東北大學」在當時，就已經是中外馳名的大學了，學生分為兩大族群，一是本省同學，就是都來自四川各地；二是外省同學，來自全國其他各省。外省來的都是流亡學生，本省同學皆是有家有室，生活比較富裕。自然在一般的生活供應方面，顯出落差。其實父親並不在乎這些，吃什麼、穿什麼，都是身外之物，這條小命能留到現在，還能讀大學三年級，何況在「吞雲吐霧」中樂趣無窮，夫復何求呢？

15 國仇家恨 日本投降

父親喜歡安靜的沉思，常常讓自己的思維很淡靜的漫遊，不設定任何邊境和範圍，看見了淩亂，思緒也跟著紛擾；寧靜的生活，讓他更有閱讀的效果和擴大知識的追求。就在進入東北大學之後，他開始閱讀許多的文學作品，包括魯迅的小說創作。在他考上開封高中的那年，魯迅先生因病過世，當時他並不知道魯迅是何許人也。而現在，他卻對魯迅先生相當的敬佩，立志要像魯迅一樣，以後能夠有能力寫出一個現代的「我們中國人的魂靈」來。

父親在學校，經常閱讀許多當代的雜文和小說等創作，包括後來抗戰勝利，揭露國民黨腐敗統治的現代作家張恨水、一九四五年日本投降後被日本憲兵秘密殺害的郁達夫，以及不堪忍受紅衛兵暴力批鬥，在北京太平湖投湖自盡的老舍舒慶春等人的文學創作。這時，他對文學創作的觀點是十分開放的，對「純文學」和「通俗文學」都沒有什麼成見，他最欣賞的，還是揭露社會現實問題的優質雜文創作。

讀書不能當飯吃，可是讀書可以排遣空虛和寂寞，父親的大三生活很平靜，也因為沒有多餘的銀子，就不太容易作怪，僅僅這一年，他覺得自己在閱讀上的鍛鍊，已經使他產生能夠獨立思考的能力了。

父親告訴我們，從那個時候開始，他的思想，從文化到政治，都在不斷的蛻變。同樣的，他帶有政治色彩的一些行為，也更顯明的表達出來了。他說：「多少年來，『感覺』常使我『洞燭機先』，但也常使我備受傷害。」而在屢屢備受傷害之後，卻讓他的反思、分析和批評的立場更加明確，也更有深度和廣度。所以，他對眼前所讀的政治系，覺得有些簡單了點，包括國際公法、國際私法、還有一些現在都已經還給教授的課目，只需考前重點複習就完全解決了。

彷彿所有的事情都在好轉，課業沒壓力，前途充滿著亮光，又有時間閱讀，這半年多的新生活，讓他的心靈滿足的不得了。這個時候，仍在重慶中央團部合作社工作的崔秀英，為他生下一個小女娃，就是我們的二姐毛毛（崔渝生）。

從一九四二年開始，中央政府就成立了第一次出國作戰的遠征軍，進入緬甸對抗日軍，以及保衛中國西南大後方補給線安全。第一次遠征失敗之後，從一九四三年開始，第二次遠征軍立即開始招募與訓練，並於次年在印度開始反攻，國內滇西的中國遠征軍也在一九四四年中開始反攻。除了正規軍隊之外，中央軍事委員會也在各大專院校招募愛國青年參加。

直至一九四五年軸心國集團全部潰敗投降，二次大戰才宣告結束。父親在離開甘肅學院的時候，就有人勸他參加遠征軍，可以真正的遠離這個需要文憑才能通關的社會，但是此時不比當年了，父親的意志比以前更為堅定。他說：「打死我，我也不會離開這好不容易才擠進來的大學，我一定要貨真價實的讀到畢業。取得大學畢業證書，是我這一生奮鬥的唯一目標。」

這時，日本的敗相已逐漸顯露，同學們看報的風氣相當濃厚，每個年輕學子，都有一顆強烈的愛國心，關心國事、關心戰況，太平洋戰爭打得天翻地覆，閱報室也擠的水洩不通。

義大利和德國的無條件投降，是天大的震盪。德國是繼一九一八年第一次世界大戰戰敗向英美投降，僅僅二十一年後的一九三九年九月又舉兵入侵波蘭，引爆第二次世界大戰。不到六年德國又再度戰敗，並於一九四五年五月八日，歷史上第二次的無條件投降。

喧騰國際十二年之久的希特勒感性宣言：「我一輩子都不結婚，因為我愛德國，已和德國結婚。」而現在，卻和他的情婦躲在防空洞裡，一方面自己結婚上床，一面聲嘶力竭的呼籲德國人民為他戰死。

父親說：「這些都是很嚴肅的教育，相信政治人物的承諾和誓言的人，不是轉用它欺騙別人，就是已經成為無可救藥的白痴。」

第二次世界大戰的元凶、義大利法西斯黨魁墨索里尼先生，是蔣中正先生的老友，他最大的錯誤是站錯了邊，下場也最為淒慘，一九四三年被罷免首相職務，一九四五年四月二十七日他和他的情婦在逃亡途中，被游擊隊生擒活捉，槍斃後倒吊示眾。

德國和義大利投降之後，軸心國只剩下日本了，誰都知道日本已是窮途末路，而日本仍然強硬的宣布說：「日本還要再戰，直到帝國人民全都戰死，三島化為一片焦土。」沒有人知道日本為何而戰？為爭自由而戰？為抵抗外辱而戰？還是為侵略別國而戰？至死都要併吞別國？

這個暑假過後，父親就要升四年級了，天氣酷熱難當、心情沉悶無聊，時局也發生了巨變。一九四五年八月十五日，學校正在放暑假，同學們有的返鄉省親、有的窩在宿舍、有的茶館泡茶、有的切磋棋藝和牌技，艷陽直射冷清的校園，聞不出來氣氛有什麼異樣，一切都是一樣的懶洋洋。就在夕陽西斜的傍晚時分，由縣政府分送給有關機構的新聞簡報，一張十六開大的紙張，貼上了學校的布告欄，標題的大字寫著：「日本宣布無條件投降」。

這時候，屋裡屋外的同學，像瘋子一樣的全都跑到了街上，一片歡騰的景象。日本投降？簡直不可思議，可能嗎？還有人半信半疑，一直在問著：「真的嗎？是真的嗎？」原來美國於一九四五年八月六日，在日本廣島先投下一顆原子彈，這是人類歷史上第一場核武空襲。三天後又對日本長崎投下第二顆原子彈。這兩顆強大殺傷力的震撼威懾了日本，使日本遭到毀滅性打擊，更打擊了日本軍方的作戰意願，日本在被核武攻擊的六天後，宣布無條件投降。

就是今天，所有東北大學的師生，和所有街道上的民眾，每個人都瘋狂了，都難掩滿臉的喜悅，互相傳遞著興奮的情緒，國仇家恨，終於有了天道。

日本的崛起、傲慢和武力的先進，前三個月還在宣稱「還要再戰，直到全都戰死，三島化為焦土。」聲音還在空氣中迴旋震盪，才滿百日就無條件屈服，簡直令人難以置信，這果真是歷史上最震撼的一頁。

日本則稱此日為終戰日，意思是終止戰爭了，是誰終止戰爭？無條件投降就是戰敗了才會無條件投降，而且是萬分淒慘的戰敗，死了多少無辜的百姓？用「終戰」這種讓人搞不懂的名詞，掩飾殺人無數、侵略別國的醜行，以及最終戰敗無條件投降的事實。日本殺人無數，戰勝國都放棄了對德國和日本的賠款要求，這是非常寬大的政策，戰敗卻不用支付龐大的戰爭賠款，這使日本提早得到復興，卻把自己塑造成二次大戰的受害者。日本從不曾感激對他們「以德報怨」的中國，反而臣服對他們投擲「原子彈」的美國，然而，離日本投降不到七十年的時間，這個國家又開始想染指我們的領土，二〇一二年一月三日，日本沖繩縣議員等四人，搭乘漁船強登釣魚台，這個行為攪亂了東海原來平靜的形勢，足以顯示出日本已經快速的朝向軍國主義道路邁進。

日本是一個天生侵略的民族，優越感長期欺壓著中國，日本的侵略歷史，就是屢次挑起領土爭端，不僅國際社會譴責，連日本著名作家、諾貝爾文學獎得主大江健三郎也嚴厲的批評指出，釣魚台是日本在侵略或殖民過程中所獲得的，敦促日本政府要正視侵略史。

自從明代以來，中國各種地圖和文獻都把釣魚島、黃尾嶼和赤尾嶼標記在中國版圖，而且自古以來就有中國漁民在這塊海域捕魚。日本是借甲午戰爭勝利之便趁火打劫而占據了釣魚台。第二次世界大戰結束，根據《開羅宣言》和《波茨坦公告》等國際法律文件，日本戰敗投降，就必須依照國際法，吐出所侵占的，包括台灣在內的中國領土、釣魚台及其附屬島嶼。

一九七二年美國將釣魚台移交給日本行政管轄，日本並沒有實質的主權，二〇一一年日本三一一震災，國際捐出善心巨款，日本立即就抽出尾數買下釣魚台，其餘擴充軍備，伺機而動，其心可誅。假如釣魚台真的是日本的話，那麼，日本人為什麼還要大費周章、刻意彰顯，另外花錢去買呢？

歷史可以翻案，但是國際公理和人類的良知不容挑釁！日本永遠改變不了侵華淌血的歷史事實，而這次製造釣魚台風波，再一次的顯露出掠奪者的侵略本質，是何等的醜陋。

這次釣魚台的事件，中日之爭喧囂塵上，我們絕對不相信，背後沒有美國為了政治和經濟利益而主導或驅使的行為。檢討起來，許多事件都是美國的推波助瀾，才助長日本的氣焰。

隨著亞洲戰事的停息，第二次世界大戰終告結束。兩個月後聯合國亦宣告成立，期望能夠促進各國合作，並防止未來的軍事衝突。我們不會怪罪日本年輕的這一輩，這是他們的父親和祖父的罪惡。但是如果他們仍然不坦承罪行，將會繼續遭到世界的蔑視，他們溫和謙恭的內涵氣質，也即將染上侵略別國的血腥。

父親認為：戰爭讓人家破人亡，才知道和平的可貴！但人類總是無法記取歷史的教訓，有野心的國家，總會覬覦別人的東西，豪取強奪的掠奪者，是何等的醜陋，因此掀起戰爭，造成民生凋敝、生離死別，甚至禍延子孫，著實令人痛心！

聽到日本潰敗崩盤、無條件投降，同學們都興奮極了，開始議論紛紛，討論著如何遷校、如何返鄉。東北大學原址在瀋陽，學校當然是要遷回瀋陽，滿洲帝國對所有的學生而言，是多麼的新奇和刺激，使大家產生一個更美的憧憬。

天已入夜，大喜若狂的學生們，在學校唯一的大廣場上燃起了營火。找來很多木柴、破板凳、破桌椅都投擲了進去。熊熊火舌舔向天空，舌影閃爍的掠過每位同學的臉頰，這是多少年的盼望如願了，心中極度的喜悅全都寫在臉上。

父親當然也坐在其中，可是沒多久，大家都沉默下來了，都呆呆的坐著，除了隱約傳來喜極而泣的哭聲，和營火堆中木柴燃燒焦裂的清脆響聲之外，大家都成了啞吧，全場不像勝利的歡聚，倒像生離死別的悼念。

這樣奇特的景象，猛地敲打父親敏銳的大腦。他說：「德國投降時，美、英兩國全國人民，通宵達旦的歡歌熱舞，而我們這群大學生卻都呆坐著，為甚麼沒有人高歌？為甚麼沒有人跳舞？我這個懷疑立即就找到了答案。我們是一個沒有歌聲、沒有舞蹈的民族。」

父親嘆聲「唉！」繼續跟我們說：「傳統文化是個大醬缸，不要說不識字的小民，即令是高級知識分子的大學生，一個個也都被醬成乾屎塊。因為中國的文化裡面，完全沒有鼓勵人們活潑開朗的一面，反而都是幾千年來封建社會的國粹主義。」父親後來反傳統文化的思想，就是被這次的營火所啟蒙。

中國人深受儒家影響，是真正的愛好和平，尤其喜歡粉飾太平，所以，從不曾想過侵略別國，當然，地大物博也沒必要侵略別國，所以就處處忍受日本的侵略殘害，日本人投降了，終於結束了日本和中國這百年來的恩怨，日本也吐出了他從中國巧取豪奪的東北四省和台灣。他們在東北所創造的滿洲帝國，樹倒群猴散，也結束了十四年來尷尬的角色。

父親認為滿洲帝國絕對不是國土分裂，因為東北是滿洲人的原鄉，滿洲人打進山海關，統治中國三百年，也作威作福了三百年，結局雖然不是最淒慘的，但卻是最淒涼的，那就是滿洲人全都被中國人吞沒了。在他們原鄉所建立的滿洲帝國內，滿洲人已經不多，因為絕大多數的滿洲人，都到中國本土來稱王、稱侯，大享其官威美福，但是我們不能否認那仍是他們的故土。

兩顆原子彈讓日本徹底的崩盤，皇軍也撤離了這片廣大的土地，回到原先屬於他們自己的幾個島上面去了，但是對中國人民而言，卻是比投下原子彈還要可怕，因為中國立刻陷入了殘酷激烈的內戰，中國人民再度陷入哭天不應、喊地不靈的慘境。一個國家對外戰爭勝利後，總會有一段和平的日子讓國家重新建設，讓百姓調整喘息。父親感嘆的問：「中國人是受了什麼咒詛？」

一九四六年炙夏，父親總算是平安順利的讀完大學了，畢業典禮才剛結束，他就飛奔到照相館拍了一張方帽子的學士照，心中暗暗慶幸，雖然用了旁門左道的方法，但感謝上帝垂憫，讓他終能拿到文憑。父親充滿自信的說：「大學畢業是多麼的榮耀，我有些趾高氣昂起來，不過，這使我嚴重暴露了性格上頑劣的缺點。」

畢業之後，父親跟著學校前往東北，和一些同學準備另創江山，並不考慮一個外省青年，跑到萬里之外的東北，沒有任何依靠的問題，因為他有獨特的思維。因為當時，他和幾位志同道合的同學，在學校組織了一個「祖國學社」，擁有五、六十位同學，自以為形成一股力量，到東北這個跟祖國隔離了十四年的地方，絕對是塊值得開墾的沃土，他勇於挑戰的性格再一次的顯露出來。

於是，父親決定先回重慶，和崔秀英見面。戰後餘生還能重逢，國恩家慶又是雙喜臨門。他抱起兩歲的二女兒「毛毛」，心疼愛憐之情無以言喻。這是在一九四〇年，他的大女兒冬冬出生之後的第六年，第一次抱起他的女兒。

而現在，兩位姐姐冬冬和毛毛，早已子孫滿堂、含飴弄孫、闔家平安、幸福圓滿的不得了呢。

但是，兩位姐姐和她們的母親，也曾在一九六六年文化大革命時，因為父親和丈夫是「國民黨的餘孽」，而遭受共產黨很多羞辱殘酷的鬥爭。兩年之後在台灣，父親也因為是「共產黨的餘孽」，同樣遭受到國民黨很多羞辱殘酷的鬥爭。

沒有「國與國的戰爭」真好，也希望從此沒有「人與人的鬥爭」。父親希望中國能夠趕緊強盛起來，才有能力保衛自己的人民，他更希望自己也趕快茁壯起來，才有能力守護自己的家庭。而眼前的一切，都在朝著這個偉大的目標前進。

於是，父親決定要去東北了，崔秀英堅持先回河南息縣老家探望寡母和幼弟。這一趟千里迢迢的返鄉之行，一家三口終於在幾回公路、鐵路和人力車的轉乘，千辛萬苦的回到了這距離開封，都至少還有四、五百公里的息縣。

父親回憶著說：「秀英母女見面的場面使人動容，難分難離的母女深情，使我感受到親情的溫暖。」幾天後，他準備要回輝縣看望當時匆促離開的結髮妻子艾紹荷，以及已經六歲的大女兒冬冬。

始料未及的，時事發生了突變，一天清晨彷彿有槍聲傳來。謠言說大別山的人民解放軍已經進入縣城了，城裡緊張的一片混亂起來，城門上也多了武裝的崗哨。

父親當時就順著人潮，跑到西關打探消息，城門已經關閉，城外的槍聲更接近了，這是解放軍夜戰的序幕，又見店鋪開始關門，真是糟糕透了！不久就看到解放軍陸續進入城裡。此時槍聲也逐漸密集起來，城裡守軍開始反擊，在夜色朦朧之際，雙方的兵力開始集結。父親既飢餓、又擔憂的躲著，筋疲力竭的一直忍到第二天早晨，聽說解放軍已經攻占息縣。不禁驚慌失措，最後在現實情況的考量下，他只有跟隨一些同學奔向南京。

南京是個以六朝繁華聞名於世的金陵古城，一連六個王朝充當首都，更因抗戰初期受到日本人滅種性的大屠殺，成為一個悲情城市。日本因為人口太少，就用屠殺的方式滅絕中國人，嚴重違反人道，實乃天地不容。只是讓人們大惑不解的是，德國已為納粹的暴行向世人道歉，世人尊敬日耳曼民族是一個光明磊落，高品優質的民族。反觀日本，始終拒絕承認他們曾經侵略的暴行，日本文部大臣大言不慚的把「侵略中國」改成「進出中國」，日本人認為中國人貧窮、愚笨，總不把中國人擺在平等的地位。你們沒事進出中國幹嘛？真是令人作嘔！

根據藤家禮之助所著《日華交流二千年》可知，二千年來中日都在交流往來，中國從沒有侵略過日本，反倒是日本不斷的侵略中國。自從中日甲午戰爭，中國賠償日本八萬兩白銀，中國就變的貧窮，貧窮自然就落後，這筆錢存在銀行，最起碼也值二千多億美金了，這與二次大戰結束，日本沒有分文的戰爭賠償，這「裡外裡」相差了多少？如果我們中國也進出日本，說是為了保護日本不受韓國侵略，講的通嗎？如果要選擇敵人的話，我們不屑選擇這樣窩囊的敵人，我們尊敬的敵人是勝的漂亮、敗的也磊落。

「天下有道，卻走馬以糞；天下無道，戎馬生於郊。禍莫大於不知足，咎莫大於欲得。故知足之足，常足矣。」這是老子闡明知足主義的重要性。意思是：大道行於天下的時候，便不會發生戰亂，因此，只好將馳騁疆場的戰馬，驅趕至農村輔事農稼。但天下無道時，所有的人都貪得無厭，國與國之間兵禍連連，因此所有的戰馬都用來作戰，連母馬都要上戰場。由於久戰不歸，母馬只好在郊外生產。天下的災禍，沒有比不知足更大的；天下的過錯，沒有比貪得無厭更大的。最大的不知足，莫過於盜竊他人的財務或入侵他人的國家，因此戰禍延年，只有知足的人，才能永遠感到滿足。

在南京，父親遇到了許多昔日東北大學的同學和青幹班的老友。大家對眼前渾沌的局勢感到憂心，也都失去家鄉的消息。他說：「每一想到秀英盼夫歸來，那天匆匆出外，毛毛還拍著身邊的小凳子，叫著：『爸爸！坐坐！』而更遠的結髮妻子紹荷，和長女冬冬，又是如何度日？」心頭不禁絞痛。

16 回到東北 福禍並至

父親雖然如願以償大學畢業了，可是在南京仍然一籌莫展。於是大夥決定前去東北，等待時局平靜。就這樣，幾位同學結伴先到了上海，發覺各省的話、各地的話都不一樣，外地人根本聽不懂。他說：「我講的河南土話，他們也聽不懂，這讓我很感慨，一個國家為什麼不能有一個共同的語言？政府官員每天好像都很忙，難道對他們的國民無法互相溝通，毫無感覺？」語言不通，就像一盤散沙很難團結，也會造成很多的誤會，是政治紛爭主要的原因，日本侵華，不也是看準這一點嗎？

這一行人搭輪船從上海啟航，到了天津，再轉北寧鐵路，好幾天下來終於到了瀋陽，住進了瀋陽市北郊的東北大學。這瀋陽的東北大學和三台的東北大學相比，簡直是雄偉壯麗的像一個獨立王國，僅工學院就擁有一個修理火車頭的龐大工廠，如果要繞校園一圈，可能要走上六、七個小時吧？大夥看的目瞪口呆。

東北大學是父親千辛萬苦求學的終點，在一九四六年畢業離開，半年後他又回來了。只是從三台的東北大學離開，回到瀋陽的東北大學。不久，楊德鈞找到一間日本商社的空房子。於是父親、苗景隆、廖衡就搬了進去，在門口掛上「祖國文化館」的招牌，他們要開一家書店，在這個被日本隔離十四年的地方，傳揚中國的民族文化和精神，以及民族主義的思想。

一九六〇年以後，在台灣，當時我的父母已經離異，但楊德鈞、苗景隆這兩位父執長輩，他們還是常來探望我的外祖父母和母親。而一九九八年，我在香港探望廖衡先生時，他已經是一家港資開發公司的董事長了，他全家對我熱忱的接待數日，是一位德高望重、毫無架子的成功企業家。

時局依然動盪、人心依然渙散、內戰的烽火依然漫延，在經營書店都沒經驗的情形之下，鬥志還是屈服於現實，大家陸續的離開，各自為五斗米折腰去了。書店沒能鴻圖大展，卻讓父親一夕之間，成為一名木材商人。

這當然不是真本事，而是因緣際會，運用一些關係擔任仲介，也必須啟動一點機智，克服被倒帳的風險。果真，在最後結帳的時候，對方的臉孔變了，出言恐嚇說：「我告訴你，你是一個外省人，我們把你丟到野地活埋，你就永遠消失了。」父親鎮定的回答：「我如果二十分鐘沒有出去，同學就會報警，指出你們的姓名。我不怕死，如果怕死，我就不來東北了。你們想要賴帳，我馬上打電話報案，拆穿你們的騙局。」這樣才把他們鎮服，成功的賺到人生中的「第一桶金」。他的第一桶金，居然是個天文數字——十兩黃金。

這桶金拯救了「祖國文化館」，於是大家重整旗鼓，再度燃燒起了鬥志。果然，麵包比愛情重要。突然，一個晴天霹靂，父親假證件的事件又東窗事發了。原來，日本人投降後，學校把畢業生的證件送到教育部，教育部查對南京中央大學檔案，怎麼都找不到郭衣洞的名字，才發覺是明顯的偽造文書，於是下令開除學籍，還通令全國院校不得收容。

這麼久了，父親仍然痛心的說：「只有獸性發作的人，才會發出這種置人於死的通令，想這一生為上大學所付出的辛酸，全都成了泡沫，我偽造證件固然觸法，但何以趕盡殺絕不留一條生路。」我安慰他說：「你手上的畢業證書是自己印的嗎？不是吧！那你擔什麼心呢？你手上拿的是如假包換的正本啊！再說你造假證件的前科累累，如果警方再來個追查通緝，豈不更糟？難道你還想讀研究所嗎？」就在父親左手拿到第一桶金時，右手也丟了畢業文憑。

不過，父親作夢也沒想到，六十年後，居然能在台灣，他被授以比東北大學「學士學位」還要高出兩級的「榮譽博士」學位呢。

這個惡耗沒讓父親消沉，因為也沒時間消沉，一位東北籍的教育家徐延年先生，在瀋陽成立「私立遼東文法學院」，這又是一次幸運之神的眷顧。徐延年先生看父親是重慶來的校友，又相當成熟活躍，就邀請他當政治系副教授。這個正在向教育部申請立案的草創學府，還沒趕得上看到教育部「開除」的文件。真是苦盡甘來、好事成雙。沒多久，「青幹班」的同學徐天祥，又把他帶進設於北大營的陸軍軍官學校第三分校，兩人一起當少校政治教官，每個月有主食和俸祿。忙碌教課、雙份薪餉，使父親的生活品質也逐漸好轉，他也極其樂意的伸出援手，幫助其他落難或清苦的朋友。

徐天祥取得一位軍中將領的支持，每個月提供一個連的補給品，要找適當的人選辦一家報紙。好事不但成雙，更是接踵而來。當然這些人選，就落在他們這幾個人的身上了。

四十五年後，父親在台北接到一本《遼東文法學院師生小傳》，在世的師生仍有二百餘名，卷中還刊出一段〈柏楊小傳〉記載說：

一九八八年十月二十九日下午三時許，中國文聯組聯部主任、中國書法家協會領導小組負責人佟書，代表我們同學在北京飯店房間，拜望了闊別四十年的老師——台灣著名作家柏楊先生，和他的夫人張香華女士，互相寒暄之後，柏楊老師請佟書轉達他對同學們的問候，並表示下次回大陸探親，定要看望大家，同時也問候徐院長安西、匡扶教授和幾位同學。此時，佟書將徐竹影作詩、由他書寫的條幅〈遙寄台灣柏楊先生〉：「隔海憑欄無限情，元宵佳節憶先生。盃中一兩相思月，飲到三更映到明。」贈給柏楊老師。先生極為高興，連說：「字寫得好、詩也作得妙。」表示返回台北，一定掛在客廳正中壁上，以示留念。

想不到一個輕輕的腳印，讓父親留下如此深遠的溫馨。他說：「有意栽花花不開，無心插柳柳成蔭，人生多波多折、三起四落、失之東隅、收之桑榆，所以要心無加減、得失隨緣。」

這幾個年輕人，就在瀋陽市中華路找到一棟房子，高高掛起《大東日報》的招牌，買了一部印刷機，結束已經彈盡糧絕的祖國文化館，他們幾個志同道合的同學，就一起住進報社，開始籌備出報，並且向中央政府申請登記。一段時間過去了，《大東日報》始終沒有批准下來，而更大的挫折卻是來自整個中國時局上又發生了急遽的大變化。

一九四五年到一九四八年，這三年正是時局變化莫測、動盪最劇烈的三年，從抗戰勝利的喜悅，到國共內戰的爆發，百姓也就僅僅這兩年有和藹的社會。國民政府軍敗退的資訊並沒有傳揚，而大家卻都知道，國民政府軍在東北擁有最精銳、最現代化，而且遠征過印度的武裝部隊「新一軍和新六軍」，他們從軍服到武器，全都是美式裝備。可是，經過兩年的內戰，局勢日趨惡劣，國民政府軍屢戰屢敗，全國各鄉鎮、縣市、首都，都陸續淪入人民解放軍之手。最後，偌大的東北只剩下瀋陽和錦州。而瀋陽街頭的人數也日日減少，高官富賈紛紛搭機逃離，貧窮小民也紛紛步行逃亡。

在一九四四年八月，日本投降的前一年，湘桂戰役開始後，日軍突飛猛進，湘、桂、黔三省數千萬逃難之眾的悲慘經歷，這是抗戰期間最後的一次逃難，也是世界上最慘的一次逃難，現在在瀋陽，也要揭開同樣的序幕了。一九四八年十一月一日上午，父親還貿然的跑去北大營第三軍官訓練班，探聽能不能領到薪俸，才發現北大營全然一空，官兵都已經全部撤退到瀋陽市區。

父親腦海浮起兩年前在息縣被隔絕的影像，內心大為恐慌，於是急忙折返瀋陽，感覺到大街上氣氛詭異。第二天解放軍大批車隊魚貫而入，一輛輛的從《大東日報》的招牌前奔馳而過。這時國共內戰已經接近尾聲，而東北第一大城市瀋陽的失陷，也是國民黨政權最具代表性的潰敗。

勇氣可嘉的這幾個年輕人，從祖國文化館，到《大東日報》，從滿腹的理想，到一切歸零，還得趕緊逃亡求生，回到東北這一年，真是福也雙至，禍也不單行。於是，他們決定放棄一切，廖衡要先回他的故鄉哈爾濱，接著輾轉來台，稍後到香港定居。而這次他們跟以前逃亡的方式並不一樣，那就是脫下平民便服，穿上臨時買的國民政府軍的軍服。但是要拆掉軍帽上青天白日的國徽。為甚麼要改穿軍服呢？那是共產黨所施行的既往不咎、心戰統戰的寬大政策，凡是國民政府軍，只要手中沒有武器，就可以大大方方的「還鄉生產」。

父親他們這幾個人都是文職人員，剛好抓住這個機會，如果再遲幾天，共產黨政策一變，就可能插翅也難飛了。當時，每個人還都拿著一張「通行路條」走到瀋陽車站。偌大的車站人山人海，應該是喧嘩沸騰，但此刻卻鴉雀無聲，好似一個古老的廢墟。每一條線都很有秩序的排隊等候買票，有的已經排到車站外的廣場，有的像S形轉來轉去，令人震驚的是，沒有一個人大聲說話，更沒有一個人吵鬧插隊。而排隊買票的長龍之中，大部分都是平常不可一世的國軍官兵。一夕之間，全變成了守紀律、第一流的國民。

看著眼前的景象，徐天祥說：「共產黨真行！」父親卻認為這是恐怖下的產物，因為中國人沒有約束自己的能力。

四十年後在台灣，父親和孫建章在調查局裡面，調查員李尊賢把筆憤然的摔在桌上，磔磔冷笑並大聲的斥罵：「你們竟然能穿國軍的衣服走出匪區？這就夠了，你們已經證明自己就是匪諜。」父親坐在攬翠樓「柏楊居」的陽台上，回憶與現實糾葛著，他說：「在調查局裡，手握生死大權的特務，有幾個有能力約束自己？而這些都是腐敗的徵兆。」能說出「你們已經證明自己就是匪諜！」這句話，足見客觀的智商已經被主觀的權力完全蒙蔽，使愚蠢的思維更加蔓延膨脹，永無止境而不自知自己的墮落。

抗戰末期，政治就腐敗到極點，軍事是政治的延長，軍風、軍紀皆蕩然無存。這是我們這一代，永遠不會瞭解的地方。

從歷史中可以看見，在戰亂的地域，國軍跟土匪、強盜沒什麼分別，有力氣的就橫行霸道，沒力氣的就沿路乞討，軍人從不排隊，揮舞手中的權力，甚至消費從不買單。如今巢穴傾覆只好規規矩矩，失去靠山，連膽也碎了。

父親這一行三人，從上火車，到下火車、出站、過街、僱馬車南下山海關，跟大家一樣都是安安靜靜的，每個人都是沉重的臉色。這是一趟奇異經驗的危險之旅，入夜之後冷風颼颼，馬路兩旁湧出大批全副武裝的解放軍，緊夾著馬車向前進發。這批解放軍是林彪的第四野戰部隊，正要南下攻擊北京，這趟馬車上的親眼目睹，父親對於解放軍當時軍風的嚴明，不禁咋舌稱奇。

在黑暗中，那些驟馬急奔的戰士，常常高聲發問：「你們是哪個部隊的？怎麼有車可坐？」馬車這邊總是回答：「我們是國軍。」甚至加強的說：「我們是蔣匪。」那些純樸的戰士們就會一言不發，從沒有人刁難，連馬伕有時還吆喝他們：「讓路！讓路！」他們也都踉踉蹌蹌的讓路。見慣了國民政府軍隊的凶惡，對眼前的親眼所見，正是「婦孺與王者之師爭道。」

父親對當時所眼見的情況，產生了滄海桑田的感覺，把解放軍這種質樸和軍紀，與國軍官兵相比，實在有人位演替的感慨，雖然不至於讓自己的基本信念破碎，但是也有了動搖。

後來在台灣就有人責難：「把共產黨說成王者之師，那國軍成了什麼？」我覺得針對親眼所看見的現象，與自稱仁者之師的國軍相比較，長久享受權力自然就腐敗，觀感上絕對是個強烈的對比。我不知道當時潰敗的國軍應該是什麼，而當時紀律嚴明的解放軍，是否會在若干年後一樣腐敗？這是定律，可想而知。如果我們自己都還不能徹底反省，一味的只追求自我感覺良好，傲慢的強辯，裡子全失，討點面子也爽，或死的鴨子嘴硬、巧言狡辯，這種意識形態，恐怕更加愧對犧牲在戰場上的三軍將士了。

解放軍的行動跟傳統行軍恰好相反。他們都是夜間上路，天微亮就進入村落，分別住進民宅，門口從不站崗哨，一個村落裡雖然駐紮了大軍，表面卻毫無異樣。他們的崗哨都藏在屋頂上，居高臨下一覽無遺。跟父親這批人同樣方向前進的，除了解放軍，就是成群結隊的國軍將士。經過一夜坐在馬車上緊繃的情緒，在接近山海關時候，他們看到一位國軍軍官，斷了一條腿，鮮血一滴一滴的滴在路上，他雙肩架著支架，一步一跌，跌下去再艱難的自己爬起來，然後再一步一跌。他是湖南人，父親回憶說：「他告訴我們他要回家，家裡還有母親、妻小。他在新六軍當少尉，清澈的大眼睛流露出堅忍的意志。我從口袋找出一塊大頭，塞到他的手上，他收下來說將來定要回報。」戰爭的殘酷，無論是軍是民都會遺留無限的傷痛，多少年後，海峽兩岸終於開放，許多來台的軍民也都重回家園探親，這位軍官下落不知如何，恐怕已成春閨夢裡的人了！

千辛萬苦，終於穿過山海關，抵達唐山，這個位於河北省東北部的城市，仍是國民政府在控制，三個人再轉乘火車前往北京。回想這次長途而艱苦的奔波，一路上失魂落魄又提心吊膽，看見許多跟著政治風向走的「變色龍」，也在稍後遇到仍然趾高氣昂的國軍上校組長。

他們決定以第三軍官訓練班教官的身分，投奔設在北京的陸軍軍官學校第一軍官訓練班。孫建章另行投奔友人，父親和徐天祥就直接到了目的地。一位上校組長一看到這兩個人狼狽的樣子，還沒聽完就拉下臉來，用手掌拍打桌子，大叫：「你們為甚麼不抵抗？」哇！兩個年輕人嚇住了，也不敢坐下，因為對方官階太高了。上校又叫一聲：「你們為甚麼不抵抗？」嚇！好大的氣勢！這種架勢應當派到最前線去衝鋒陷陣才對，在後方是埋沒人才，實在可惜！

類似情形屢見不鮮，有些政府高官，當然也包括低官，即使是退休下來，仍然官架十足、聲勢懾人，坐領雙薪再拿獎金，都是民脂民膏，讓小民望之興嘆。現職更是作威作福，種種腐敗，焉能不敗？

「我們是文職人員，不是帶兵官。」兩人輕聲回答。一隻食指已經戳到他們兩人的鼻樑了，「哎！你們還強辯，革命軍人就是準備隨時犧牲。」看這「三顆梅花」大義凜然的態度，父親回嘴說：「北京已經朝不保夕，你去幹吧！」說完兩個人就走出辦公室。

人要有尊嚴，就要付出代價，然而，即使是付出慘痛的代價，也必須維護一個人最基本的尊嚴。也就是委屈是為了「求全」，沒法求全，就不必再委屈了。

兩個人走出辦公室，也同時走入絕境，只有四處流浪，有一餐沒一餐的維持生活。父親對飢餓和貧窮充滿了憎恨，不能原諒自己的無能。

這個上校，不知道最後他是否也逃命？到台灣升官？還是留著「抵抗」？掛星星的可能性比較大，因為他絕頂聰明的，教別人去送死，他自己第一個逃命。

當一個大時代的兒女，是何等的艱辛，當一個戰亂裡的百姓，更是何等的不幸。這是一種苦刑，中國人民就在這個無期徒刑裡，日復一日的煎熬。

有一天，父親忽然遇到百泉初中的同學朱光弼，當時已經是北京大學四年級的學生。他鄉遇故知，兩人意外又驚喜。父親就常到北京大學，跟朱光弼徹夜暢談、對床而眠，聽他講些無產階級革命的種種故事。

朱光弼在西南聯大讀書時，已經是一個狂熱的共產黨，是北京地下黨的重要人物之一。他勸父親如果肯洗面革心，他答應由地下管道，將之送至城外人民解放軍總部。父親說：「我願意洗面革心，但是我不願意到人民解放軍總部。」此時，國民政府的江山，大半已經淪入共產黨之手，全國知識分子的左傾程度，跟宗教的狂熱一樣，一個人是不是向共產黨靠攏，成為檢查他是不是進步人士的唯一標準。

可是，父親覺得共產黨缺乏個人自由，自己又最注重自由，不喜歡任何的拘束。他認為人性的尊嚴和溫情的扶持，是人類共有的美德，黨性只是英明領袖鞏固自己權力所加到群眾身上的私刑。他們兩個年輕人在意識形態上有很大的差異，但是感情上卻更加深厚，每天同進同出，早上吃早點，也都由朱光弼付帳，患難見真情，讓父親十分感動。

突然有一天的傍晚時分，收音機在詭異懸疑氣氛中，慢慢的廣播：「華北總部、人民解放軍聯合公報：第一……」。華北剿匪總司令傅作義將軍，與共產黨簽署了一個政權轉移的秘密協議，解放軍不費一槍一彈，就進入了河北，接收了北京，結束了著名的平津戰役。

霎那間城內的百姓傾潮而出，他們不敢相信一直所依賴崇拜的傅作義將軍會拋棄他們，百姓們到處流竄打聽消息。直到第二天早上，北京出現了另外一種氣象。每一個路口都有三個哨兵，一個是已經將「剿匪」兩字拿掉的華北總部戰士，一個是人民解放軍戰士，一個是北京市警察。朱光弼在剛成立的人民大學門口，拉著父親的手，要推薦他去讀研究部。「國民黨會毀了你，你有志難伸，」朱光弼說：「共產黨有無窮的天地，愛才如命，你要留下來，新國家需要你。」父親支支吾吾未置可否。兩天後，人民解放軍堂堂皇皇的進入了北京城。

這一年，是歷史上一個特殊的轉折點，一九四九年的一月，國民政府在大陸的基業完全的崩盤。這時候北京只剩下一家報紙，就是《世界日報》，它的老闆是成舍我，後來在台北創辦世界新聞學院，保護了不少被蔣家父子迫害走投無路的知識分子。這份報紙正在連載張恨水的一篇小說〈開門雪尚飄〉，描寫抗戰勝利後，回到北京的一對年輕夫妻，丈夫是一個低微的小職員，太太美麗非凡，丈夫的同事和長官們，都向她展開攻勢。有一次，妻子應邀參加舞會，丈夫尾隨著進入警衛森嚴的大院，從外向裡偷窺，只見妻子美如天仙，而那些自己平時都要哈腰鞠躬、他們連「哼」都不會回應的高級長官們，現在正一個個笑容滿面奉承諂笑的圍繞著他的妻子，作丈夫的心都凍結了。宴會後半夜妻子返家，丈夫嘆息說：「我們不應該這麼早結婚，妳不屬於我這個階層。」妻子說：「太晚了，睡吧！」這樣的對話真是傳神，第二天一早丈夫起來，妻子已不在身邊，桌上留了一封信，寫著幾句簡單的抱歉的話，向丈夫告別。丈夫驚慌的打開屋門，發現已下了一夜的雪，雪花片片仍在飄著，連妻子的腳印都看不見了。這是抗戰勝利後的故事，父親說：「大概因為我太早嚐遍世態炎涼，所以會感到特別的蕩氣迴腸。」

受不了這讓人窒息的氛圍，父親決心繼續逃亡，朝向幾千公里之外的南方未知世界逃亡。我不解的問說：「逃亡能上癮嗎？」其實當時父親是坐困愁城，因為身上完全都沒有錢了。

一九四九年的二月，正是陰曆年的除夕大年夜，徐天祥來了，握著父親的手，說：「國民黨已經完了，你已經被遺棄一次，不要再被遺棄了。」父親有一個極度嚮往自由的性格，受不了任何制式的綑綁和約束。徐天祥知道他去意已決，神色凝重的掏出十四個銀元，說：「這是路費，拿去吧！一路平安！國民黨氣數已盡，沒有生存的希望，我就留在北京。」其實最讓他們悲痛的，就是從瀋陽逃到北京，一路來被國民政府拋棄的經歷，令人不寒而慄。

父親感激的收下這份金援，約了幾位東北大學的同學，就匆匆結伴南下。

這是一九四九年二月十日，跟幾個月之前，從瀋陽出走的情形一樣，晨曦朦朧中悄悄上路，擠上全是傷兵殘將的火車，汽笛陣陣哀鳴，刺入心臟，也震動耳膜。他們從北京坐火車到天津、從天津坐汽車到濟南、再從濟南坐火車到坊子、從坊子穿過無人地帶到青島，再從青島坐船，如此輾轉數日之後，終於抵達上海。沿途，父親他不斷的思念著，那遠在輝縣的妻子紹荷，和未曾見面的大女兒冬冬，以及息縣的秀英，和牙牙學語的二女兒毛毛。寒風刺耳、思鄉錐心，面對茫茫前途，孑然一身，都化成模糊的眼淚。這一年他二十九歲。

17 橫渡海峽 登陸台灣

抵達上海，繁華依舊，而且更亂。望著浪濤滾滾的黃浦江，看著人潮洶湧的黃浦灘，父親又到了人生路途上的十字路口，偌大的中國第一大城市，就在自己的腳下踩著，卻不知何去何從，孤寂和落寞侵襲全身，十四個袁大頭只剩下兩個了，而下一段的人生還沒開始。他一個人拎著小包包徘徊流連、走走坐坐、焦灼憤怒又羞愧難當，遊子連要回家的權力，都被剝削個精光。一股勇氣衝腦，他走向江邊，心想索性一跳，不是所有的恩怨情仇和憂心煩惱都讓浪花掩埋了嗎？通常人在患難的時候，還有堅忍卓絕的意志，到了黎明前的最黑暗期，反而意志容易潰散。

父親正在猶豫，是跳？還是繼續苟且偷生？希望又在哪裡？突然聽到背後有一個東北的口音在呼喊：「東北來的同學，趕快上車，我們要去四號橋。」他一聽，立即轉身朝著一輛大卡車飛奔過去。事後，父親回憶說：「這個巧合，把我從鬼門關給拉了回來。」我想如果他這一跳，我又會是誰呢？

父親攀上這輛載滿東北學生的大卡車，駕駛把他們都送到了難民收容所。這個收容所的位置還真特別，是在警察公墓的墓園裡面，搭了一排草棚，大家睜眼就能清楚的看到墓碑的刻字。父親就在這個活人、死人雜居的大庭園中，好吃、好喝、好睡的停留這十幾天內，時局又有了大的變化。

這時，中央政府軍被人民解放軍徹底的擊潰。這是意外，也是意料之中，當時國軍的腐敗，已經民心全失，軍隊不知道為何而戰？也不知道為誰而戰？淮海戰役這一潰敗，上海完全混亂了，總統蔣中正宣布辭職，由副總統李宗仁代理。

父親躺在竹床上兩眼發呆，突然聽見旁邊的同學說，設在台灣左營的海軍士官學校，正在上海海軍碼頭招生，招生主任是東北人吳文義先生。父親矍然而起，確定這吳文義曾是戰幹團的隊長之後，就帶著這七、八位同學趕到上海海軍碼頭。

父親一個立正、一個敬禮、一個問好，吳文義愉快的跟他說：「跟我去台灣吧！明天一早就開船。」此刻，就好像是夢中之夢，也好像是戲中之戲，柳暗花明、曲折迷離。

父親緊急返回四號橋，找到東大同學熊鎮父女、堂弟立熙，又巧遇舊識于紉蘭女士一家子，於是這一行數十人，都上了登陸艇。第二天清晨，登陸艇緩緩駛出吳淞口，正是「長江浩蕩、心思萬端；默默無語、漸行漸遠」，終於碧濤晴雲、海天一色。這樣的緣份，父親離開了上海。當他再回上海之時，已是垂垂老矣的四十年後。

二十八年後，父親再一次的死裡逃生，在台灣黑獄十年，至一九七六年的三月七日，要從綠島被釋放出來，于紉蘭女士就是他的保證人之一。父親感恩的說：「雖然那次沒有被釋放，但朋友的珍貴情誼將永生難忘。」

父親從小喪失親生母親，又不見容於繼母，連哪一天是自己的生日都不知道，就像動物族群中一隻小狗，誕生在茫茫的天地之間，沒有任何人會去留意。小學只讀了二年級、四年級和五年級，別人六年，他三年，其他三年完全空白。初中只讀兩年就被開除學籍。一九三六年改名郭立邦，以初二同等學歷考上開封高中，讀到高二又因七七事變而投筆從戎。之後就讀蘭州學院一年級，以及以「郭衣洞」之名，從東北大學政治系三年級繼續讀到畢業，都因為假證件被開除。

父親從出生、求學到從軍，一路跌跌撞撞，都在離鄉背景、闖蕩異鄉，從「幹訓班」到「戰幹團」、從「青幹班」到「三青團」、從「重慶中央訓練團」再到「祖國文化館」，最後在東北擔任政治系副教授，以及軍官訓練班教官，兩度拒絕共產黨溫情的觸摸和邀約，歷經十數年的顛沛流離，所有的經歷、思想和行為，都足以證明，他是一個愛國、愛鄉、不折不扣的國民黨忠貞分子，是這個時代的悲劇、戰亂下的倖存者，最後孑然隻身、遠渡重洋來到台灣，一切又必須重新開始，但昔日許多同學、朋友的結伴扶持，讓他們都感到希望無窮。

登陸艇在台灣左營軍港登陸，大家畫呼呼的接踵下船，父親認為台北是台灣的首都，首善之區應該機會較多，於是隻身前往台北，直到此刻，他才開始真正的深入台灣本土。

父親看見只有童話書裡才有的那種高聳雲際的椰子樹，感覺就像進了童話王國，家家戶戶院子裡都有一個小井，井旁的水池滿滿的水，明澈而清涼，舀一瓢澆在頭上，每一個毛孔都舒暢起來。還有到處可見的潺潺溪流，極其幽靜安詳。香蕉和鳳梨，這兩種仙果父親從沒吃過，所以有一次，他就猛吃猛吃直到口吐酸水才停。

一九五九年之後，我的雙親離異，母親就是帶著我們跟外祖父母同住，也就是住在這種有庭院、花園、小井，井旁有水池，裝滿了明澈又清涼水的優美環境裡長大成人，後院還有一顆五層樓高的椰子樹，夏天夜晚，全家都在院子裡，坐著小板凳乘涼，看月亮、數星星，聽外祖父講故事，全家團圓，獨缺一人。

台灣島上擁有三種族群，一是台灣的原住民；另一個是華人後裔的閩南人、漳州人及泉州人；另一個是同屬華人的客家人。大家的語言都不相同，但是都有一種移民的性格，那就是包容性。很快的，父親就愛上了這個島上的居民，以及這番薯形的島嶼，即令後來在島上受了很多苦，甚至幾乎被槍決。

台灣省教育廳在台北火車站前設立了流亡學生招待所，父親一聽說，就趕緊跑到那裡，只見有數百人擠在裡面，聽候分發學校。他不是在校學生，所以也不能登記，只有靠坐牆腳，又回到上海四號橋警察公墓招待所那種絕望的日子。就在這個時候，台北報導南京失陷，接著報導上海失陷，台北人心慌亂。

於是，父親去找立法委員李荷先生，李荷是「青幹班」年紀最大的學長，於是經過他推薦給教育廳人事主任霍紹華先生，一紙派令，父親就走馬上任，成了屏東縣農業職業學校的人事管理員，這是他來台之後的年尾，就幸運的找到了工作，也是第一個穩定的工作。

屏東在北迴歸線之南，是台灣全島最南的、也是最接近熱帶的城鎮。父親剛從南到北，才幾天，又得從北往最南的地方跑了，但仍難掩興奮之情，也打算就在這裡終老天年了。可是，怎麼也沒料到，坎坷的路程不但沒到盡頭，而是才剛開始，比在大陸上所受的折磨，他未來的路更是魔鬼煉獄、生不如死。

很單純的，沒有任何動機，父親買了一台收音機，只不過晚上無聊，聽聽北京人民電台的京劇，也附帶關心華南一帶的戰況報導。其實這真是一個寧靜的享受，能讓自己完全放鬆，他習慣性的每晚都收聽，順便燃起一根香煙，讓自己在吞雲吐霧中，回憶與思想著許多不堪回首的往事。

回顧到一九四七年，父親在仲介木材，賺進第一桶金的同時，台灣發生了二二八事件，國民政府宣布戒嚴令，至五月中解除。而父親疏忽了，就在這次抵達屏東農職學校任職半年前的五月十九日，由當時的台灣省政府主席兼台灣省警備總司令陳誠，再度的頒布了戒嚴令，直至一九八七年七月十五日由總統蔣經國宣布解嚴為止，共持續三十八年又五十六天之久，這是全世界最長的戒嚴期。

目前國際上還在實施戒嚴的國家，多半是第三世界國家。而現在的年輕人，泰半不知道什麼是「戒嚴時期」、什麼是「白色恐怖」？

戒嚴令的頒布，對台灣社會後續的發展，產生極大的負面影響，這是一個嚴重錯誤的歷史事件，人民喪失了所有的自由與基本人權，不能集會、結社，沒有言論、出版、旅遊的權利，所有的都被剝奪，還有報禁、黨禁，甚至歌禁、宵禁，在這段時期言論自由受到嚴格的限制。

國民黨當局用相關法令條文，對共產黨人、政治意見不同的人，進行大規模的逮捕、軍法審判、收押禁見、判刑監禁或軟禁、槍斃，台灣省警備總部徹底的執行，甚至已經超越了權限。此間台灣常有人突然失蹤，情治和調查單位的刑求逼供，不時傳出冤死和冤獄，這就是「白色恐怖」。

這長達三十八年的戒嚴時期，迄今仍然造成台灣政治上的猜忌、矛盾和衝突，間接對解嚴後的社會，產生許多對立的後遺症，形成溝通困難、合作不易，尤其是在國家認同方面。

這就是人性與獸性、民主自由與獨裁專制的差異，國民黨的白色恐怖時期，是寧可錯殺一百，不可放過一個，現在的民主時代，是寧可錯放一百，不能錯殺一個。而那時大言不慚、大膽妄為錯殺了九十九人的劊子手，是否會害怕遭到冤魂索命？

以前在瀋陽、北京，大家同學們都可以對國家大事高談闊論一番，自然習以為常。所以，來到台灣之後，父親對國民黨官員或軍警許多不合乎情理、驕縱蠻橫的作風，也會常常指責，並且還跟當時新興崛起、軍紀嚴明的共產黨解放軍相比較，但是他並沒有忽略，凡是新興的政權，剛開始都呈現清新的氣象，權力久了一定腐敗。

有一則消息報導：一個軍人沒有車票，硬闖出車站，收票員尾隨要求補票，結果招來一頓毒打，這件事讓父親深感羞恥，當然少不了「恨鐵不成鋼」的「深惡痛絕」一番。

父親對戒嚴令毫無警覺，對被特務盯上也毫無知覺，每天晚上，仍然在煙霧縷縷之中，聽著神州的廣播，他悠哉極了。

一天晚上，兩個穿中山裝的男子，踏進了宿舍的門檻，很客氣的邀請父親前往談談。父親疑惑的問：「去哪兒談？談什麼？」「你去了就知道。」就這樣，他既緊張又惶恐的被押上火車，一直駛到台北。在火車的搖晃中，氣壓凝結的沒有言語，他被夾在中間，憤怒加上無奈，一點都不知道事態的嚴重。

這兩個陌生人將父親送到台灣保安司令部軍法處看守所，大門裡面有一排木製的柵欄，裡面關著有十多個赤背短褲的囚犯，「歡迎新客人！」囚犯們還很熱情。父親真的不知道自己犯了什麼罪，「你明明是個匪諜，還說不知道？」「抓來這裡的人都是匪諜！」他這才知道事態嚴重了，心裡不禁擔憂害怕起來。在一九八七年之前，「匪諜」成為台灣人民最可怕的巫蠱，只要沾一點邊，有的甚至連「邊」都沾不上，都會立刻身敗名裂、家破人亡，保證讓你死無葬身之地。

父親跟一位年齡相若的年輕人，談的非常投契，他叫楊啟仲，是一位中學老師，因為同事檢舉他有一本艾思奇編的《唯物論辯證法》，就被關在這裡兩個月了，卻沒問過一次話。

艾思奇是中國著名哲學家。毛澤東對他所做的貢獻給予極高的評價，所以，楊啟仲被抓進來，不只是馬克思主義的問題，作者的問題更大。

押房擁擠不堪，只能容納十幾個人的獸籠裡，被塞到三十多個，有的蹲著、有的站著，大家只能輪班睡覺。從每天塞進來的囚犯口中，得知外面正在大肆瘋狂逮捕，有人在身上插著紅花被捕、一個士官掉了帽徽被捕，更多人因「偷聽共匪廣播」被捕。

父親這才真正膽怯起來，愛國愛黨、抛妻棄子；萬里逃難、遠渡重洋，難道卻到台灣來冤死？特務要的是業績、獎金和升官，管誰冤死？你沒聽過這麼一句話：「沒有吸到血，魔鬼怎麼活？」

蔣中正潰敗逃到台灣，不但對「共匪」深惡痛絕，更對「共匪」膽破心驚。這種獨裁的統治者和特務的高壓手段，完全凌駕在人民百姓的自由和生命之上，蹂躪尊嚴、摧殘人性。他們對敵人束手無策、一敗塗地，對自己百姓卻是心狠手辣、毫不留情。這些高官們，都是踩著無以數計的鮮血、屍體和冤魂，繼續升官。

父親說：「當時我無法安靜下來思索，落得這樣的下場，陷入這樣的困境，究竟是怎麼回事？呼天不應、喚地不靈，也沒人指引應該怎麼自救？」終於有一天，他被帶到法官面前，法官滿臉的不耐，一句話也沒問，就開始宣判說：「閱讀非法書刊，為匪宣傳，處以有期徒刑十五年。」

父親一聽頓時如五雷轟頂，哀聲叫道：「法官明鑑，我從來沒有閱讀過任何一本非法書刊，就是在北平的時候也沒有。」法官拿起《唯物論辯證法》問道：「你沒看過？那這又是誰的？」「法官大人！那不是我的書。」法官不屑的說：「不要狡辯，帶出去。」父親急忙掙扎苦苦哀求說：「法官明鑑，那真不是我的書，我從來都沒看過。」法官顯然生氣了，怒道：「不是你的書，難道還是我的書？」一個書記官走近法官耳語，法官才自言自語說：「楊啟仲的判決書怎麼放在這裡？」這才問姓問名，然後嘴裡嘀咕：「又是一個沒有判決書的人，帶回去候審。」

多少人的冤死，跟法官的人性、良心、素質和敬業態度有關，直至五十年後，已經是自由民主、人權至上的台灣社會，仍有很多重大的刑案，在恐龍法官輕率的誤判、冤判之下，造成人民永生的噩夢和永遠無法彌補的傷害。而這種法官，也絕對升官。

於是，父親又回到押房，而楊啟仲再也沒有見到，時至今日不知生死。終於有一天，父親再度被帶到軍事法庭聽候宣判：「竊聽共匪廣播，處有期徒刑六月。」而在當天，他已經被羈押了七個多月。於是「買了」一個「保人」，終於走出這個沒有人道的「獸籠」。

在戒嚴時期，特務的權力大到可以登天，這是蔣家王朝恐共之下的產物，個人情緒鋪天蓋地、公報私仇更是屢見不鮮，比在抗戰時期還要人心惶惶，隨便扣個「通匪、資匪」的大帽子，就算無憑無據，輕則身陷囹圄，重則屍骨無存。父親不知道特務的厲害，往後的日子，還有得受呢。

依當時戒嚴時期的「白色恐怖」，任何人被逮捕押走，又蹲了好幾個月莫名其妙的牢房，應該都是凶多吉少，可是連判決書都沒有，卻被草草釋放，這和國際局勢有關。這半年多中，就是一九五〇年六月二十五日，韓戰爆發了，這是內戰，也是國際戰爭。美國曾發表白皮書，本來是要放棄國民黨蔣中正的，因為韓戰，又重新抱起台灣，美國第七艦隊進入台灣海峽，台灣從棄嬰變成寵物，國民政府的聲勢一下子從谷底翻盤，信心也隨著倍增，對那些人山人海的政治犯，一些不足輕重的案件迅速的清理掉，父親不過是搭到便車的幸運者之一罷了。

父親幸運的恢復自由，卻失去了工作。他神秘失蹤七個月，早就被屏東農專開除了。於是，他只有收拾起潰散的意志力，繼續在台北尋找機會。

父親出生、長成在當年那種紛亂、畸形的家庭裡，從小就不信任何的裝神弄鬼，而在一九四二年，有一次在河南偃師躲避日機的轟炸，大家都跑到附近的防空洞裡。父親回憶說：「緊靠著我的，是一位中年婦女，手裡拿著一本《聖經》，安靜的跪在地上，舉手朝天不住禱告說：『主啊！願祢祝福我們偃師的百姓，求祢保佑在這裡躲避空襲的每一個人』。」當時父親聽了很驚訝，這種時候還有人能為別人來祈求。

然而，七、八年之後在台灣，因失業徘徊街頭的時候，看到一群基督徒出入教會，父親腦海瞬間浮現防空洞的那一幕。他看到年齡稍長的女聖徒，都像是那位虔誠的師母。於是，他不自主的隨著腳蹤走進教堂，安靜的坐在一角聽著牧師講道，也買了一本《聖經》，獨自沉緬在其中。也深信一句話：「上帝為你關一扇門，一定會為你開一扇窗」。

果然，就在台北不斷的碰壁之後，青幹班的同學范功勤來信，介紹父親到自己擔任人事員的學校當歷史老師。這是省立台南工學院附設的工業職業學校。當時，父親對歷史一竅不通，不過也沒有什麼選擇，於是再度南下，就憑著一年法律系、兩年政治系的學習經歷，還有憑著一本歷史教科書。——當年真是夠亂的，到處都在誤人子弟。

父親本來就喜愛閱讀，六年前在東北大學時，愛看當代的雜文和小說，現在因實際需要，就開始閱讀專業歷史的書籍，《二十四史》都是他的最愛。讀史是種享受，有助於提升人們觀察和思考的能力，能從歷史中學習經驗和智慧，循著成功的法則思考及行動。

唐太宗李世民是唐朝第二位皇帝，他虛心納諫、以文治國、厲行節約，開創了中國歷史著名的貞觀之治，曾作《金鏡》曰：「暗主護短而永愚，明主思短而長善。」以及「以銅為鏡，可正衣冠；以古為鏡，可知興替；以人為鏡，可明得失」。以古為鏡，就是以史為鑒，才能長盛不衰。

父親研究歷史的興趣，應該就是從這個時候開始，也是他對於正統王朝修身治國供奉的儒家思想，產生懷疑的時候。

這一年，也是父親最平安、最安靜的一年，並且與擔任教務主任的戴瑞生、文蘭華夫婦成為好友，成為他們家庭的常客。父親漂泊半生，終於嚐到家庭的溫馨。他回憶說：「三十年後，我從綠島被釋放返回台北，戴瑞生夫婦立刻給我寄來一個月的薪俸。使我既訝異又感動。」第二年，因為父親曾經有屏東農校開革的紀錄，所以學校不再續聘。

於是，父親收拾簡單的行李，再次踏上流浪的路。在光復初期，一個外省人隻身漂泊異鄉，又曾入過獄，還有被開革的不名譽記錄，基本上是找不到工作的。好友們不斷的給他實質上的支援和鼓勵，這也驗證了患難之交的情誼與義氣。

以前在瀋陽「祖國文化館」的楊德鈞，正在南投縣政府當教育科長，就介紹他到草屯初中當國文教師。

草屯是一個溫馨的小鎮，就在這個小鎮和小規模的學校裡，父親認識了當時的同事、後來成為歷史學家的朱桂先生。三十三年後的一九八四年八月，父親在美國愛荷華參加國際作家寫作計畫，並演講「醜陋的中國人」之後，朱桂先生在洛杉磯報紙發表一篇〈偉大的中國人〉，以反諷的角度支持父親的論點。其文章中說到：基於實利主義的觀點，中國人沒有宗教狂熱，沒有殉道的教徒，也不會爆發宗教戰爭。因為中國人只要有好處，什麼神都信，沒好處，什麼神都不信。還說，商鞅有「誣告反坐」之法，中國人什麼都保留下來了，卻唯獨遺漏了這一點。

最後朱桂先生以「總之，中國人是個偉大的民族，偉大得令人無法理解，她在地球上，怎麼能生存五千年的？」用這個問號作了結束，留給我們好大的思考空間。

「誣告反坐」的意思就是：「故意捏造事實，向司法機關控告他人，使無罪的人被判有罪，或使有輕罪的人被判重罪，告人者要按其所誣告他人的罪受到懲罰。」中國從秦、漢以來，歷代法律都有這項規定。

看了這幾段文字，使我想起，美國國務卿希拉蕊，二〇一二年在美國哈佛大學曾經有一篇演講提到，中國有百分之九十的官員家屬和百分之八十的富豪已經申請移民，或是有移民意願和計畫。一個國家的統治階層和既得利益階層，為什麼對自己的國家失去信心？令人費解！而我們是否能夠反思，在權力和金錢的追逐中，在民主和專權的夾縫中，我們是偉大？還是真的醜陋？

父親很傷感，對國家一腔熱血，現在卻糗在外鄉有志難伸，好在眼前的曙光，照耀在晶瑩剔透的朝露上，草屯初中的教員宿舍，就建在這個小山丘上，有花、有草、有陽光、有清風，還有引人入勝的閃閃朝露。

這一年，父親白天跟孩子們共同享受與追蹤歷史巨輪的痕跡，夜晚，他就守著孤燈，以各類的創作為伴。這是多麼悠暇的日子，只是不知道又能過多久？這一年是一九五一年，是國民黨來台的第三年，就在前一年的四月二十六日，蔣中正修訂頒布了「懲治叛亂條例」，嚴格限制台灣民眾與大陸人民的連繫，接著發表「告台灣同胞書」，提出「一年準備，兩年反攻；三年掃蕩，五年成功」的口號。從此之後，台灣與大陸就徹底的隔絕了，父親沒敢再收聽廣播，連收音機都不敢再買了。

第二年，父親接到胡蒂棻老師的來信，邀他北上，介紹他認識一位名叫齊永培的女性。

這就是我和弟弟本垣的母親，也是父親在台灣的元配，這一年齊永培女士芳齡二十六、郭衣洞先生三十三。父親敘述這一段經過，他說：「和齊永培女士第一次見面的時候，齊家有位客人在座，是一位台北市浸信會的長老，兼『國際青年歸主協會函授學校』教務主任，發現我對《聖經》很有心得，就邀我到他們的學校當教師。」這是一個遠離證件的好機會，不需要畢業文憑，當然也沒有核薪、開除或革職這類的風險，而且待遇很好。月薪美金三十元，當時匯率折合新台幣是一百二十元，而中學教師每月才七十元。於是，父親決定再度北上，離開了草屯的陽光、朝露和芬多精，奔回台北，投向美金和佳人。

第二年，郭衣洞先生和齊永培女士花燭筵開，結為連理。次年長子誕生，就是我郭本城也，第五年，弟弟本垣也誕生了。

父親認為《聖經》是西方文明的基礎，如果不了解《聖經》，就無法了解西方，而整本《聖經》也就是以色列人的歷史。所以他很喜歡研讀《聖經》，研讀耶和華的經綸。直到二〇〇六年，他不只一次的跟我表示，對於「方言」的翻譯，他認為不夠明確和貼切。不過，《聖經》歸《聖經》，他認為函授學校不是一個久留之地，因為那裡不能避免種族歧視，還有更嚴重的階級存在。

父親第一次跟外國人共事，也許特別敏感。就算現在二十一世紀，我不相信就沒有種族歧視，一個華人在國外，就等於是在「異域」，很多地方都會「排華」。你真有實力，還能有些舞台，否則，一定被打壓、被排擠、被歧視，哪個在外國的中國人沒有一肚子的心酸和血淚呢？何況中國人又不團結、內訌最行。我們不能只看到成功人士的輝煌騰達，其實都是血淚的堆砌。

至於階級，一個團體生活觀念的存在，階級也許只是憑著經驗、能力，賦予每個人不一樣的工作性質，我覺得，父親當時年輕，在這方面的經驗或歷練也不多，而計較與懷疑的心思太多，不是一個良好的榜樣。

許多時候闖禍，並不是別人逼迫的，而是自找的，不是環境逼你造反，而是，第一、自我意識太強。第二、想出風頭，第三、想當英雄。首先，父親認為待遇不公平，台灣人跟外省人有差異，跟美國人差異更大。接著元旦到了，這是開國紀念日，政府規定要放假三天，學校卻宣布照常上班。中國籍職員都不敢反應表示異議。我聽了父親的意見感到驚訝，哈！什麼時候他這麼遵守政府的規定了？

父親說：「七月四日美國國慶，美國人都放假，只有中國人上班。十月十日中國國慶，美國人也放假，中國人仍須上班。再加上這次元旦，沒人敢有異議，我決定用自己的方式表達出來，表面看似反抗種族歧視，實際上，我是憤怒這些中國人的畏怯和奴性。」他又疏忽了，他沒體恤到別人有家庭的負擔，別人要對妻兒擔起責任，忍辱不是為自己，而是家庭。委屈是為求全，當然，如果求不到「全」，就沒必要委屈了。父親自己也承認，剛吃了三天飽飯，就向外國人挑戰。

向誰挑戰都沒關係，只是非要用自己的方式表達出來，就是過於自信了，過於自信就會怎樣？就會膨風、就會爆炸，然後，炸到自己的身體。

就這樣，父親自己放自己三天的元旦假期，然後，每天都像幽魂一樣東踱西逛，心中也是十分懊惱，這是何苦來哉？三天總算熬過去了，元月四日，他假裝沒事走進歸主協會，校長司派克先生已經下達通知，說：「你不適合這裡的工作，會計室已經結帳了，請你離開。」父親回答說：「我接受！但是明天早上的晨興禱告，我可不可以來主持，作為最後的告別？」這是他臨時想出了這個反擊的詭計，校長司派克先生立即答應。

第二天一早，父親提前十分鐘到歸主協會，跟大家團團坐定。他先跟大家道別，然後開始大聲的禱告：「主啊！感謝祢！我們聚集在祢的膝前，明天我要離開這裡，到別的地方侍奉祢。我已經被開除，只因為元旦三天是我們國家開國紀念日，主啊！我相信祢會允許祢的子民慶祝他們的國慶。我們千辛萬苦、顛沛流離，逃亡到台灣，深知我們的國家既危險又脆弱，在世界萬邦中微不足道，可是我們總算有個國家。祢已經應許祢的子民以色列人復國建國，因為祢愛他們，難道祢不允許祢在台灣的子民愛他們的國家嗎？我們多麼慶幸還有一個國家，即令是彈丸之地，喔！主啊！……」禱告到這裡的時候，已經有人在哽噎，他自己也跟著哀傷感動、泣不成聲。一時大家自悲身世，哭成一團。

父親這段驚人又感人的禱告，歸主協會的會長郝益民先生聽的一清二楚，會長要他立即復職，還有兩個禮拜的假期休息。父親受寵若驚，但是，他不要把悲憤變成威脅，已經傳達出去就夠了。當他走出校門，校長的秘書追出來，說：「基督是無國界的，你不要太堅持。」父親回答說：「無國界嗎？看看摩西是怎麼出埃及的？」

於是，父親離開了青年歸主協會。後來，父親告訴我們：「雖然離開時有些不愉快，但是我對協會和會長，一直心存感謝。」能侍奉神，還有美金能入帳，我不曉得父親最後證明了些什麼？證明他沒有中國人的畏怯？還是證明他沒有中國人的奴性？協會不會因為他離開而倒閉，那些他認為有畏怯和奴性的中國人，也不會因為他離開而改變，而以後的元旦，我相信依然不會放假。

今年父親已經三十四歲了，卻沒為著家庭應擔負的責任三思而行，最重要的，我不相信他已經熟讀《聖經》。

18 三天飽飯 妻離子散

父親在少年時期，著迷於武俠小說，初中看了中國的曠世名著《紅樓夢》，因為內容沒有打架，讀了一半就把書扔了。高中之前，他最崇拜的是現代作家張恨水先生。尤其是一本《啼笑姻緣》，男主角樊家樹和女主角沈鳳喜、何麗娜的傳奇式戀愛，讓他悵然若失。

這是感情豐富的表徵，我確定，父親是個感情萬分豐富的男人，但是，這是投入劇情太深？還是文人本性浪漫？甚至氾濫成災淹沒一切？

父親從《啼笑姻緣》《金粉世家》《大江東去》《虎賁萬歲》，只要是張恨水的著作，有見必買，並以張恨水的知音自居。

父親在高中之後，才開始接觸完全採用外國形式的新文藝，他在看過很多的名著中，還是最喜歡魯迅小說裡那種沉重和積鬱。他認為魯迅小說裡那種每一個字，都像石磨一樣在心靈上轉動的壓力，能夠冷峻的把問題刻畫出來，父親強調，受魯迅先生小說的影響最為深遠。

包遵彭先生是父親在珞珈山「青幹班」的同學，擔任「中國青年反共救國團」文教組組長，他邀請父親到救國團工作。中國青年反共救國團是一九五二年，蔣中正先生在「反共復國」國策方針下，為了做好青年人在政治思想上的工作，所成立的青年組織。由蔣經國先生來承擔主任，是個「太子門下」的單位。而現在，團務的精神提昇了許多，全年舉辦各類青年文藝營或戰鬥營，不再蒙著神秘的色彩、不再跟政治沾邊，也提高了為年輕人服務的實質，自昔至今，都吸引了很多熱情的青年男女參加。

父親在救國團有兩件喜事發生，一是拿到了東北大學的畢業證書，而且保證是真的。二是國立成功大學聘請他去授業解惑，當上了大學教授。然而，也有兩樁悲哀的事件發生，一是「婚變」，一是「被俘」。

當時有一份半月刊雜誌《自由中國》，發起人為雷震、胡適、杭立武等人，雜誌批評國民黨的貪污問題、黨紀問題，並傳播著民主自由的思想，從時事分析到政治評論，不斷揭露社會的弊端、官場的黑暗和特權的蠻橫，導致國民黨開除雷震先生的黨籍。《自由中國》在五〇年代是台灣社會唯一的一座燈塔，刊出的內容不斷的呼籲國人，要從腐敗、獨裁、封建中覺悟，要有被批評的度量才會進步，官員要能接受諍諫，國家才能強壯，才能完全呈現現代社會的文明與道德的標準。因此，父親對《自由中國》的言論，從頭到尾都由衷的認同。

父親在救國團的時候，《自由中國》對國民黨政府的抨擊更加激烈。有一次，發表了〈那是什麼東西？〉一文，質問學校旗桿上，除了隨風飄揚的國旗，下面有一面綠色的旗幟，那是什麼東西？蔣經國為此大為震怒，並且嚴厲的指責說：「這是反動的行為，要自負後果。」因為那是反共救國團的團旗。

一九五六年十月，各機關、學校跟往年一樣，開始籌備慶祝領袖七十一歲華誕，蔣中正先生忽然頒布一道命令，就好像古代帝王「求直言詔」一樣，要各方各面都不需顧忌，儘量對政府提出批評。一個民主國家的元首，永遠不會下達這種要人民批評的命令，由此可看出蔣中正的心理狀態，和當時輿論窒息的程度有多嚴重。就在這件事情的發展稍後，大陸上的英明領袖毛澤東先生，也用同一手法來「引蛇出洞」。

《自由中國》「服從」蔣中正的命令，出版了一本厚厚的《祝壽專刊》，海內外知識分子雷震、胡適、陶百川等人分別向蔣中正提出建言，要求確立內閣制、軍隊國家化、裁減軍備、杜絕貪污、回歸憲法、停止黨化教育、總統任期不得超過兩任等，幾乎是對國民政府做全盤的批判。引起權力核心分子和既得利益分子的不快，這讓《自由中國》惹出大禍。國民黨於是發動四面八方、全方位的圍堵，胡適先生建議蔣中正應該總攬大局，不必在每一件小事上分心，也就是提議分層負責、信任專家。於是，國民黨抨擊胡適包藏禍心，目的在剝奪領袖的權柄，使領袖成為無權無能之輩。另外是《自由中國》主張推行民主政治，建立法律尊嚴，要求給人民一個明確的言論軌道，國民黨又抨擊這是一種可怕的「思想走私」。

一九五四年有一部相當轟動的電影，是由馬龍・白蘭度與珍・西蒙斯合演的《拿破崙情史》在台北上映，劇情是一七九九年拿破崙在莫斯科戰役當中大敗之後，被流放到厄爾巴島，後來潛回巴黎，法國再度掀起內戰，最後為了避免手足鬩牆，拿破崙接受黛絲蕾勸告，被放逐到聖赫勒拿島鬱鬱而終，劇中有一段女主角給他送換洗衣物的情節。這部電影在台北場場爆滿，卻突然下片了。原因是，蔣經國先生認為這部電影劇情，是在諷刺國民黨敗退到一個小島上，孤立無援，只剩下一個女人送來破舊的衣服。蔣經國責備大家沒有深度，沒有政治警覺。其實那是一九四九年以前就有的劇本，跟誰輸了？誰贏了？誰敗退到哪裡？八竿子扯不到關聯。

這讓我們得到了一個啟示，愈是有權力的高層，神經繃的愈緊，盲點也愈多。任何有權力的人，古代現代、官場商場都是一樣，權力會讓任何人自以為就是神，會讓任何人自認無所不能，會讓人忘了自己是誰，尤其手握生殺大權的人，更是瞞頇的將眼耳鼻通通遮住。有權的就有理，並能自己製造理論根據，不但沒人敢哼一聲，更能為有權勢的人製造理論根據。

父親認為，專制集權不只是政治問題，更重要的是文化問題，特別是對中國這種有五千年之久的古老文化。他痛切的感覺政治改革的困難，都是因為文化上惡質的發酵。

這一年開始，父親除了在救國團上班之外，都在專注於鋪陳大時代背景的小說構思和創作。一九五四年出版了長篇小說集《蝗蟲東南飛》，這是他參加「文獎會」得獎的作品，一九五〇年代初期，台灣對反共抗俄是全民教育，今日我們對歷史的回顧，有無限的傷感與同情。

另外還有以台灣上世紀五〇、六〇年代青年人的愛情悲劇為主題，探討愛情與人性、人生的長篇小說《莎羅冷》，以及已經由大陸改編拍攝電視劇和電影的《曠野》。

短篇小說集《凶手》和《秘密》，是描述在社會底層的小老百姓，從他們人生的悲劇中，可以讓讀者了解五〇、六〇年代台灣社會實況的短篇小說，在《秘密》的自序裡，父親以一種感慨萬千的語調道出了「人生中最惆悵難遣的莫過於愛情」的刻骨銘心的人性主題。他筆下的愛情小說，大多是悲劇性的調子，並且這些悲劇愛情又往往和金錢與貧窮聯在一起。他在故事中明顯的描繪出，愛情可以支配人生，但也有可能依附於權勢和屈服於金錢。

父親認為「沒有愛情的人生是一種浪費，太多愛情的人生是一種災難，愛的越重痛苦也越深。」尤其「太多愛情的人生是一種災難」這句話，更是讓人省思。父親幾乎都是以現實主義的方法，來構思與創作與人們生存命運相關的小說，是社會最底層的平民百姓，所持同情態度的最有力證明。在他的小說創作中，現實主義風格的作品，占了絕大多數，採用這些手法創作的小說中，描寫社會最底層和弱勢族群的小老百姓，他們顛沛無告、坎坷多舛的生存命運，這些篇章特別引人注意。

《怒航》是以發掘人性為主要內容，對於人性的善惡有相當深刻的探索。《掙扎》是反現實的小說，深刻揭露台灣社會黑暗的一面。父親說：「掙扎是一個人應有的最基本的權力，也是唯一能活下去的道路。」以上這些都是在五〇年代所出版的作品，也在那個時候，父親開始在文壇嶄露頭角。

父親的小說創作，也有很多是揭示女性在婚姻中弱勢的地位，這種弱勢的地位，通常促使女性採取一些方式自我保護，有的方式並不恰當，所以會演變成很遺憾的結果。我不相信作家的創作都有自己的經歷，但是我相信，作家思路泉湧的邏輯，跟很多演藝明星一樣，在現實生活中，通常也會角色錯亂、迷失自己，這不是一句「創作要有熱情」或「熱情才能創作」能掩飾的錯亂和迷失。

父親在救國團的時期收穫很多，尤其在「中國青年寫作協會」擔任總幹事的時候，經常服務於協會會員的環島訪問，認識了當時的許多作家，也親臨了金門和馬祖兩個軍事重地，而且每年寒暑假，救國團的學生戰鬥營，特別成立一個戰鬥文藝營，大致分為小說、詩歌、戲劇和文藝理論，由青年寫作協會主辦，他是總幹事，自然是不可或缺的要角。

父親在救國團的工作順心如意，但是偶爾也會遭到歧視，有一次在《自由中國》雷震家裡聚會喝茶，來賓中有一位台灣大學擔任教授的殷海光先生，一聽到「救國團」幾個字，就露出不屑的面孔，原來他把救國團歸於異類。當時年代，在一些高級知識分子眼裡，「救國團」確是異類，現在進步了，是深受好評的服務業了。

當時，救國團的每一個人，包括蔣經國先生，都把《自由中國》視為寇仇。所有的人都受到警告，不得與雷震他們往來，然而父親並不以為然。他心裡喜歡《自由中國》這樣直言進諫的風格，也尊敬雷震先生高尚無私的品格與精神，當救國團發動四面八方圍剿《自由中國》時，他並沒有寫一個批評的字，反而寫過一篇短篇小說〈幸運的石頭〉，描述一個人一輩子靠運氣，步步高昇爬到高位，而本身卻沒有什麼能力。

父親承認〈幸運的石頭〉這篇小說寫的並不好，但卻被認為諷刺到某些大人物了。這時就有諂媚的小人打小報告說他在東北淪陷時，曾被俘過，並且被關在集中營裡受過訓練。當時在台灣有一個讓人莞爾的故事：蔣中正在辦公室召見重要將領，張飛晉見，警衛說：你是行武出身，沒有學歷，不行！諸葛亮晉見，警衛說：你有民主思想，不行！馬超晉見，警衛說：你是地方軍閥，不行！關羽晉見，警衛說：你「被俘過」，不行！袁世凱晉見，警衛問他是誰？袁世凱回答說：我是袁大頭！警衛驚喜的說：袁大頭？走後門！於是只有袁大頭可以從後門進入。

「被俘」這個流言的誣陷，是父親中年以後揮之不去、避之不及的巫蠱。他表示：「我無法證明沒有被俘過，甚至更無法證明曾經被俘過。」巫蠱是一種看不見、摸不著，卻無所不在的病毒，只有被咬過的人，才知道它殺傷力的巨大。

回顧中國千年歷史，多少皇親國戚、忠臣名將，都被這巫蠱的劇毒侵害而含冤莫名、家破人亡，甚至遭到滅門九族。中國偉大的歷史中，一直充滿了這種昏君庸臣在玩弄巫蠱的把戲，使得「自古忠良無下場」不斷的重複上演。

李煥先生和包遵彭先生都曾詢問過父親：「有人檢舉你在東北被共匪俘過，還在集中營受過訓。」父親大驚的否認，兩位長官也都分別、再三的囑咐、叮嚀他，凡事要謹言慎行、不要隨便去得罪人，也不得讓任何人知道有人詢問這件事。這是千鈞的壓力，獨自承受卻不能說出。父親並不清楚「被俘」是一項嚴重的罪行，最高可判處無期徒刑。

一九五八年冬天，父親參加救國團在風光明媚的日月潭舉辦的「中國青年文史年會」，這是一個以大專學生為主的冬令營，以團結自強教育為主，包括品德教育、生涯規劃、文史交流等。就在這次年會的活動中，他認識了不該認識的人，也追求這不該追求的人：靜宜英語專科學校的學生倪明華，種下了日後「妻離子散」的因子。

倪明華的雙親強烈的反對，除了向成功大學警告，還發電報給蔣經國先生，指控他的部下利用職權勾引他的女兒，要求嚴辦。許多長官、好友都勸告說：「拿得起、放得下，才是大丈夫」

「前途重要，怎麼可以這麼胡鬧！」當時，父親已經完全滅頂在愛情的漩渦裡，不愛江山愛美人，對任何的勸阻都聽不進去，對任何後果也都棄之不顧，他不顧任何強硬激烈的反對和阻擾，堅持跟倪明華交往。

父親的個性耿直，平常就樹立了不少敵人，現在，更成為大家攻擊的箭靶。父親怎麼也想不到，這件緋聞事件，以及足以讓他置於死地的「被俘」傳言，星火燎原、愈演愈烈，使他完全被孤立。

蔣經國叫李煥轉達他最後一次的警告：「主任說：郭衣洞不是被俘過嗎？他如果再繼續鬧事，我就叫調查局調查這件事。」我想父親並不是無知，也不是那麼單純跟白紙一樣，而是讓愛情淹沒而窒息，他自認與共產黨相關的事情是問心無愧的，所以，他居然回答說：「調查就調查，我根本沒被俘過。」李煥沉默了一會，說：「好吧！你辭職吧！」當時父親已經四十歲了，雖然歷經諸多災難、艱辛和坎坷，卻不知道「調查」的恐怖含意。直到十年之後，他被逮捕，才發現一旦被「調查」，即便是皇太子之尊，也會被「調查」出叛國的罪行。

父親回憶說：「雖然蔣經國當時已經十分不耐，但他卻不為已甚，並沒有實際下令調查，而李煥先生，以他當時的影響力，如果不包容擔當我的荒唐，蔣經國一定會被激怒並付諸行動，而發生在十年之後的逮捕事件，將提前十年發生，這才是我最大的悲慘。」於是，只有辭職，恢復當年的孤獨。其實他並不孤獨，只是他沒有選擇回到擁有賢妻和兩個可愛兒子的家庭，他選擇了不該選擇的拋妻棄子的不歸路，去追求他的新歡。

父親的倔強讓他不願回頭。現實人生常有這樣的例子，大多數的人一錯再錯而萬劫不復，也有少數的人卻堅持在錯誤中，卻也柳暗花明。這是執著？或是冥頑不化？一切都等到蓋棺才能論定。

一九五九年我剛滿五歲、弟弟還牙牙學語，雙親的婚姻維持不到六年，就此劃下句點。父親對離婚的說法是「兩個人的個性發生嚴重衝突，我第一次證實，性格決定命運的真理，這是一個錯誤的婚姻。」他說跟我們的母親是錯誤的婚姻。

回顧一九三九年，在河南的老家輝縣，父親跟大陸元配艾紹荷的第一次婚姻，他也認為「假設人生能夠重來一遍的話，我絕不會再犯同樣的錯誤。而這次婚姻，帶給我終身的歉疚。」他自認絕不會再犯同樣的錯誤，並且自覺慚愧與懊惱對禮教的順從。所以在整整二十年後，他對禮教不再順從，而且他也不再感到終身的歉疚。只是當他再度犯了同樣的錯誤後，受到懲罰的，卻是我的母親，和他兩個無辜稚兒。

這一年，父母正式仳離，同年，父親就與倪明華結婚。我偉大慈愛的母親齊永培女士，則獨力扶養、教育我們，為了兩個心愛稚子的成長環境，她堅持不再婚，直至病歿。

很多人平靜的生活，會有一點不經意或突然出現的意外，吹拂起陣陣漣漪，任誰都不能預料，微風溫暖拂面後，來臨的颶風暴雨。有些夢境好像旋轉中的萬花筒千變萬化，卻讓自己迷失在自己操作的絢燦裡。父親自己也知道，他必須付出代價。直到二十年後，我和弟弟才逐漸的原諒他。

雖然我們都曾受過父親是「匪諜」的負面影響，但是，船過水無痕，往事不可追憶，我並非刻意翻閱或公開自己的成長過程，但是就如父親所言，事實就是事實，任誰也不能抹去事實。所以，我也不能抹去事實。然我只是追憶與強調，我和弟弟本垣的母親齊永培女士，是一位真正犧牲奉獻、與眾不同，人格、性格都是最完全、最偉大的女性。

雙親離異之後，父親到臨江街租屋獨居，不久，《自立晚報》總編輯李子戈先生邀他到《自立晚報》工作，因為經濟拮据，他常常步行一個小時上班，下班再步行一個小時回到住處。當時生活，也因為他的任性，付出這些最基本的艱苦和落寞為代價，但是他仍然充滿著信心，滿懷著盼望。這就是父親的執著，也是他對信仰的堅定。

一個人對任何事，只要充滿盼望和信心，抱持堅忍卓絕的毅力，不要先放棄自己、不走進岔路，最終一定絕處逢生、否極泰來。

如果沒有走岔，可能不必受到過多的委屈和冤枉，走岔了，就要自己面對，錫安山就在你的前面，只是多繞幾趟圈子吧。詩篇一百二十六篇五節：「含淚撒種的，必歡呼收割」，讓所有生活在淚水艱苦中的人們，都得到最大的鼓舞和信心。

台灣中部的橫貫公路，於一九六〇年五月通車，公路局長林則彬先生邀約父親做一次通車前的訪問，為通車典禮製作一本《中橫生態之旅》。中橫公路系統，是第一條貫穿台灣險峻的中央山脈，將東岸與西岸連接起來的橫貫公路，與南橫、北橫並列為台灣三大橫貫公路。所經的地形相當多種，從海平面直到三千多公尺的合歡山區，中間經過隧道和河谷，沿途的奇峰美景舉世聞名，父親「柏楊」的筆名，也是由此而生。

一輛吉普車緩駛在從太魯閣到東勢的路上，車子過處黃土漫天。父親為此行寫下《寶島長虹》，並為沿途名勝美景取下了十二景，曾在報章雜誌刊載過，也經常被人引用。後來入獄，就沒人敢再提了。

在等候轉車的一個地點，招待人員帶領大家，到一處高地的原住民村落裡喝茶，這個村落原住民的馬來語發音叫「古柏楊」。父親回憶說：「我非常喜歡這三個字的發音，回到台北開始寫雜文時，最初本來想用『古柏楊』做筆名，但又像是寫武俠小說的筆名，就決定改用『柏楊』。」這個「柏楊」的筆名，就這樣跟著他長達四十年之久，也是除了「鄧克保」之外，唯一的筆名。

至於那個稱呼「古柏楊」的地方，和父親所取名的十二景，二十多年後，當他重遊橫貫公路時，就好像陶淵明〈桃花源記〉裡的男主角劉子驥，已經無法尋覓。

19 十年雜文刀筆如削

父親在《自立晚報》的專欄，他定名為「倚夢閒話」，每天寫一千餘字，把他悄悄的帶進另一個全新的寫作領域。而他承認，當初開始寫雜文的心態，只為了免於飢餓，並沒有什麼崇高的理想，所以最初也只有談談女人、婚姻之類的軟性話題，至於向專制暴政挑戰這種偉大的理想，根本從沒想過。直到一段時間之後，每天在報社聽到採訪歸來的記者，經常帶回來一些令人髮指的社會新聞，而報社礙於人情或畏懼權勢，往往不敢發表或評論。

父親的個性剛腸嫉惡，聽到的都是讓他忿忿不平的不公、不義、不仁的事件，也就忍不住在專欄裡，提出抨擊。

雜文是一種以理性的議論與廣泛的社會批評為主的文體，富於社會批判的功能，以鮮明的幽默和諷刺來針砭社會上各種醜惡的現象，藉以剖析人性並探索真理，闡述中幽默、生動、詼諧、犀利的文筆，像一把鋒利的匕首，是對抗專制暴政、貪污腐敗的利器，因為它每次出擊，都是直接鞭撻時事且擊中要害。它雖然不是魯迅先生所創的文體，但卻是由魯迅先生發揚光大。在上世紀中期年代，蔣家的權威至上，使肅殺之氣充漫整個台灣，造成社會有如一潭死水，文化有如沙漠，沒有一絲生命的跡象，只要被扣上類似「親匪」的帽子，立即就遭到剷除。父親當時就是無法控制自己，一遇到不公不義的事，就像聽到號角的戰馬，忍不住奮蹄長嘶。直至二〇〇六年宣布封筆之前，都是堅持如此。

雜文固然是打擊專制暴政的利器，但也是一刃兩面，還好當時有一個《自由中國》擋在前面，作他的第一道防線。很多事情都有意料之中的隱憂，卻會意料之外的瞬間爆炸，這突變讓人措手不及，連轉彎或預防的時間都沒有。

一九六〇年九月一日，《自由中國》殷海光先生發表一篇社論〈大江東流擋不住〉，內容表示民主潮流就像大江東流，是任何政黨所抵擋不住的。三天之後雷震就被逮捕，判處十年徒刑。而當天早上，蔣經國和他的家人還到碧潭游泳，心情愉快的浮漾著和煦的笑容。

同時間的二十年前，史達林大肆逮捕反對派，包括知識分子、富農、神職、技術專業和少數族裔，受害者多達七十多萬，最後派出特務到墨西哥刺殺托洛斯基元帥，完成「大清洗」之前，同樣的浮漾著和煦的笑容。

《自由中國》在雷震被逮捕之後，雜誌社立即遭到查封。這是五〇年代的一件大事，雖然還有更重大的事件發生，像孫立人被軟禁，以及肅清孫將軍在軍中的勢力，只因為都是秘密的進行，所以沒有引起反彈。而對付雷震這樣手無寸鐵的文人，因為沒有一點反撲的能力，所以不需要保守秘密，逮捕的動作毫不避諱。雷震也有很多好友，無論觀念和生活都十分融洽，尤其和公孫嬿的友誼最為親密，可是在被逮捕之後，公孫嬿立即在《中央日報》上發表一篇長文，對雷震痛加斥責。一時間，討伐雷震和《自由中國》的聲音，充斥所有的報章雜誌，撰稿者不乏許多昔日的好友。

《自由中國》這道防火牆崩塌之後，父親的咽喉就完全暴露在情治單位的利劍之下了。他當時聽到的第一個訊息，竟是出自同事之間的談論：「警總的人說，柏楊以後該乖了吧！」

父親有一個不怕被威脅的個性，也有可能根本不知道局勢的險惡，已經到了極限，所以不但沒有變乖，反而從內心激發出一種使命感，覺得應該承接《自由中國》的棒子。他說：「這種信念，在我的雜文中不斷的呈現，在肅殺之氣日益嚴重的五〇年代裡，深得讀者的重視。」他看到許多的不公不義，都如骨鯁在喉、不吐不快。於是，他就靠著膽大包天和一時的運氣，發揮了聾子不怕雷的精神，不斷的藉著一枝筆，對政府、時事和社會的失調失序、不仁不義進行批判。

為了減少阻力，父親採用最不嚴肅的方式，討論最嚴肅的問題，他認為幽默最容易凝聚讀者群，也最容易引發更多的人關注我們社會的病態。

父親的雜文，漸漸走出風花雪月的題材，走進眼睛看的到、耳朵聽的到的社會和政治的最底層，最後再探入傳統文化的深層結構，這些所顯現出來的，他譬作「醬缸」，但一開始也沒想到，這個醬缸竟有這麼大的腐蝕力。

父親選擇雜文這種文學形式，是因為現代時空觀念，對速度的要求很高，而在文學領域中，雜文是最能符合這個要求。它距離近，面對面，接觸快，直截了當的提出問題，解決問題。

父親所談的「醬缸」，跟李宗吾的「厚黑」，以及魯迅的「阿Q」，都是指我們的「奴才政治、畸形道德、個人人生觀和勢利眼主義」，而這些正是構成醬缸的主要成分。所以，在醬缸文化裡的中國人，「真理」永遠在執政黨、統治者的手裡，造成說謊、污衊和誣陷行為，都是為了「需要」。

當時年代曾有一年，台北警察局在召開了無數次的會議之後，決定要開始禁止隨地吐痰，並確定了嚴格執行罰款的日期。市民都歡呼這是一個新時代的到來，蔣中正卻突然下令阻止，他說要以德服人，只可勸告，不可罰錢。結果一個可以改變人民氣質、提高環境衛生水準的機會，宣告破滅。而當時的所有媒體也異口同聲跟著宣揚：德治比法治好，因為動不動就罰款，只會遭到民怨。我真懷疑，如果怕民怨，為何胡亂入罪於民？陷民於「匪」？為何枉殺無辜？為何如此表面功夫？中國不能夠革新進步，最嚴重的就是這種「德治比法治好」的醬缸產物，使人民沒有遵守規則的基本觀念，而這基本觀念，是需要嚴格的規範和懲處作基礎的法條，長期的矯正、遵從而歷練、培養出來的。

傳統文化的革新，在任何朝代，幾乎都遭到保守勢力的阻擾，使推動改革極其不易，一九四七年台灣駐印度第一任全權大使，也是《中國人的品格》的作者羅家倫先生，曾大力提倡簡體字，頓時讓文化界繁忙起來，大小打手紛紛出籠一致指控：凡是主張簡體字的人，都是「共產黨的同路人」，都是與共產黨「隔海唱和」。

在一九二二年，蔣中正也曾認為漢字筆畫太多，兒童學習太過艱苦，因此表示「這樣的文字，非簡化不可。」並指示逐步開始推行簡體字，並於一九三五年公布了「第一批簡體字表」。因當時的考試院長戴季陶堅持反對，這項政策因此無疾而終。

所幸，羅家倫先生在推動簡體字的書冊上，使用了蔣中正以前的這句話「這樣的文字，非簡化不可」，使他倖免於難。父親為此寫過一篇短篇小說〈魔匪〉，諷刺「反對簡體字協會」的趙哲民理事，因而又被再一次烙上印記。另外，中文的寫法也讓中國人苦惱，這是純文化問題，警備司令部卻也磨刀霍霍，硬想扯進一點政治。改革之路所以困難，都是由於文化上的惡質發酵，而文化卻又常成為政治的幫凶。父親說：「我不斷的呼喊，企圖使醬缸稀釋，才能解除中國人心靈上滯塞的困頓之情。」然而，他這份盼望國家和社會進步的沉重心態，正是把他綁赴刑場的鐵鍊。

一九六〇到一九六八年是父親致力於雜文創作的黃金十年，可謂「刀筆如削氣如虹」，除了在《自立晚報》撰寫「倚夢閒話」之外，他還在《公論報》撰寫「西窗隨筆」，並擔任國立台灣藝術學校的兼任教授，教「文學概論」。他閱讀了很多文學理論相關的書籍，但他卻覺得，理論對創作並沒有太大的幫助，而只對文學欣賞有幫助。這時候，他已經出版了十本小說了。

這十年，父親終於過的比較安定了些，並自認是這生以來最安定的日子，一九六〇年，他和倪明華婚後第二年，「佳佳」誕生了，直到十五年後，我和「佳佳」第一次約在Coffee Shop見面，才發覺她是一個既聰明美麗，又天真直率的小姑娘，連我的母親和弟弟，都很喜歡她，後來她到Stanford語言中心去探望我的母親，兩人相談甚歡，母親還請她吃冰淇淋。

在這之前，我們早已跟父親疏遠，好多年都不曾聯繫，在母親和外祖父母全心的呵護下，我和弟弟基本上，已經忘了還有一個父親，完全習慣沒有父親的生活，因為，母親和外祖父母的愛，每天都如和煦暖陽般的照耀著我和弟弟，填補了一切的短缺和遺憾。

父親曾經說：「從佳佳身上，我看到的不僅是一個小女孩，還看到另外兩個女兒和兩個兒子，這些是終生無法挽回的錐心之痛，也是任何一個婚變後，身為父母而不能撫養兒女的哀情。父母可以暫時忘記兒女，但不能永遠忘記，不能無時無刻思念兒女，但會終生不斷思念。」也因此，他把對所有兒女的愛，全都傾瀉到可以看得到摸得著的「佳佳」身上，他說：「這樣可以讓自己獲得一些平安的感覺。」也許真是這樣，我們卻為了讓母親「獲得一些平安的感覺。」我和弟弟，從來不提「柏楊」的任何一件事，而且，真的也不曾有過想念，直到一九八〇年之後，才慢慢的開始接觸與磨合。

父親以前煙癮很大，應該與他伏案寫作激盪靈感有關，這些我都沒印象了，我知道他出獄後，改抽過煙斗。我自己也曾抽煙斗，因為煙絲燃燒的味道，比一般香煙味好聞多了，但是抽什麼煙都沒好處，對自己、對別人都是摧殘。

父親提倡簡體字的動機，是源自佳佳上小學開始練字的時候，看著小娃兒顫抖的小手握著鉛筆，把那複雜艱深的繁體字，一筆一畫的塞進小方格裡，任誰看了都會心疼難過。複雜的漢字給中國孩童沉重的壓力，所以他認為中國文字應該改革，不能讓孩童在初學習的時候，就筋疲力竭。

而我最贊成簡體字，我不懂那些反對簡化的老學究為什麼反對？其實現在的繁體漢字，也是經過長期的演變，經歷了甲骨文、金文、篆書、隸書、楷書的發展過程，逐步形成今天的漢字。只是複雜筆畫的現代漢字，如今只有在水墨書法上，才能展現美與勁，一般的手寫確實讓人吃力，也沒看到幾個人能手寫的漂亮。尤其現在按鍵已經取代了手寫，複雜筆畫的漢字，有幾個人能完全無誤的寫出來？

父親倡議繁體字的文字改革，我認為有其道理，只是，哪位大官能有這種遠見？放眼當今有幾個大官有使命感的？即使有，也沒什麼大智慧，光一個教改，弄得民怨沸騰、家長無所適從不說，對學子的養成、對國家的未來，毫無希望。

父親寫雜文的這十年，結識了他人生之中難得的許多好友，也都維繫著深厚的情誼。最值得介紹的，就是孫觀漢先生。這位祖籍浙江紹興，生於一九一四年，比父親年長六歲的科學家，二十四歲即到美國留學，是美國匹茲堡大學物理學博士，是一位享譽國際的知名核子物理學家，曾擔任清華大學原子科學研究所的所長，建立中國第一座教學用的原子反應爐，因此被尊為「中國原子科學之父」。孫觀漢先生不但以科學成就知名，也以其人道精神和文學造詣而深為全球華人稱頌。

孫觀漢先生在美國的時候，對中國的社會問題很少會去思考或關心。有一次在書攤買到一本「柏楊」寫的《怪馬集》，書中的文章是批評中國人的劣根性，孫觀漢先生認真的閱讀，覺得好像就是在罵自己，而且覺得罵得有道理，接著閱讀了「柏楊」的一些著作之後，有如悟透禪機似的，他認為作者的思想闡述的，正是現代中國人最缺乏，也是最需要的新道德觀念，於是興起了要寫信給作者的念頭。

一九六五年十月十六日，父親親手開啟並閱讀了孫觀漢先生從美國匹茲堡大學寄來的第一封信，也立即就回了信。從此兩人展開了十三年不曾謀面，卻堅持這生命旅程中，傳奇性友誼的延續。這兩人建立的生死相交的深厚情誼，不但為人類偉大的友情作見證，並使這個傳奇的故事名垂青史。

孫觀漢先生寫給父親的第一封信，是這樣寫的：

柏楊先生：

這兩年來想要提筆寫信給你的動機，可能在二、三十次以上。沒有寫成的原因，講起來很多……今天六點起來，又是星期六，大概時間和精神湊巧都有剩餘，終於開始動筆，但仍不知能否完成這封信。

在事業的立場講，我的職業是科學研究，我有四十幾張專利證書，近一百篇的發表論文，比起有成就的科學家，距離當然比癩蝦蟆和天鵝還遠，但比起國內的中華大學及國外歷年同班，比我天才高很多的同學們，已幸運多了，但我仍有不滿。講了半天，目的是要指出我的不滿。當然人生是不滿的，做了皇帝要做仙，是大家知道的，但我要分析我的不滿。我覺得我的許多不滿之中最大之一，是我對中國的文化不夠了解。如果中國文化是和我們在學校時先生教我們的那樣高尚而可崇仰，為甚麼魯迅先生把我們描寫成阿Q式典型？為甚麼我的娘家（指中國）重金錢、重勢利的氣味，比我夫家（指美國）還重？誰把我慈母的腳裹成不成形不合人道的小腳？諸如此類的疑問，每次使我如鴕鳥一般，把頭鑽進沙裡，昏昏的和不負責任的又飛夫家。在娘家的時候，在我本份的職務上，努力工作和負責外，卻有出乎意料之外的收穫，我發現了現代國人的偉作。一本是蔣夢麟先生的《西潮》，一本是破舊不堪你先生寫的《聖人集》，我覺得你們兩人都有深刻的分析能力，使我了解娘家艱難的原因所在。在短期之內，收集六集西窗隨筆、六集倚夢閒話。你先生文筆的生動和靈活的描述，已夠我們疲勞時生活的「調劑和消遣」，請勿怪對你的偉作的侮辱性，實際上你了解我的敬佩，你當然不希望我在孔廟或羅馬教堂中跪讀你的大作。你的觀察見解和閱世之深刻，你的世界知識（古今中外）之豐富，分析之透澈，思想之大膽勇敢，青年的血性、壯年的成熟、老年少有的精力，真令人佩服。多次閱讀你的大作，常不禁拍床拍廁拍沙發（有時拍案）而笑，笑而後思，思而後嘆，深嘆後有時還眼濕！

你先生對騙人式的舊道德，有許多驚人的指示，即使我們不能跳出「醬缸」，至少我們知道「醬缸」以外還有天地。中國過去的思想行為錯誤和不合時代，你代我們啟發很多，很真確。你先生願不願也寫出許多過去美麗的和重要的優點，仍能合適於現代潮流，甚至於幫助創一新而美的潮流。

下次如有機會再來台，我唯一的願望是要到柏府外徘徊觀仰，並用美國人的觀念大聲問：「為甚麼在這樣簡陋齷齪的破屋裡，能產生這樣偉大的作者？」你大概一看就知道這個「美國人」，只有名而無實，他還不知道美國也有同柏楊先生一樣窮苦而偉大的人物，林肯先生聽說就是這樣的一個。以下二願為結束：

一、願中國人民和世界人民多快樂！二、願柏楊先生多壽多樂多寫作！

孫觀漢先生說：「認識柏楊是我一生最高興、最受益、最幸運的事，柏楊是我的好友，是我的老師，更是我的鏡子。每個人都知道自己自豪的一面，只有柏楊使我了解我醜陋的一面，而最使我驚奇而傷心的，是這可怕的醜陋，竟不是我一個人獨占，而是十億同胞所共有的。我深信柏楊對國人的觀察是正確的，我們今後需要作的工作，是如何幫助國人，除去這種阻止國家前進的老昏病。」

孫觀漢先生在一九六七年編輯出一本十多萬字的《柏楊語錄》，前言中寫到：「有人一定會斷定我以下講話的過分，柏楊著作對我的影響，有若《聖經》對人類的影響。所不同的是，《聖經》是來自上帝的啟示，柏楊是來自人類的智慧。人們認為《聖經》中所說的都是對的，我認為柏著中所談的不一定完全對，但啟發和令人三思的程度卻很類似。」

孫觀漢先生在《柏楊語錄》序文中，對「柏楊」所著之書籍，評以：「……有人要問：到底柏楊的著作裡面談的是甚麼？我們很簡單的以一句話答之：柏楊的著作裡面所談的是現代做人的道理和非道理！聽起來很嚴肅，但看來包你手不釋卷，神不離集。」

後來孫觀漢先生陸續寫給父親的的信中，也曾經寫到：「……多替中國人民和國家服務，你先生不但已擁有巨大的潛力，並已有群眾的支持，紐約中文書局也有先生的著作，謝謝你對我之建議的接受，就是多寫些讚揚性的文章。人究竟是人，心裡的軟，能產生良好的感情和原動力，可補充理智上嚴格的批評。雙管齊下，收效更高……。」

孫觀漢先生說：「很多人覺得我和柏楊之間的關係是個傳奇、是個奇蹟。其實我倒覺得自己很正常，我相信任何人看到『不公正』的事，應該都會奮身而起的。」

孫觀漢先生在美國華人社會不停的推廣「柏楊」的作品，還自己撰寫文章宣傳柏楊思想，連獲得一九五七年「諾貝爾物理學獎」的華裔物理學家楊振寧先生，都受到孫觀漢先生的影響，喜歡閱讀柏楊的雜文。孫觀漢先生還向美國各大學圖書館推薦收藏柏楊的著作，現在的哈佛大學燕京圖書室就收藏了「柏楊雜文系列」中的絕大部分。

一九六八年三月二日，父親寄出了入獄前的最後一封信，安慰孫觀漢伯伯：「請勿因我一人一家的遭遇，而對國家失望……千萬為我、也為國人珍重，如文字獄起後，先生儘可對我表示失望，甚至指責，以求順合潮流，然後大文才可為受到有識之士的讚揚，而流傳更廣，這是內心的懇求，先生定會鑒及我的誠意，我們只求對國人有利，朋友形跡，不妨改變，只要心如靈犀，就不虛此一生，能得先生為友，一死何恨。」

這封信幾成了父親和孫觀漢先生的訣別之信（這是一封長信，全文有八百餘字）。孫觀漢先生有一倡言之名句，乃是：「有心的地方就有愛，有愛的地方就有美。」他更是「愛」的實踐者，他致力於文，力行人道主義，為理念奮鬥不已。

孫觀漢先生在這九年多的日子，結合了海外如劉述先、吳新一等許多人的連署，不斷的呼籲、奔走、請託，甚至去函給美國參議員與美國國會議員，以及許多國際人權組織，甚至在美國發動大規模的請願行動，直到重視人權的美國卡特總統上台，孫觀漢先生還給卡特總統寫信，要求幫忙營救。美國眾議院議長伍爾夫先生來台訪問期間，就質問台灣政府官員柏楊的下落，台灣當局迫於美國的壓力，不得已才將他從綠島釋放回台，父親這才重獲自由，也可以這麼說，沒有孫觀漢先生，就沒有柏楊，更不會有《柏楊版資治通鑑》，以及亞洲第一座、建設在綠島的「人權紀念碑」。

一九七四年父親在綠島服刑，孫觀漢先生對這位從未謀面的「知己」，還編著《柏楊和他的冤獄》，用文字泣訴，當時由香港文藝書局出版。一九七七年四月一日，父親獲釋離開綠島，但是被限制出境，直到第二年七月，孫觀漢先生從美國飛來台北探望，兩人這才首度見面，孫觀漢先生老淚縱橫的說：「從第一次相互通信，至今是十二年九個月又七天，想不到我們在今生還能相見。」雖是短短的一句話，卻道盡了那個年代的無奈與唏噓。

兩人相會，情真意摯，場面令人動容。孫觀漢先生十年奔走營救，以及兩人交同莫逆的故事，也就傳為美談。孫觀漢先生的義薄雲天，令人懷念與尊敬。

父親還有兩位同樣富有傳奇性的忘年之交，其一，是陳麗真女士。有一天，他接到一封讀者的來信，信中筆跡秀麗，是出自台灣彰化的陳麗真小姐，當時只是個二十歲出頭的女孩子，為了照顧家庭，和支持弟妹繼續求學念書，高中畢業就進入社會工作，勤奮努力也好學不倦，因此許多短文的創作也很精彩。後來，她於一九八二年完成《柏楊・美國・醬缸》之編著。陳麗真的聲音清澈悅耳、字正腔圓，父親特別拿她跟孫觀漢先生比較，兩人發音可真是天壤之別。孫觀漢先生在跟我說話的時候，我大多回以微笑和點頭，因為聽懂的實在不多。

一九六九年七月三十一日，父親被判有期徒刑十二年，在台北景美軍法處看守所服刑時，陳麗真每星期都會提著菜籃飯盒來探監，父親說：「那時候，也只有麗真沒有把我遺忘。」麗真因為每周都去探監，就被盯上，有一次兩個武裝人員還把她押解到軍法處恐嚇，把這個小女子嚇得半死。

「柏楊是叛亂犯，是國家的敵人，妳為甚麼給他送飯？」

「他是我的老師，現在孤苦無依，只有我照顧。」

「什麼學校的老師？」軍官用一種洞燭其奸的眼神盯著陳麗貞。

「說啊！」

「其實我是柏楊的讀者。」

「那麼師生是做掩護的外衣了？柏楊吸收妳加入什麼組織？只要妳從實招供，我們可以免除妳的罪刑。」

陳麗真被嚇的只有哭啼，什麼話都說不上來。

軍官說：「你們的關係不簡單，如果不是組織上的關係，他到這步田地，妳不可能還藉著送飯的名義和他聯繫。」

陳麗真拚命的哭著搖頭無法回答。軍官才慢慢緩和下來說：「如果真的沒有組織上的關係，妳最好以後少來。」當天晚上，麗真的先生下班回家，告訴她說，管區警員特別去找他，警告他管管老婆，不要再亂闖是非之地。

父親在被移送綠島前的一天，在「親屬調查表」上，填寫「陳麗真」是唯一的親人。

一九六六年八月二十八日，父親收到一封署名「寒霧」的讀者來信，這是一封長達七千餘字的信函，函中內容主要是訴說自己對國家民族多災多難的憂心，然而青年朋友們卻都麻木不仁，以及自己內心的困惑與痛心。

這封長信的內容與流暢的文筆，尤其顯露出來的愛國情懷，讓父親頗為欣賞，為了能讓更多的人群來關心社會、關心國家，他將這封信，以〈十分迷惘〉為題，刊登在一個半月後十月十三日和十四日兩天的台北《自立晚報》副刊版。刊登出來的內容，摘錄一小部分，讓我們見識一下十六歲小女生成熟的文筆：

> 我聽過很多人批評您，差不多都是很極端的，崇拜佩服五體投地的也不乏其人，罵您「無聊瞎扯、擾亂民心、動搖國本」的也大有人在，想您也必定飽嚐「人世冷暖」了！我卻不是走極端的人，我也不為任何事「著迷」，不過憑良心說，我很欣賞您的文章，文筆流暢、幽默磅礡、淋漓盡致……這都是您老每本大作前的介紹話，我全部無異議通過。不過我看一部分人，尤其是年輕人，因為對現實不滿，看了您的書，除了拍案叫絕、捧腹而笑，覺得大快人心之外，恐怕不如孫觀漢想的那麼多那麼深。我最欣賞您老的，倒不是您的寫作才華和

豐富知識，而是您冒著「危險」（如「戴帽子」、得罪人之類），不留情的指出時下一些缺點，即使某些機關人物聞過則怒，你也鎮定如常，下筆如刀。每次讀您的書，我都體會到那尖酸刻薄的文字背後，蘊藏著不少的沉痛和失望。不過有多少人能捕捉到您那在字裡行間的「愛心」和「期待」呢？這是我所擔心的問題，我怕的是，被您筆伐的「達官顯要」老羞成怒，或者乾脆麻木不仁、相應不理、而一般讀者也僅哈哈一笑，乃至學得如您老一般「尖牙利嘴」，但卻不發憤圖強，以改善政風為己任，卻在一旁「嘿嘿大笑」，不滿現實卻不想辦法改變現實，這似乎是一般人的壞毛病。您老也許會笑曰：談何容易啊！（不過說此話不像柏楊啦！）不過我只是站在一個大孩子的立場說話，我只有從書本上得來的近乎可憐的知識，經驗一點都沒有，也許什麼事情都沒有我想像中的單純和簡易，那就是我「自慚形穢」的地方了。也是我寫信給您，希望您為一般青年盡一些指點迷津的責任的原因。

接著，距離這封信十天後，寒霧又在九月九日寫來第二封信：

……我要告訴您的是，優秀的少年很多，只要國家政府振作起來，造成一片新氣象，使我們能各展所長，不寧在思想上多做灌溉工作，但不是板著臉說教，也不是亂喊口號，而沒有事實表現，那只能使我們感到臉紅心跳、懊喪失望。……很多優秀的青年多因此一去不回，結果在異國光芒四射，實在令人扼腕長嘆、唏噓不已。我相信青年們一定會死心塌地的把自己所學的貢獻國家，即使在外國也會念著回國服務，不至茫然失所，終致迷失在現實裡，只顧自己而把國家置之度外了。……我已下定決心，要窮畢生之力（不管它多微不足道），來求我們國家真正的進步，以及從事思想上最艱鉅的戰爭，我也會盡力影響我的同學朋友，他們都是很優秀的「木材」，濫加利用，或培養十數年後，最後卻使之成為外國的棟樑，真是令人痛哭流涕。……

一連兩封洋洋灑灑的長信，讓父親留下深刻的印象。我看了都難以相信，這是出自一位才十六歲的女生之手。梁上元只比我大三、四歲，「寒霧」是她的筆名，來第一封時，她還是台北一女中的高二學生。她寫著：

我在溫室長大，溫室外的風風雨雨，雖然沒有直接侵擾到我，但卻是風聲、雨聲，聲聲入耳，經常使我震盪！

在父親被押走之後，霎那間沒有絲毫音訊，梁上元急忙趕到家中，發覺抽屜書中留著一張字條，上面寫著：

不要告訴寒霧真相，她還是個天真純潔可愛的孩子，不要使她因此對人生失望！

梁上元讀後，痛哭失聲，當時，她也只有十八歲。

她給孫觀漢的信中說：

我發覺我所以會對這件事這麼痛心，是因為我對國家的愛，有著無法協調的固執，當我接受了打擊，而必須仍然堅持自己的固執時，內心的衝突更難以平息，無限傷心更由是而生。

梁上元是近代名家梁寒操先生的女公子，梁寒操先生曾經有句名言：「我們要用驢子的精神，作我們的人生觀。」讓我感受良深，也以此言砥礪自己。

梁上元是一位虔誠的基督徒，後來擔任大學教授的時候，曾不斷的向香港知名作家倪匡先生傳福音，促使倪匡先生在一九八六年復活節也得救浸入基督，感謝主！我們都願意做神無愧的工人，讓愛神的人得益處。而梁上元姐妹是一個很好的榜樣。

父親後半生的朋友，幾乎全來自他的讀者，結交過程都是先通信，再見面聚會，最後往往成為相互扶持的知己。

一九七八年，父親十年黑牢，去地獄谷旅遊、視察、探險回來之後，與極力營救他的孫觀漢先生、陳麗真和梁上元結為「歲寒四友」，為「生命之交、生死之誼」的偉大友情，做了最好的見證。而這四個人卻是完全不同的背景，這也是當時年代社會上不同階層、不同年齡、不同的教育程度，代表性極強的與「柏楊思想」產生共鳴，也說明了「柏楊」的思想所具有的現實意義。

這十年雜文的歲月，父親每天都是集中火力的批判和揭露傳統的「醬缸」文化，也無情的諷刺當權者政治腐敗的黑暗面，每篇文章都像一把鋒利的匕首，被刺痛的達官顯要和利益階層無不老羞成怒、懷恨在心，尤其他刊登在《自立晚報》專欄裡的內容，對國民黨特務而言，都是一記強力的震撼。

當時的五〇年代，充滿白色恐怖的台灣社會裡，國民黨政府已經開始大量逮捕異議分子，不惜錯殺一百，不可錯放一個，蔣介石在嚴厲的思想控制下，人民的恐懼使台灣失去了凝聚力，也成為文化的沙漠。

每一個新聞記者，每一個作家，心裡都有一個小型的警總，落筆的時候，會主動提出質疑：警總會有什麼看法？父親告訴我們：「那時候各報社都是用鉛字排版，因為字盤位置的關係，『中共』很容易誤植成『中央』，『中央』也容易誤植成『中共』」。這對晚報的老闆、社長、作者、記者、編輯、撿字，和校對，就差硬要扯上工友，都是一場夢魘，每天下午都戰戰兢兢，要等到四點半以後，如果沒有接到電話，大家才鬆一口氣。這就是「白色恐怖」，「白色恐怖」指的是一個保守、反動的政權，消滅主張改革的改革派，而施行違法的暴力鎮壓的手段。為什麼叫「白色」？右派政府對「共產黨」（紅色是共產黨）及「共產黨同路人」的殘酷迫害和肅剿。

一九二七年，蔣中正在上海逮捕、屠殺左派分子，就是「白色恐怖」；國民黨在台灣所殺的「匪諜」更是不計其數，只要被發現讀禁書、聽大陸廣播……。多了！一不留神就被當作「匪諜」處理，突然間人就屍骨無存蒸發掉了，這就是「白色恐怖」。

現代的年輕人無法體會這種恐怖，想說什麼、想做什麼，只要高興，沒人管得動，不合乎自己意思或是遭到一點委屈，就利用網路吐槽。當然這是時代的進步，是言論自由的時代，每個人都能說出自己的心聲，因為我們能享受憲法保護的言論自由。但是如果口出惡言侵犯別人，就是汙辱別人尊嚴了。如果推前到一九四九至一九八七年間，國民黨「白色恐怖」的專制時代，就有不少像孫中山推翻滿清帝國時大無畏的民主鬥士，真正的為民主自由而拋頭顱、灑熱血。什麼是真正的英雄？為真理與信念，能勇敢犧牲自己的人，才是真正的英雄。

「白色恐怖」的年代裡這樣的英雄更是屢見不鮮，所以才有這麼多的冤魂四處飄蕩、伺機復仇。我們這一輩是何等的幸福，能活在這個沒有戰爭，沒有白色恐怖，當然也沒有紅色恐怖的寶島台灣，前人為我們留下的美好成果，我們在享受的時候，不能忘記他們是斷頭顱、灑熱血的辛苦栽種。

但看看目前，民意代表的粗言暴行、只有藍綠不問是非；政府官員的邀功諉過、貪污瀆職；最高統帥的無能無為、不恤民情；國營機構的鉅額虧損，無恥自肥，所有的消耗，都是百姓的納稅錢。政策失當、物價飆漲，造成民怨載天，沒有人不氣憤難當，卻又困頓無奈。唯一比「白色恐怖」有期待的是，下回投票，不會再「含淚投票」了。但是，即使又變天是否就更好？我看也未必。

在父親寫雜文的第三年，有一位從大陸逃亡到台灣，曾當過「全國學生聯合會」會長的張化民先生，是一個深受中國文化薰陶的知識分子，曾寫了一篇短文，討論蔣中正的功過，文章中有八個字：「自以為是民族救星」。結果「一個字判一年，八個字判八年。」這是世界上最昂貴的稿費，這就是當年文化人的處境。張化民和父親一樣，曾經都是《自立晚報》專欄的兩大台柱作家。

張化民先生曾在世界新專兼課任教，警總卻施以壓力使學校將之解聘。張化民一生坐國民黨的「文字獄」有十八年之久，有一次刑滿繼續留訓，還被打到雙手成殘，這就是「白色恐怖」。

很多人被踐踏、被摧殘到不成人形，很多人至死都沒法翻身，情治單位對手無寸鐵的愛國文化人從不手軟，這就是中國傳統的「醬缸文化」薰陶出來的醜陋本性，對外，一片散沙、潰不成軍，對內，鬥爭有力、心狠手辣。

情治單位的人曾說「白色恐怖」救了台灣，這沾滿血腥的雙手，毀了多少自己國家的人民和家庭？居然還能說出這種喪心病狂的鬼話。當然，只要有一點良知的人，不但會對枉死的孤魂充滿愧疚與同情，也絕不忍心說出這種，連鬼話都不如的話來。

李煥先生跟父親有很深的友誼感情，他多次警告說：「每一次開會，很多單位對你都提出嚴厲的攻擊，主任（蔣經國）從不講一句話，看情形，你最好不要再製造麻煩了。」可是父親覺得，社會上這麼多讓人傷感落淚的疾苦、這麼多不公不義、不仁不愛的事，自己不應該泯滅良知而棄筆不寫。

國民黨當局的保守勢力，都把「柏楊」當作「洪水猛獸」，更被批為「全國公敵」。這時候，他的雜文，已經被統治階層和情治單位定位在「造成台灣社會最不穩定的社會因素和治安問題。」

被刺痛的既得利益者，更是惱怒懷恨、摩拳擦掌，伺機反撲。父親在這種風聲鶴唳的氛圍中，仍然是「聽到號角的戰馬，忍不住奮蹄長嘶」。雜文比議員的質詢還能觸及到現實，還能揭露許多人的瘡疤，他說：「有人賣藥正起勁，你卻嚷嚷他賣的是假藥，他怎麼不說你是下流胚子兼禽獸雜碎乎？」甚至還能言之鑿鑿說你是賣國賊，說不定第二天，就拋棄人格，寄出檢舉你是「匪諜」的黑函了。

沒有人喜歡被揭瘡疤，尤其是大傢伙，更是位尊就是學問，大聲就是權威，凶狠就是英雄，你揭他瘡疤？不是自找死路嗎？不像現代化民主國家，政治人物是需要用顯微鏡檢視的，政策是要禁得起公開辯論的，而施政結果更是能接受公評的。父親的雜文就像照妖鏡，照向社會黑暗的一面，也照向政府光鮮亮麗的一面，許多人事物都難逃照妖鏡的掃描，一一顯出原形。

一九六一年，父親用「鄧克保」為筆名的一部報導文學《異域》，開始在《自立晚報》連載，一個被遺忘的故事、一群被遺忘的人，「他們戰死，便與草木同朽；他們戰勝，仍是天地不容！」故事背景是根據駐板橋記者馬俊良先生每天訪問一、二位從泰國北部撤退到台灣的孤軍，再把資料交給父親「鄧克保」來撰寫。

很多當初在大陸誓言與城池共存亡的將領，結果不但城亡人不亡，還拋棄了願意為他們戰死的部下，甚至捲款潛逃到台北，藉著關係先後到國防部坐上高位。在《異域》裡，就有詳盡且委婉的報導，使那些一臉忠貞的大傢伙在「照妖鏡」下顯出原形、老羞成怒，國防部因此對報社施以強大的壓力。有槍桿子的給沒有槍桿子的強大壓迫，結果應該不用再爭辯它的公正性和最後的結局了。

憲兵司令部政戰主任蕭政之，是父親「戰幹團」的同學，就曾警告說：「你麻煩可大了，我們不能明目張膽的查封報社，但可以查封你。」

對這次的警告，父親感覺有壓力了，他對憲兵司令部竟也介入文化圈，覺得不可思議，也感到文化圈的危機四伏，和自己的孤獨。他心裡想著：我只有一枝筆，如何應對龐大的國家機器，但是又無法壓制自己這知識分子的良知。這時候，國民黨政戰部、警備總部、憲兵司令部都不斷向報社施壓，台灣警務處長楊仲舒還下令，把「柏楊」列入台灣的「流氓名冊」，當權派的這些高官，利用職權，隨便編頂帽子都能往你頭上亂扣，令人髮指、不恥與唾棄。

一九六六年五月十六日，中共發起「中產階級文化大革命」，同年十一月十二日，蔣中正為了反動文革，以復興文化之名義在台灣發起了「中華文化復興運動」，兩個運動在兩塊土地上，卻都只有一個目的，就是掃蕩一切的文化敗類。

所謂「敗類」，不是視你愛不愛國，而是視你聽不聽話。不是聽你講的是不是諍言真話，也不視你的建言對國家是否有益，而是根本不讓你講話，因為對國家有益的，對一些既得利益的大傢伙，絕對無益。當然，如果你能昧著良心、不顧廉恥、厚著臉皮，阿諛諂媚來歌功頌德，把錯的說成對的，幫著粉飾太平，就能照樣升官發財，如此幫凶作為，倒是可能被施捨到一些政治的餅渣裹腹。

不知是幸？還是不幸？父親首當其衝，被列為「敗類」的第一名，正如四人幫認為知識分子是「敗類」一樣。

共產黨的文化大革命，多數中國人都認為是一場「十年浩劫」，經濟文化停滯甚至倒退，所有的中國人都不同程度的承受了這場不幸。一九四五年國民黨就開始在台灣當權，自一九四九年全部撤退到台灣，又獨裁執政了五十年，終於在一九九六年總統直選產生了第一屆的民選總統李登輝先生。不論當選的人是否讓你滿意，但是全民首次享受到民主政治，用自己的選票決定國家交託給誰，沒有流血、沒有白色恐怖，就能淘汰腐敗的政權。二〇〇〇年起，國民黨下野八年，終於可以關起門來好好自我反省，也使台灣的民主政治思想和人權觀念，逐漸成熟。

20 大力水手 惹出大禍

一九六七年中，《中華日報》向美國金氏社訂購《大力水手》（*Popeye the Sailor Man*）連環漫畫，交給主編家庭婦女版的倪明華每周連載五天，那時倪明華身兼三職，每天忙得不可開交。於是，父親就幫忙接下這份翻譯的工作，將漫畫裡人物簡短的對白翻譯成中文。

《大力水手》是一個全球發行的漫畫創作，沒有任何的政治色彩。卜派身穿水手服，吃完菠菜就變成力大無窮，有如超人能上天下海，他與奧莉薇的故事，深受兒童和青少年族群的喜愛，我們這一輩都存有深刻的印象。

蔣中正自撤退台灣後，每年都會例行發表「告全國軍民同胞書」，並接受全國軍民同胞的歡呼擁戴，也是潰敗之後的取暖心態。就在一九六八年元旦的第二天，《中華日報》家庭版，刊出了《大力水手》連環漫畫，故事內容為：大力水手卜派父子合購了一個小島，卜派將他的王國命名為「卜派國」，要在島上建立國家並競選總統。

英文的原文內容是這樣的：

小孩問大力水手：「現在你已經有了自己的國家，你將如何治理她呢？」

大力水手說：「我們將舉行自由選舉，我要出來競選總統。」

小孩說：「全國只有我們兩個人，你要出來競選，這要怎麼選呢？」

大力水手說：「由我們當中的一人投票。」接著開口演說：「卜派國全體同伴們……。」

父親不知是「福至心靈」，還是「鬼使神差」，將英文Fellows（同伴們）翻譯成「全國同胞們」，似乎是模仿「英明領袖蔣中正」的口吻和用詞，五〇年代的中華民國，這句話是蔣中正一個人的專利品。如果譯成「夥伴們」，可能就不會這麼嚴重，可是卻把它譯成「全國同胞們」，而且還是在一個「小島」上。

父親解釋說：「當時我並沒有絲毫惡意，只是信手拈來而已。」天知道，你這個大匪諜，處心積慮的還要狡辯？

這篇漫畫翻譯的內容是這樣的：

第一格是卜派（父）站在岸邊遙望大海遠處……

卜派（父）：好美的王國……

卜派（父）：我是國王，我是總統，我想是啥就是啥。
小孩（子）：我哩！
卜派（父）：你算皇太子吧！
小孩（子）：我要幹就幹總統。
卜派（父）：你這小娃子……口氣可不小。
小孩（子）：老頭！你要寫文章投稿啊！
卜派（父）：我要寫一篇告全國同胞書。
小孩（子）：全國只有我們兩個人，你知道吧！
卜派（父）：但我還是要講演。
卜派（父）：敝國乃民主國家，人人有選舉權。
小孩（子）：人人，就兩個罷啦。
小孩（子）：等我想想……
小孩（子）：我要跟你競選！
卜派（父）：等我先發表競選演說。

小孩（子）：好吧！
卜派（父）：全國同胞們……
小孩（子）：開頭不錯。
卜派（父）：千萬不要投小娃票……
小孩（子）：這算幹啥？

我們看歷史，古時人民對皇帝的「名諱」都要迴避，否則就是重罪。你直稱「皇帝」的「名諱」，觸犯了禁忌，可能馬上就有人檢舉你「通敵」了。許多有心之士、奸佞之輩，阿諛諂媚的為著呈現忠貞的嘴臉，還感謝上帝賜給他公報私仇的良機，哪管公道、正義，逮到機會就見縫插針，沒有機會也能編出劇本，誓死搞你絕不罷休，以償私怨。

虎視眈眈的特務們，靈敏度像跳蚤一樣，看到當天的漫畫對白，馬上注意到了漫畫背後豐富的政治訊息，從新近解密的國安局檔案可以看出，包括調查局、警備總部、台灣省警務處，甚至是國民黨中央委員會第四組，幾乎全都在第一時間就嗅到了這篇《大力水手》漫畫中，足以榨出的血腥氣味。

一九六八年二月二十六日，由「咸寧會報」決定由調查局、台灣警備總司令部、台北市警察局、國民黨中央委員會第六組等機關成立專案小組偵辦，並定名為「清華專案」。這就是一九六八年發生在台灣、「享譽」到國際的「以圖罹禍」著名案件。

父親因為翻譯漫畫遭到逮捕，這是人類歷史上最荒謬的文字獄之一。一九六八年三月四日，他被調查局人員從家中押走，就在三張犁調查局招待所的審訊過程中，遭到非人道的刑求，以及明明因《大力水手》「誣衊領袖」賈禍，卻硬是被調查員栽贓誣以「叛亂罪」唯一死刑之重罪。

於是，父親創立的平原出版社宣告瓦解、《大力水手》漫畫被迫立即停刊、倪明華亦被免職，同時倪在中國廣播公司的另一份工作，也被曾是父親抗日時代，同樣穿草鞋的同學、中廣的總經理黎世芬立即開除。父親說：「這些荒誕、離奇又弔詭的遭遇，在在見證蔣家獨裁的時代，以及白色恐怖的駭人聽聞。」

從一九二九年漫畫家E・C・席格（Elzie Chrisler Segar）創造了《大力水手》卜派，到一九五八年由巴德・桑根朵夫（Bud Sagendorf）接手繼續創作，絕對做夢都沒想到，一則純粹給小朋友娛樂的小故事，曾在全球五百家以上的報紙連載，竟會在西太平洋的一座孤島上，幾乎鬧出了人命。

一九六八年二月初，剛過完陰曆春節，救國團邀請各報記者同登合歡山賞雪，於是，父親帶著倪明華，被貴賓式的熱烈招待，一行乘火車到豐原，轉巴士到東勢，進入橫貫公路，不久就看到了雪景。父親是河南人，北方世界的冬天，就是千里冰封、萬里飄雪、一片銀白的世界。但是台灣平原是一個無雪地帶，二十年來沒見過下雪，現在眼前白茫茫一片，每一片雪花和每一陣刺骨的冷風，不但使他回憶到手背被凍爛的兒時，還讓所有的台灣遊客，踏著沒膝的積雪、興奮莫名。

父親說：「這是一次有趣的休假，充滿了新鮮，渾然不覺大禍已經降在眉梢，而且沒有一點惡兆。」歷史上說大人物災難發生之前，總會有不祥的預感，這也恰恰證明，他不是一個大人物，只不過是一個倒霉的平凡作家而已。

三天之後旅遊結束，才回到台北，《中華日報》就叫倪明華到報社去，告訴她調查局認定《大力水手》漫畫是挑撥政府與人民之間的感情、打擊最高領導中心，在「精密的計畫」之下，「安排」在元旦次日刊出，其中許多用詞，調查局認定有影射、污蔑總統蔣中正及國防部長蔣經國之嫌，一切都說明其用心毒辣，尤其「出自柏楊之手」，嚴重性更是不可化解。

只有「用心毒辣」的人，才會說別人「用心毒辣」。只有刻意「精密的計畫」與「安排」要誣陷別人的人，才會有這種「精密的計畫」與「安排」的理論。當年調查局和警備總司令部的囂張霸道、惡名昭彰，有幾個人不聞之色變、噤若寒蟬？當然他們說的有理。父親曾經說過，特務們絕對有本事抓到刺殺甘迺迪的凶手，所以他們說的，有誰敢說沒理？

這是項可怕的罪名，父親被嚇住了，一時間頭昏目眩。他們夫妻兩人從來不問政治，絕沒想到一篇漫畫能惹出這麼大的風波，心裡自然承受莫大的壓力。果然，二月二十九日上午，調查局到《中華日報》帶走了倪明華。

父親回憶說：「那真是冰凍的一天，下午我仍然去《自立晚報》上班，但是同事間的氣氛都不太對，顯示他們都已經知道這事了。」而佳佳直到晚上還不見媽媽回家，就不斷的問「媽媽哪裡去了？」這時，他心焦如焚，就跪在床頭，大聲的禱告，祈求神讓倪明華能得釋放，自己是禍首，應承當一切。午夜之後，倪明華回來了，她第一句話就凝重的說：「事情很嚴重，明天會約談你。」

第二天是三月一日，果然，調查局傳喚父親到案，這第一次的約談進行了二十七個小時，直到第二天，就是三月二日的下午，才被飭回。父親累壞了，回到家裡，心中有一股不祥的預感，他緊緊抱著佳佳，說不出一句話來。

當天晚上，當妻女入睡之後，父親趁著夜深人靜，心亂如麻的獨自坐在書桌前，寫下了許多交代妻女的事項，包括勉勵堅強的許多話，和建議未來日子的可行方向，總計有二十九項之多，留言最後還寫道：

類似遺囑，幸勿為此而悲，心情不寧，不能細囑，體念我心。

父親還特別交代倪明華，讀者來信可代為回覆，並告以「柏楊病故」，以免繼續來信徒增困擾。

寫完了對家務事的交代之後，父親重新整理了思路，振筆疾書，開始給素未謀面、遠在美國匹茲堡大學的孫觀漢先生，寫了一封長信。

這一天是一九六八年三月二日，兩天之後，父親就被調查局的特務給押走，而這一走，就是十年。

請原諒我把這些不愉快的事告訴你，這些不但是俗事，且是瑣事，說來滿紙污濁，現在我暫時釋放，聽候傳喚，每一次電話鈴響，都一身冷汗，家務事已交代明白，欠人人欠，以及書籍情形，已列入清單，交於老妻，蓋不知再捕之後，能不能歸也。

如果我因此入獄，則少者三、五年，多則十年二十年，身不由己。恐無法再與先生通訊，亦無法再拜領教益矣，提筆至此，不禁潸然。說了這麼多，只希望當彼時也，官方或有志

孫觀漢先生：

之士，必有類似判決書之類的官文書出籠，把事情說的擊節稱讚。但願兩相對照，便可看出全貌。人生能有幾知己乎，隨不通訊，心慕備至。但仍乞為國人多寫文章，蓋此非一小撮人孤立的險詐羅織，而是整個文化中傾軋的習慣反應和勇於內鬥的氣質發酵。套句《聖經》上的話：他們所做的，他們不知道。這種氣質，個別的加以改變或堵塞，不可能竟其全功，必須用文字的力量在能領略的知識分子中，鼓勵其「做小事」，一點一滴的小善加起來，方能構成全民的大善。請勿因我一人一家的遭遇，而對國家失望。我如果平安無事，當再修函，但在修函之前，請勿來信，一則恐怕我已入獄，根本看不到。二則也恐怕為先生招來許多不便。請千萬為我、也為國人珍重，如文字獄起後，先生儘可對我表示失望，甚至指責，以求順合潮流，然後大文才可為受到有識之士的讚揚，而流傳更廣，這是內心的懇求，先生定會鑒及我的誠意，我們只求對國人有利，朋友形跡，不妨改變，只要心如靈犀，就不虛此一生，能得先生為友，一死何恨。心情萬分沉重，語無倫次，這是我們相識以來，第一次以私事告訴先生，萬感交集，再見，再見，再見。

這封信道出了無限的沉痛，即將被吞沒在「醬缸黑惡」的勢力裡，父親仍主動請求孫觀漢先生寫文章指責自己，並且不忘對國家民族仍有殷切的期許。

父親回憶說：「一九六八年三月四日，晚飯後我在燈下交代後事，心靈紛亂的難以平靜。調查局的兩位調查員高義儒和劉展華按門鈴進來，要我再次到調查局談話，並且向倪明華保證，天亮以前一定把我送回來。」

當時佳佳正在看電視，對著兩個特務的背影，噘起小嘴「噓」了一聲。倪明華靠著窗子面無表情，陳麗真尾隨下樓，扶著父親登上調查局黑色的箱型車。這是重要的一刻，一場冤獄羅織的猙獰戲碼，以及群魔血祭的殘酷逼供，此時揭開了序幕，正式上演。

到了三張犁調查局的招待所，與其說招待所，其實就是審問室，大約只有十平方公尺大小，一張小桌，兩張木椅，桌上一盞檯燈，照著父親的雙眼，極度刺眼。當晚的主審員劉展華第一件事，就是命令他撰寫自傳，從出生到今晚的被捕。

父親寫完自傳，劉展華就開始訊問他二十年前（一九四八年），瀋陽在內戰中陷入共產黨之手的經過。接著就單刀直入的問道：「你被俘是哪一天？」

父親對「被俘」這兩個字，一直都很困擾，自從離開救國團，有十年多沒再聽過了，今天突然被提起，他突然警覺到前面的陷阱，既是以《大力水手》漫畫事件被約談、審訊，這跟「被俘」有什麼關聯？為甚麼要提問「你被俘是哪一天？」

對從未發生的事情，父親根本不知道應該承認些什麼？

劉展華說：「在那個大勢已去的年代，國軍為了保存自己的實力，多少高級將領假裝跟共匪妥協，這有什麼關係，重點是他最後效不效忠國家。」

父親在回憶中跟我們說：「那個時候，我並不知道懲治叛亂條例有明確的規定：凡被俘過的人，不論軍官或士官，一律判處重刑，從五年到無期徒刑。我拒絕承認被俘過，不是我知道被俘是重罪，而是確實沒有被俘過，沒有的事怎麼承認？」

劉展華的臉上開始露出不耐煩的表情，不斷的翻轉著拿在手上的米達尺，說：「好吧！那你逃出瀋陽的路條是從哪裡來的？」「我們自己寫，自己刻印。」「怎麼刻印的？」「用肥皂。」「是誰刻的？」「孫建章！」蒼天在上，父親的供詞牽連出孫建章先生，因為圖章確實是孫建章刻的，他認為孫建章可以挺身而出作證，當時，孫建章正在苗栗警察局當督察長。

父親說：「再想不到，我請他作證，不但救不了自己，反而把他也拖進火坑。孫建章立刻被免職，逮捕歸案。調查局正愁缺少人證，我居然把一個活證人送到他們手上。」因為法律規定，同案被告的口供，可以做為證據。然而「重證據、重調查、不輕信口供」是一個重要的指導原則，因此對於被告的口供，向來要求要慎重使用。但是法律是抓在有權勢的人的手裡，怎麼解釋全看他們的邪惡與善良。那個年代，政治是凌駕在法律之上的。

接著，審問官又多了一位年紀較長的李尊賢先生，集中焦點盤問父親被俘的經過。劉展華對父親不肯「承認」被俘，已經非常震怒，似乎就要爆炸了。

就在這間審問室裡，兩年前是一九六六年的五月，因遭受調查局第五處處長蔣海容案的牽連，調查局逮捕了《新生報》編輯主任姚勇來先生和其妻名記者沈元嫜女士，連當時副總統嚴家淦先生都尊稱她為「沈大姐」的沈元嫜女士，在調查局受盡百般屈辱，歷經三個月各式各樣慘無人道的酷刑，還被全身剝光，在房子對角拉上一根粗糙的麻繩，架著她騎在上面走來走去。沈元嫜哀嚎和求救的呼喊，連廚房的廚子都落下眼淚。那是一個自有報業史以來，女記者受到最大的污辱和痛苦，當她走到第三趟，鮮血順著大腿流下的時候，唯一剩下來的聲音，就是：「我說實話，我招供，我說實話，我招供……。」

她要求調查員把她放下，暫時離開，允許她自己穿上衣服。調查員離開後，沈元嫜知道更苦的刑求還在後面，她招供不出她從沒有做過的事，於是迅速拴上房門，解下繩子，就在牆角上吊身亡。

父親說：「她是六〇年代著名的記者。除了留下若干有價值的採訪文稿外，最後留下來的是一雙幾乎爆出來的眼睛，和半突出的舌頭。」調查局宣布她「畏罪自殺」。還逼迫她先生姚勇來在「沈元嫜是自殺身亡」的文件上簽字。然後仁慈的為她修築一座矮墳。

當年國民黨迫害人權，太多這樣的例子，死無對證，被刑求致死的囚犯，永遠都無法得到平反。而這些滿手血腥的特務，在解嚴以後，全然不知懺悔，反而都搖身一變，成了保護民主人士的好人，這些人的良知早已蕩然無存。

裸女跨繩、赤體坐冰等駭人聽聞的刑罰，即便是在古代也是法律所不允許的，屬於法外酷刑，只有酷吏才搞。而酷吏大多沒好下場，社會輿論認為這是蔑王法、喪良知、泯人性、違天道的行為。

在民主國家中，即使判了死刑、也絕對尊重囚犯的人道，但在當年這個腐敗的極權統治下，加上嗜血的特務以酷刑暴虐屈打成招，這種踐踏人權、泯滅天良的慘事層出不窮。而當時特務逮捕人犯的手段更是粗暴，為了達成上級所交付的任務，逮不到主角就逮捕其親友，然後再施以酷刑，不怕不招，明朝東廠的景象完全複製。真是好的都不學，壞的、卑劣、下流的，學的比誰都快、都徹底，還過之無不及。

血淋淋的刑求方式更是五花八門、應有盡有。以凌辱人民為樂事的特務，熟悉各種讓你痛不欲生的酷刑，手法殘酷多端，在嚴厲刑求的逼供下，人犯往往已經喪失了意志，而承認各種由審問員編造的劇情罪名。

父親告訴我們說：「在特務殘酷的刑求下，任何血肉之軀都抵擋不了那種生不如死的折磨，刑求逼供不僅傷人身體，更是損害人格，奪人尊嚴。在酷刑之下，受難者的人格會被扭曲，失去正義生存的意義。刑求逼供取得的自白書，成為判決的根據，草率的審訊與判決，冤枉了多少人？毀掉了多少家庭？斷送了多少人的生命與青春？」

21 誣陷逼供 拐騙栽贓

父親就在這間小小的審問室裡，經過好幾天通宵達旦的折騰，身心早就疲憊不堪，特務們輪番上陣逼供，仍無法讓他編造故事讓特務滿意，我們常聽說「堅不吐實」，就是這個意思。

自從三月四日，父親被押到這間審問室裡之後，就沒再露面，就這樣已經一個多月了，劉昭祥和劉展華逐漸撕下了文明的面具，朝陽大學法律系畢業的調查員高義儒也加入審訊的行列。

高義儒聲稱是《自立晚報》總編輯羅祖光的朋友，把父親帶到隔壁房間誠懇的說：「柏楊先生！你知道你是什麼人嗎？」「一個作家。」高義儒說：「不！你是一個名人，既然扣押了你這麼久，怎能輕易放你，如果不查出一點毛病，社會一定譁然，讓你出去在報上罵我們？」其實他嚴重的錯了，只有公正的審訊，才會得到人民百姓的感激和頌讚。高義儒說：「我們也知道你沒有被俘過，你以為我們調查局都是酒囊飯袋？可是我們如果不咬定你被俘過，這案子怎麼交代？你一定要給我們下台階。如果你非堅持不可，我們下不了台，怎麼能夠結案？只要你指認是廖衡吩咐你寫的文章，即可政治解決。」

高義儒指使父親「坦承不諱」攀引廖衡入罪。而高某居然也是廖衡的好友。劉朝祥和劉展華兩人，也都三番五次不斷的保證，一定給予「政治解決」。劉展華說：「說呀！沒有關係！二十年前的事了，那時候幾十萬大軍都垮了，你一個人赤手空拳，身不由己，有甚麼辦法？所有遭遇都是在不自由狀態下做成的，政府豈能像共匪一樣，清算你二十年前的事，你要相信我們調查局。」這話聽起來很有道理。

高義儒說：「被俘是一件小事，當年，千千萬萬官兵被俘，如果統統判罪的話，全國軍人豈不全都坐牢了？你只要承認確實被俘過，在俘虜營關了三天就被放出來了，表示我們的情報確實沒有錯誤，就足夠了。」這話聽起來，就好像不太對勁了。

情報錯誤？那為甚麼還硬拗呢？接著他騙更大。父親問說：「那被俘會不會判刑？」高義儒啞然失笑的說：「被俘三天竟然要判刑，你怎麼會有這種想法？你把國民黨看成一個沒有理性的瘋狗黨了。我保證，你上午承認，下午就可以出去。我這一生從沒有騙過朋友，也絕不騙你。」

父親沉思良久，望著牆角的斑斑點點和剝落的痕跡，心中淒然的點點頭、長嘆一聲，終於屈服了，就算相信高義儒所說的，表示他們的情報沒有錯誤、就算國民黨不是一個沒有理性的瘋狗黨，再者，高義儒說他一生從沒騙過朋友。

只是，又一個禮拜過去了，並沒有像高某所保證的「你上午承認，下午就可以出去。」有一天，劉展華等人拿出大約數十本粘貼簿，全是父親「雜文」和「小說」的剪報，每篇文章下面都密密麻麻、注解著他們所加的評語，劉展華說：「我們拿的稿費跟你一樣多了。」這荏苒十載，他們每天都在仔細的找，用顯微鏡檢查「柏楊著」的每一篇文字之間，有甚麼地方違法。只要有一個字他們認為不妥，早就叫他當上「匪諜」，用不著等「大力水手」了。

劉展華很有禮貌的請父親坐下，盯著他的雙手問道：「你自進來就沒有剪過指甲嗎？」「是的。」劉展華說：「兩個月不准剪指甲，他們怎麼這麼沒有人道？」劉展華所指的「他們」，不知道指的是誰？有沒有包括他自己？於是，劉展華遞上一把指甲刀，藉著微弱的燈光，父親瞇著雙眼，為自己修剪指甲，心裡也想著，原來都已經兩個月了，這麼久了，自己的命運完全無法掌握。

就在此時，外面送來晚餐，父親的腸胃不好，消化系統早已停擺，根本無法進食。劉展華就把它包了起來，坐到對面，輕鬆的說：「柏老，開始吧！說說你被俘的經過。」

「我沒有被俘過啊！」這是直覺的回答，這讓劉展華吃驚不小。

「你沒有被俘過？」劉展華命令父親跪下，指著自己心愛的小女兒佳佳起誓。並大怒說：「你不是告訴高義儒你被俘過？今天怎麼翻供了？你是想玩調查局？你也太自命不凡了吧？」父親只有改口說：「是的！我被俘過。」

「被俘後關在什麼地方？」

「瀋陽北大營。」

「關了多久？」

「三天。」

「三天之間你都做了些什麼？」

「都是共產黨軍官向我們解釋八大政策，要我們回鄉生產。」

「有沒有吸收你加入組織？」

「沒有！」

劉展華的臉像簾子一樣，刷的一聲拉了下來。

「你沒有被吸收加入組織，這是天大的笑話，凡是被俘的官兵，都會參加組織的，你一個人不會例外。」

「我確實沒有參加組織。」

「只有說實話，才可以救你自己，紙是包不住火的。」

「我確實沒有參加任何組織。」

「又來了，剛才你還發誓沒被俘過，你想騙誰？」

父親啞口無言，才發現這是豺狼設下的陷阱，承認被俘不是大禍的結束，而是災難的開始，承認被俘是聽信高義儒，希望能逃出虎口，想不到卻是自己把脖子伸到斷頭台的鋼刀之下，真是聰明一世、糊塗一時。

父親後來說自己是一條豬，居然會相信他們的鬼話。本來就是啊！國民黨再腐敗，都必須為他們所豢養的「詐欺與暴力」集團，背負與承擔起被辱罵的道義義務。

兩個多月的折磨，父親已不成人形，心志上早已沮喪頹廢到了極點，現在又沉落到完全的絕望，一切似乎都幻滅破碎了。他放棄了掙扎，嘆口氣說：「他們吸收我加入共產黨。」

劉展華驚喜的抬起頭，拿著口供簿，飛奔到隔壁向劉昭祥報告，大約二十分鐘他返回來，一臉怒氣的說：「你確實加入了共產黨嗎？」

「是的！」父親回答。

劉展華大叫起來：「你也配？你頂多是一個外圍的混混、無行的文人。我們從不冤枉人，你老實說，你被俘後，到底參加了什麼組織？」

父親悲哀的說：「我真的什麼組織都沒參加啊！」

「現在的問題不是你參不參加的問題，而是你參加共匪哪個組織的問題。」

父親告訴我們說：「我不知道他們為甚麼不准我參加共產黨，卻知道如果一定要說參加共產黨的話，闖不過這道關口，可是我對共產黨的組織實在十分陌生，劉展華發現問題又回到原點，憤怒的情緒終於爆炸了。」

在那只有十平方公尺大小的偵訊室裡，一張簡陋的辦公桌緊靠著牆壁，兩個人面對面坐在桌子兩邊，已過初夜，這種「夜審」通常都是連續數日數夜，最能使人意志渙散，甚至精神崩潰。而特務們則以人海戰術輪番上陣，加上強光猛照，對神經中樞所造成的強烈刺激，逼得人犯幾近發狂，最後自然會在精神瀕臨崩潰的情況下，依照他們編好的「劇情」承認，並招供一切莫須有的罪名。

我記得有一個說相聲的笑話，演員忠於劇本，開始表演：

甲：我是小排長，我最怕連長。

乙：那連長又怕誰？

甲：連長怕營長。

乙：那營長又怕誰？

甲：營長怕旅長。

乙：那旅長又怕誰？

甲：旅長怕師長。

乙：那師長又怕誰？

甲：師長怕蔣委員長。

乙：那蔣委員長又怕誰？

甲：蔣委員長怕……怕……怕閻羅王。

全場觀眾哄堂大笑，猛的鼓掌。突然兩個特務衝了出來，大罵道：「你這個王八蛋，竟敢公然污辱領袖，他媽的！我揍你。」上去就是一陣拳打腳踢。嗚呼哀哉！全場大亂，這個有趣的相聲也就因此打斷，演員和編劇不知道最後下場如何？說不定以現行犯馬上遭到逮捕之後酷刑伺候，並以「與閻羅王串謀共同毀謗領袖」的「劇情」被起訴。

父親喝口茶，繼續跟我們說：「劉展華命令我把雙手壓在屁股底下，我把手壓在大腿底下，他眼睛馬上露出凶光，我嚇的急忙把手移到臀部下面。他凝視著我，問我到底參加過什麼叛亂組織？」

這是前一天審問的延續。這時父親臀下的雙手逐漸開始發燙。

「柏老！」劉展華說：「逮不逮補你，權在我們，能不能打開大門走出去，權在你手。你只要坦白，就立刻可走。像你這樣的匪諜，永遠不會了解我們三民主義信徒高貴的情操，我們以誠待人，只要你肯合作，我人格保證，像劉科長說的那樣，你就跟洗個澡一樣，從今以後，永遠沒有人敢碰你。」劉展華還用「人格保證」：「你只要坦白，就立刻可走。」

父親表示願意坦白合作，但是確實沒有參加任何叛亂團體，這個劇情，沒有實際經驗根本編不出來。

「昨天你還承認參加共產黨，今天連昨天的話都推翻了？」劉展華已經怒氣衝天。父親在臀下壓著的雙手也已經發麻，此舉是讓手麻無法做出防衛的動作。

其實特務動粗用刑，當年是很正常的事，就好像老師對學生體罰一樣的輕鬆簡單，只是下手的重量和凶器的不同罷了。

多年前一位知名女星與數位友人聯手毆打計程車司機，電視上重複播出施暴者拳打腳踢的畫面，造成被害人重傷又棄之不顧揚長而去，任誰都會嚴厲譴責。如果沒有行俠仗義的人提供錄影證據，不是白白挨一頓要命的狠揍嗎？這在現在年代中，人民對自由守法的認同與遵守的程度，以及道德的修養，無法逃避社會輿論和民意的公評，因為錯了就是錯了，絕對掩飾不了的。最後施暴者都必須誠懇的認錯、道歉並賠償，才能使事件圓滿落幕。這件事情也讓我們學習到，人會不經意的犯錯，但是錯而知錯、知錯能改，真要誠實謙卑的懺悔改過，總有新的起頭——善莫大焉。

販夫走卒與總統的人格是一樣的，不會因為你是達官顯要，你的人格就一定比較高尚，說不定還更下流。在五〇、六〇年代，特務手操生死大權，錯也是對、對更是對，又能混淆視聽，道德水準不高的，捏死條人命算什麼？比打死一條狗還稀鬆平常。天地不知，只有他知，特務為掩飾自己刑求的過失，隨便加個「畏罪自殺」就擺平了。特務如果有人性在乎犯人的死活，他就不是特務了，反正昧著良心也死無對證。不過，天地真的不知嗎？

一個男子漢，可以被毀滅，但不可被擊敗，但是有種情況，寧可被擊敗，絕不能被毀滅。父親熬不過這種靈魂身體的煎熬與痛苦，終於「承認」被「俘過」，也「承認」加入「中國民主同盟」，他還天真的以為事情可以就此結束，這跟相信特務的「人格」與「保證」，是同等級的幼稚無知，和令人恥笑，他不知道特務是嗜血的，一旦暴怒就會用極端來宣洩情緒，而且愈演愈烈。

劉展華展現友善的笑容：「柏老！其實你的資料我們全都掌握在手，但我們要你自己承認。」

父親在調查局的小室裡，身心靈都已經瀕臨崩潰，他以詩作〈小院〉記錄與見證在黑獄裡，特務獸性的粗暴：

小院黃昏密密燈、正是人間兩死生；男子剝衣坐冰塊、女兒裸體跨麻繩。
棉巾塞口索懸臂、不辨叱聲與號聲；暫時稍休候再訊、只餘血淚對孤燈。

縷縷冤魂都是讓人怵目驚心的酷刑冤獄所造成，男犯脫光趴在冰塊上，女犯脫光跨走粗麻繩，灌水通電、煙燻針刺、吃屎灌尿、坐老虎凳、口灌鹽水、鼻灌辣汁、木條夾指、針插指甲……，長時間不許人犯闔眼，日以繼夜進行疲勞審訊，各種摧殘生理的審訊方式，包括進行秘密非法的手術和醫學實驗。

特務們就像參加一場嗜血的嘉年華會，盡情盡興、毫不顧忌的的羞辱與凌虐眼前奄奄一息的脆弱獵物，就像一隻飢餓的獅子，血盆大口裡的尖牙，緊咬著羔羊左右猛甩，直到羔羊斷氣，再扯下四肢狼吞虎嚥。

「十八般武藝」的毒辣技藝，隨便一招都是既酷、且殘、又狠，令人屁滾尿流，痛入骨髓。完全是一個人面的畜生，把人當畜生來屠宰，毫無人性裡最基本的憐憫之心，重創人犯使之心膽俱裂、身心崩潰，而放棄一切的辯駁，即使全是被逼迫而編造的，也得承認一切。在這群又飢又饞的豺狼虎豹血盆大口之下，多少無法承受殘刑酷虐的囚犯，成為無名的冤獄亡魂。

風靡全球《西線無戰事》的德國籍作者雷馬克先生，也曾是納粹蓋世太保緝捕的焦點人物。

在他另外一本書《光明之路》上，描寫一個德國民兵，在集中營裡獸性大發時，命令一個瘦小的猶太人趴在地上，他用腳猛踩亂踢，滿口憤怒的咒罵，一直等到猶太人咽下最後一口氣，他才悻悻而去。

回到城市裡，這個小商店老闆的殺人凶手，立刻變得文質彬彬、溫文儒雅，從內心到外表都是一個典型良善的小市民，任何人都看不出他會使用暴力，並能凶狠到致人於死而無悔。父親說：「我相信這些人在社會上，一定會是一個溫柔敦厚的朋友，可是無限權力和潛在的獸性，使他們變形。」而這種人，在喬裝敦厚的外表掩飾下，隱藏著陷害人並插兩刀的潛在特質。

一九八六年獲得諾貝爾化學獎的李遠哲先生曾說：「白道比黑道更可怕！」因為黑道殺人就坐牢，跑都跑不掉，而白道是踩著別人的鮮血來成就自己，多少無辜的生命死在無形刀下。

握有生死大權的特務，自視甚高，自認比別人優秀，跟納粹一樣的心態，納粹是殺戮別國人民，特務是殺戮自己的同胞。他們對同胞生命根本不予尊重，鄙視欺凌無辜又無力反抗的弱勢，揮舞著無影刀拚命的往上爬，你看不到這把刀，因為它是無影的，是用許多無辜的生命和鮮血煉成的，所以白道比黑道更可怕、更可惡，尤其是在獨裁政權下的特務們，欺壓善良與無辜尤甚。

不久，父親被另外一件事再度摧折，劉昭祥把同案被告的孫建章承認加入中國民主同盟的口供，拿來給他看，同一時間，再把他民主同盟的口供，拿給孫建章看，兩個人都黯然神傷。

調查局對父親逼供所得著的「自白書」和「坦承不諱」，來指證孫建章也加入中國民主同盟，再將逼供孫建章在調查局自誣之「自白書」和「坦承不諱」，來指證父親也加入中國民主同盟，使這個事實「至臻明確」，硬生生完成法律上「互證相符」的手續。

特務們當時再三保證，對孫建章頂多是行政處分、調個職務，絕不會有法律處分，一定政治解決的。事實上，加入中國民主同盟，在法律上，已是構成判決死刑的要件，只是當時兩個人都不知道有這麼嚴重，而孫建章是看了父親的口供，才「承認」也加入中國民主同盟。

父親說：「我不懂法律在這方面所呈現的技巧，但我深信法律的目的是正義的。調查局運用法律技巧來『互證相符』，這是嚴重的違法，也是嚴重的違反人道。」但是，特務在乎這些違法的行徑嗎？他們玩法、違法、弄法、踐踏法，完全肆無忌憚並樂此不疲。

孫建章在一九六八年八月十七日答辯書中也指稱：「……我在調查局日以繼夜之疲勞詢問，陷我於精神崩潰恍惚中……強欲所為。」

後來孫建章在一九六八年九月十三日之庭訊中再度辯稱：「本案定罪係以一九四八年冬瀋陽淪陷後受三天匪訓為基礎，我不承認。但連續六天七夜，不眠不休之疲勞審問。……他們拿針刺入我的十根指頭的指甲內……。」

孫建章說：「刑求的方式還有不給水喝、以電話線電擊、拳打腳踢。拘禁四個月，已不記得被凌虐多少次，所有的自白，都是在三、四十個小時沒闔眼的情況下講的。」

而李尊賢在詢問口供時，也有一定的模式。他會說：「政治問題可大可小，可有可無。大的軍法審判，小的辦個手續，哈哈一笑就可走了，只看你是如何選擇。」首先，李尊賢打開十行簿，套上複寫紙，寫上時間地點，然後再下頭一行寫上「問」，接著再寫兩個字「請問」，然後把筆放下，燃起一根香煙，深深吸一口煙，再拿起筆來，慢條斯理的才開始。

其實這一切並沒什麼稀奇，稀奇的是他手上握著的米達尺，父親告訴我們說：「他會用牙齒咬住香煙，然後像鞭擊一樣的，突然抽打你的面頰或太陽穴，再慢條斯理的在口供簿上『請問』二字下面，寫下他的問話，而且用語十分謙卑，任何人都無法從這謙卑的用詞上，聯想到他那既邪惡又粗暴動作。」李尊賢審訊在瀋陽與共黨公安局科長晚宴之目的時候，許多很單純明顯的事實，在李尊賢之手，卻成了另外一種情形：「你在飯桌上談些請他幫忙的話，自然要恭維他幾句，這是人之常情呀。」於是，父親就坦承不諱「表示諂媚匪幫」。

「他一定有些安慰鼓勵你的話，這是人之常情呀。」於是，父親就坦承不諱「鼓勵我受匪訓」。

「他一定乘機勸你去民主建設學院受訓，這是人之常情呀。」於是，父親就坦承不諱「交付勸說政府親友戴罪立功」。

「他一定會勸你快去辦登記，你想吧，我們如遇到共黨分子，不勸他去自首嗎，這也是人之常情呀。」於是，父親就坦承不諱「向公安局登記身分」。

一直到審理庭上，父親才聽到孫建章的報告，原來調查員把他的「坦承不諱」，拿到孫建章的臉上，孫建章也只好「坦承不諱」。

父親陸續的「承認」曾經到過共產黨在北京的總指揮部旃壇寺報到，然後由北京人民政府發給路條，前來台灣。這個「旃壇寺」他也確實曾經去過，一九四八年他和孫建章、徐天祥三人逃離瀋陽到達北京後，就曾以「第三軍官訓練班」教官的身分，投奔過北京旃壇寺的陸官第一軍官訓練班，只是當時被一個趾高氣昂的三顆梅花掃地出門罷了。他也沒想到在二十年後，竟然能用來編造一個生鮮的故事。

父親說：「我一直抱著自己的頭，我相信只要不被打成腦殘，只要神智清醒，不被槍決，總有一天會離開監獄。只要能活著出去，一定要把國民黨冷血特務的邪惡黑幕，一樁一樁、一件一件、一點一滴，詳盡的集結起來公諸於世。」

李尊賢用他特有的獰笑，說出他們「調查局」的名言：「抓你來，權在調查局；走不走，權在你自己。」李尊賢還特別聲明說：「你想回家，只能靠你自己，不能靠別人，照實說了，馬上就走。」父親跟他喊著：「我是照實說了。」李尊賢卻冷冷的回答：「我們不滿意你說的，我們如不能滿意，那只有軍法審判，恐怕很難政治解決。」

在審問室裡，調查員進進出出、人來人往，每個人都給你政治解決的保證。父親說：「我不能一一認識他們，我像被綁在刀砧上的魚蝦，每一個人都有權力到我面前『開導』或侮罵，甚至拍打你的頭殼和臉頰。」

據聞劉展華先生的操守很好，這一點值得肯定，但是，如果他硬被陷害栽贓貪瀆、酷刑伺候，最後被「突破心防」而依照編劇「坦承不諱」，或被逼迫「畏罪自殺」，不知心裡會有何感受？

五〇、六〇年代的台灣，是集權主義橫行的年代，特務享有「治外法權」，是邪惡力量最集中的代表。父親說：「由蔣氏父子直接控制的特務，製造了罄竹難書的文字獄，比古代皇帝時代都還超過的許多駭人聽聞的冤獄。」「特務」類似便衣警察，也類似「秘密警察」，如果說到希特勒的「秘密警察」，或說到日本「憲兵隊」，大家就會不寒而慄。這些「特務」都是國家的「公務員」，也都是嗜血的刑求專家，享治外法權，錯殺人無罪，即使是自導自演、製造冤獄，造成人民家破人亡也免責。事後，反而能成為國家最優秀的公務人員。

父親到了上海以後的口供，更是離譜。在他供出來的口供裡，曾經是四川三台東北大學當教務長的許逢熙先生，變成了復旦大學的校長，還兼任中國民主同盟上海支盟的秘書長，父親供出曾經去晉見這位秘書長，還領了一筆活動費，就直接來到台灣，隱藏在地下，然後竭盡所能的發表文章，與共產黨隔海唱和，打擊最高領導中心，並挑撥政府與人民之間的感情。

這份供詞，終於在被押到調查局那天算起的四個月後，照著特務處心設計所要的「劇情」，全部都完成了。於是就在七月六日，這屆滿四個月的前一天夜晚，父親被提到審訊室，劉展華滿面和藹的笑容，安慰著他，認為凡事都應該往好處想。

父親忽然一股心酸和無限的淒涼與悲情，瞬間全都湧上心頭，他淌下兩行熱淚，嘴角不住的抽搐，一陣哽咽。劉展華說：「古人有言，寧願一家哭，不願一路哭。」

這是北宋著名政治家范仲淹的一句名言。這一「路」，是指宋代的行政區名，一路哭，是指一個地區的人民受害，劉展華說這句話的真正含意，應該是說你柏楊滅亡，台灣地區的人民就不會受害了。這句話現在回顧，真是幽默兼諷刺。就好像《伊索寓言》有一故事：大野狼要吃小羊，堅稱小羊去年偷吃牠門前的草，小羊說：「我去年還沒出生呢！」狼說：「你講的全對，可是，我吃什麼？」

父親於一九六八年三月四日被扣押在調查局後，調查局並未於二十四小時內移送軍法處，而擅行羈押多達一百四十天，於法顯有未合，這是違法羈押。依刑事訴訟法第一百五十六條第一項規定，父親的自白已失去了證據能力。但是調查局卻一不作二不休，乾脆偽造了扣押的日期，將正確的扣押日一九六八年三月四日，延後三天到三月七日。

父親從此就以三月七日做為新的生日，不但紀念自己的苦難，也強調自該日起，對籠罩他一生的蔣家政權和暴力政府的唾棄。

調查局於一九六八年六月七日以特種刑事案件，將這「匪諜」、「叛亂」之重刑案件，移送警備總司令部軍法處，調查局移送書內的「破案經過」大略如下：「早年，有人檢舉郭嫌思想有問題，乃長期偵查並蒐集其言行及犯罪證據，經多方蒐證綜研資料後，予以約談偵辦，郭到案後，對孫建章共同犯罪行為有明確之供述，因而會同其上級單位併案傳訊偵辦」。而在「犯罪事實」上，更是洋洋灑灑的陳述郭嫌自幼受繼母凌虐，求學時復遭師長鞭撻，致心靈受創，孕成對現實仇恨與反社會之意識。……利用盲目之群眾心理，大肆揭發社會黑暗面，顛倒是非，以淆惑視聽，迷亂人心，破壞政府威信，離間人民與政府感情，激發對政府不滿情緒，動搖民心士氣，以遂匪方文化統戰之陰謀。「訊據被告郭衣洞（柏楊）對右開犯罪事實，均供認不諱，復有證人之供述附卷可供佐證……犯罪事證至臻明確。其所為犯意一貫，應依刑法五十五條處斷，已觸犯懲治叛亂條例第二條第一項（唯一死刑）之罪嫌。」

一九六八年七月七日，正是盧溝橋事變的三十年紀念日，父親雙手銬著手銬、雙腳銬著腳鐐，被押上一輛窗戶都加裝鐵欄杆的警備車上。在他步履艱難的走出調查局押房大門的時候，調查員李尊賢恰巧擦身而過，忽然停住腳，說：「我第一眼就看出你是匪諜，現在有什麼話說？」父親木然的望著他，一直走過去。「死不認錯！」李尊賢在後面生氣的罵著。

在白色恐怖時期，所有被特務殘酷刑求而含冤不白的仁人烈士，後來都得到了平反，連國家都公開認錯並道歉賠償，這些手染鮮血的特務，對當初殘暴行為所埋下的炸彈，是不是也如李尊賢所說的「死不認錯！」，國家賠償就是全民買單，不是用他們私人的退休金賠償，所以，他們可以盡情盡興的鑾幹，而不需要認錯，也不需要負任何法律、道義的責任。

父親告訴我們：「當時我很想回頭唾他一臉口水，當然我沒這麼做。上車後看見孫建章也在裡面，我們相對苦笑。」押解他們的兩個特務，在旁邊警告說：「不准講話！」

一九六八年三月一日凌晨，也就是父親在家中被押走的前三天，苗栗調查站主任在警察局局長室詢問孫建章，問道：「你認不認識柏楊？」孫建章說：「認識啊，好朋友啊！」該主任說：「認識就好，沒有事，你回去吧。」此後警務處安全室岳梓宇主任多次召見孫建章，並告訴他：「柏楊詆毀領袖，我們身為情治人員，必須鏟除這些敗類，你只要證明他是匪諜，就算是為黨國立了大功啦！我保證馬上調你到台北市做分局長，你回去好好想一想，寫個書面報告給我。」

一九六八年三月五日起，孫建章均以證人身分多次出差到警務處接受詢問，四月初某日早上，他接到電話到警務處，並未談話，直接上車，逕送吳興街第一招待所（實際上為調查局黑牢）

，由調查員劉展華主審，另台灣警備總司令部保安處一人，警務處及苗栗警察局各一人，連續六天七夜，不眠不休之疲勞審問（審問官當然輪流休息）。

四月九日軍事檢察官詢問後，孫建章被送入拘留室（法定拘禁日開始），再經無數次之刑求、恐嚇、利誘，滿四個月前起訴，送台灣警備總司令部秀朗橋頭的景美看守所。

孫建章說：「我被定罪係以一九四八年冬瀋陽淪陷後受三天匪訓為基礎，雖然我不承認，但是六天七夜連續不停之訊問和刑求之下，最後實在受不下去，要崩潰了，他們寫，我就簽，胡亂編。」

父親和孫建章被移送到台灣警備司令部軍法處之後，由軍事檢察官郭政熙下令收押。

台灣警備司令部軍法處的「景美看守所」，具有政治整肅的功能，審判、羈押過不計其數的政治受難者。尤其在一九七九年美麗島事件軍法大審就在此地上演，此地也是促成台灣人權的開放，成為人民爭取人權的重要里程碑。

這裡關過五萬多人，也高達四千多人在這裡被槍決。現在又更新為「景美人權文化園區」，舉辦一系列活動和特展，紀念獨裁統治時代的無數冤獄和孤魂，這裡在台灣近代史上，占有舉足輕重的地位。

父親告訴我們：「台灣爭取民主與人權的過程，是冤獄、鮮血和淚水堆砌而成的，福爾摩莎這塊美麗樂土的過去，全是你想像不到的黑暗與齷齪，以及人心、人性的墮落與沉淪。」雖然後來，台灣當局終於承認錯誤，對白色恐怖的冤獄受難者或家屬道歉，並予以冤獄賠償，但是對生命與時間的流逝，賠得起嗎？

22 十大罪狀 死刑起訴

正逢炙夏盛暑，看守所裡的糞坑臭氣熏天，也沒有自來水來清潔，大約十五平方公尺的押房，擠滿了赤身露體，只穿短褲的難友。

父親說：「當大家知道我是柏楊的時候，發出了一陣驚呼。」有人問：「全國只有你一個人敢說真話，我們以為是政府給你特別的任務，做樣版給外國人看的？」

直到這時，父親自己都還搞不清楚到底是犯了什麼罪，和犯了什麼法條，所以難友向他詢問案情的時候，他根本不知從何說起。

在這燠熱難當、炭燒火烤似的押房裡，父親感到身體的煎熬，升到了難以形容的極限，直到有一天早上，門縫裡塞進了起訴書。難友們看到署名郭衣洞的起訴書上「懲治叛亂條例第二條第一項」時，大夥都臉色蒼白，不說一句話。

父親急著問：「我的罪可能判幾年？」一位難友把一本《六法全書》塞了過來，讓他查到「

懲治叛亂條例第二條第一款」，看到上面寫著「唯一死刑」。

唯一死刑就是槍斃的意思。瞬間，父親有如五雷轟頂，童年往事全都湧上心頭，繼母的咒罵：「叫炮頭」，如今果真無情的應驗了，他實在想不通自己何以如此下場。一位好心的難友爬過來坐到他身邊，悄悄的問道：「起訴書上寫的是真的嗎？」父親回答：「都是編出來的」。

「你真是小說家。」難友說：「你這篇小說的酬勞太高了，恐怕要付出生命。」

警備總司令部軍事檢察官郭正熙於一九六八年七月十日偵結，對「郭衣洞」（柏楊）以「懲治叛亂條例」第二條第一款（唯一死刑）提出公訴。起訴的內容，列出了十大罪狀：

一、幼年喪母，所以憎恨社會。

二、高中時讀過魯迅著作，所以思想左傾。

三、大學時組織祖國學社，從事活動。

四、二十年前（一九四八年十月）在瀋陽共匪民主建設學院受訓三天，脫離國民黨，加入民主同盟。

五、二十年前（一九四九年一月）在北平奉民主同盟之命，勸莊騰祖保產（保護財產）投匪。

六、二十年前（一九四九年二月）在北平奉民主同盟之命，在旃壇寺受訓三天。

七、二十年前（一九四九年三月）在北平奉民主同盟之命，向孫勉刺探十六軍軍情。
八、二十年前（一九四九年三月）在上海奉民主同盟之命，派遣來台，發展組織。
九、二十年前（一九四九年）在台灣登報與民主同盟分子聯絡。
十、廖衡指使寫「倚夢閒話」專欄，為共匪文化統戰。

警備總司令部軍事檢察官的起訴書，在「犯罪事實」上，記載著「郭衣洞」從「一九三六年就讀開封高中時，喜歡閱讀左傾作家魯迅和巴金之著作，思想因而左傾……，於一九四五年肄業東北大學時，與潛匪廖衡沆瀣一氣。……與孫建章、徐天祥入匪『民主建設學院』學習『紅軍戰史』『建立勞動觀念』『人民政府寬大政策』……。一九四九年二月底，還在北平旃壇寺接受匪訓，……後來台發展『民主同盟組織』。……郭衣洞以柏楊筆名在各報刊登《倚夢閒話》、《西窗隨筆》等短篇文章，推行匪方文化統戰工作。案經司法行政部調查局偵破，解送偵辦到部。……被告郭衣洞於參加叛亂組織後，復接受匪派遣刺探軍情，勸誘他人投匪，來台後，又為匪推行文化統戰工作，均為基於一貫之叛亂犯意，以非法方式顛覆政府，……核被告郭衣洞之所為顯有觸犯『懲治叛亂條例第二條第一項』意圖以非法之方法，顛覆政府，而著手實行之罪嫌，其所有財產，除酌留家屬必須生活費外，應依同條列第八條第一項沒收之，依同條列第十條後段，軍事審判法第一百四十五條第一項提起公訴。」

另一位難友遞來一杯開水，父親爬著去接，右膝蓋發出一陣強烈刺骨的劇痛，他呻吟著坐在地上不能動彈，原來膝蓋裂傷日益嚴重惡化，現在又紅又腫似乎已經殘廢。父親用手撫摸著右膝，心中淒涼難平，不禁熱淚滿盈。

有位難友說了一個故事：一個人在調查局被拷打的滿身是血，奄奄一息的被送到台大醫院急診，那人的女兒千方百計探聽出她爸爸的下落，並設法把病歷表影印一份，當面呈堂。軍法官和檢察官都啞口無言，逼問她這些資料的來源，要判她洩漏國家機密的重罪。之後，雖然沒有讓她坐牢，卻做了明確的解釋說：「檢驗單固可證明他在調查局受過毆打，卻不能證明被調查員毆打，可能人犯互毆，亦可能自行撞傷，所提證據，不足採信。」更因為他女兒居心險惡，「企圖誣衊政府」、「陷治安人員於罪」，對他父親判刑更重。

這是利用職權的官官相護，隨意誤判就摧毀一個家庭、枉死一條生命，這種法官在現代叫做「恐龍法官」，或叫「腦殘法官」，這種法官最為可恨，因為他們心中沒有天秤，而且利益行事、便宜行事、枉顧生命，卻手操生死大權。

「檢調是一體的，法律在他們手上，」一位難友說：「我們小老百姓，被打、被剮、被殺完全束手無策。」

大家都很關心「柏老」，也都相繼提出很多意見，有的忿然不平，有的憤而開罵，終結了具體的意見是：「開庭的時候，千萬不要提及你受過刑求，那反而激起他們的報復，也不要說犯的罪都是自己被逼迫所編的，法官會認為你無賴狡辯。唯一的辦法是假裝信任法官的公正清明，只請求調查瀋陽淪陷後，共產黨有沒有設立民主建設學院？有沒有中國民主同盟？北京淪陷後，旃壇寺有沒有共產黨訓練機構？上海那時候的復旦大學校長是不是許逢熙？法庭只要就這四點澄清的話，你就有活命的機會，千萬不要去指責他們的革命同志。」

的確，自由心證都在他們腦袋裡面，這些人因為缺乏真理、良心萎縮、官架子又大、氣勢凌人，所以很容易就老羞成怒。

被起訴後，一九六八年八月四日，父親提出第一次答辯書：「……在那無人可語的斗室中，疲憊、驚恐、疼痛，我的意志崩潰了，『但求早還家，不惜一身腥』。我乃同意調查員『政治解決』之提議，而自誣不實之自罪狀……。在調查員的引導和我的『領悟』之下，罪狀一點一點的砌成。……看了調查局為我羅織的罪狀，從高中讀左傾作家的書，逐步發展到為共產黨作文化統戰的高潮……想不到調查局的諾言未乾，笑容仍在目前，竟變得如此猙獰。……調查員劉朝祥警告我不可翻供，他說軍事法官只執行政策兼承命令，對翻供的報告，只會因其狡詐而重判，絕不會依情減刑，但我還是要向法官先生報告我被調查局陷害和自誣以自救的前因後果……。」

一九六八年八月十二日，父親向台北地方法院檢查處提出自訴狀，要求查明「民主建設學院」、「民主同盟」以及「北平旃壇寺」有無共產黨訓練機構、上海那時候的復旦大學校長是不是許逢熙等。在數月之間，國防部情報局、國民黨中央委員會第六組，都陸續復函，推翻了父親在調查局囚禁時所做的口供，這證明了當時的口供內容不實，也間接證明了他的口供是被誣陷的、是冤枉的。只有調查局回函說「無資料可供查證」。

一九六八年八月十四日，父親第三次答辯書指稱：「軍事檢察官郭政熙在調查局開偵查庭，先後達七、八次之多，調查人員都陪坐在側，我敢說甚麼？在最後第二次偵訊時，我只含蓄的表示『有千言萬語，要向法庭上說』。那天調查員劉展華在隔房，隱約聽了覺得不對勁，便斥責辱罵，我如果直截了當的傾訴委曲，會有什麼結果？誰能如此懵懂？而最主要的是，調查人員一再強調檢察官偵訊不過是一種形式，仍是要政治解決。劉展華談到郭政熙檢察官，一直很輕蔑，有幾次都對我說：『那個小檢察官，你理都不要理他。』在這種情形下，我又怎會自找死路？於是，一份腥血四溢的起訴書出來了。……」

一九六八年八月十五日軍事法庭第一次庭訊審理筆錄，軍事審判官方彭年提示父親於調查局所寫之總自白書，並就其內容逐一訊問：「這個自白書是在何種狀況下寫的？」父親回答：「調查局調查員劉展華告訴我政治問題要政治解決。寫好自白書，就可以回家，如果不寫的話，就送到軍法處法辦。」

一九六八年八月十六日，父親提出第四次的答辯書中表示：「……當我自誣，是那麼死心塌地的相信可以政治解決，和由衷的恐懼軍法審判，只求和妻兒團聚，寧願含垢終身，並不打算拆穿它，所以刻意的求其像、求真實。我如果存心拆穿它，我至少可以把我小說上的人物全部搬出來，那漏洞更多、更明白。……特務們用軍法審判威迫我，用馬上可以回家利誘我，苦逼我『擠牙膏』，……李尊賢引導我非走他預定的道路不可，而高義儒更明目張膽，喪盡天良，不但教我自製冤獄，還教我羅織他朋友（廖衡），也是我朋友的冤獄。……」

一九六八年八月十九日，父親特別還寫了封信給蔣經國先生，內容是：

主任……這件事關係著您的恩典、政府的威信，和一個血腥的千古奇冤。我自己的痛苦，並不算甚麼。可是對國家法治、榮譽和公道的斲喪，實不可以道里計。主任曾數次向沈局長垂詢過我，使我在斗室之中，聞訊涕零，不能自己。我的案情，他們大概已向您報告過了。可是，那是一個可怕的誣陷。斗室逼供，使我自誣，使我連千里外的同學、老師，甚至我寫的小說上的女主角，都誣成了匪諜。……

但是這封信被扣住了，沒能寄出去。

一九六八年八月三十日第二次調查庭，父親跟法官報告說：「自一九六八年三月四日夜晚被調查局羈押，迄七月三十日，我從沒出過大門，都被關在黑房子裡。」法官先生聽了非常驚訝，拿出軍事檢察官的筆錄，指出第一頁第一面的地址記載：「本部偵查庭」字樣。

父親說：「這時我這才大夢初醒，怪不得軍事檢察官第一次及以後的每一次筆錄都一定要把第一頁第一面覆蓋在桌子上，原來就是避免我看見『本部偵查庭』字樣。明明是在調查局詢問室裡開偵查庭，卻寫著在台灣警備總司令部開偵查庭。」父親不禁請問法官先生：「這是不是偽造公文書？這種行為合不合法？按照起訴書上記載：調查局於一九六八年三月七日就把我『解送』到台灣警備總司令部，可是我卻是在一九六八年七月三十日才被『解送』到台灣警備總司令部。軍事審判法明白規定：執行羈押應憑押票，將被告解送於指定之軍事看守所。無軍事看守所者，寄押於司法看守所或營房。」軍事檢察官卻將他關在一個暗無天日、有冤難訴之「非軍事」看守所的黑房裡，長達四個月又十八天，請問這是否摧殘人權？是否違法？」

父親接著說：「軍事檢察官拒絕把我提押到軍法處正式看守所，而仍羈押在調查局非法看守所，我被他們囚時，已改名為『留質室』，我囚的是留質室第二十房。後來立法院、監察院限以調查局不應囚人，聽說又改名為『招待所』，現在政府勵精求治，各方面都在突飛進步，他們可能改名為『賓館』了。」

就在這一次的調查庭，法官先生要父親把他全部著作呈閱，一共四十多種……。他說：「我的雜文《倚夢閒話》、《西窗隨筆》，今天所以被陷害到這一慘境，禍根在此。」

一九六八年十月一日第三次調查庭時，受命法官方彭年先生準備把父親的著作送請專家審查，俟審查之後再作定奪。

父親說：「這措施使我很吃驚，也很感謝。正因為法官先生那麼慎重，我有幾點請求：一、我請求送往學術機構審查，那位專家先生一定是一位教授學者，並將全部著作一齊送去。不然就只送起訴書所指明的「倚夢閒話」十輯。二、我請求專家學者在審查時，千萬不要斷章取義，而應該發掘其真實精神，具體的求證……，千萬不要送到調查局。我只希望公開公正，我祈求不要送到軍中政治部之類的機關審查，那等於是謀殺。我請求最好送到全國性全面性學術機構，像國立台灣大學、中央研究院、中國文藝協會、中央圖書館。如果不可以，我祈求送到教育部文化局或中國青年反共救國團。如果這也不可以，我冒昧請求：那就不要送審了。如果送審的主要目的只不過為了便於判刑時引經據典，那太殘酷了，寧願法官先生自己審查。」

在任何一個文字獄中，所謂「審查鑑定」，目的都不在發表真相，而在於入人於罪。所以在「清白」與「犯罪」之間，沒有一定的共同標準，而只憑當事人的好惡，恁加解釋。

明太祖讀《孟子》，讀到「聞誅一夫紂也，未聞弒君也。」勃然暴怒，下令把孟子撤出文廟。過了些時，又讀到「天將降大任於斯人也，必先苦其心志，勞其筋骨，餓其體膚，空乏其身，行拂亂其所為，所以動心忍性，增益其所不能。」不禁大哭，認為孟子是他的知己，下令重新尊祀。

父親說：「一個人的審查鑑定，都因其好惡，而異其標準。兩個人，或兩個機關，就更各有各的觀點了。在政治性案件中，當然無可奈何。但在純法律案件中，這種沒有標準，各隨己意和互不相容、互相排斥的審查鑑定，怎麼能作為論罪的證據呢？」

一九六八年十月三日，父親於第七次答辯書指稱，軍事檢察官郭政熙偵查筆錄偽造文書。

一九六八年十月十一日，父親向軍事法庭聲請裁定「軍事檢察官郭政熙違法偵查」。

父親申訴說：「我自一九六八年三月四日夜被調查局傳訊羈押，三月中旬軍事檢察官郭政熙第一次問話，我當時並不知道在場的二人就是軍事檢察官及書記官，但他們的動作引起我的疑懼，書記官把筆錄第一頁第一面覆蓋在桌子上，只露出第二面來書寫，我曾問：『二位也是調查局的人嗎？』郭政熙說：『啊！啊！是另一部分。』陪同在旁的調查人員劉展華也說：『只是談談，為多方面查清楚。』我當時相信了，但那書記官卻再也不肯翻開第一面，連移動翻面都鬼鬼祟祟掩遮，使我心中浮起一層陰影，這個陰影在五個多月後的今天（一九六八年八月三十日），才被拆穿。」

於第十次答辯書中，父親向法官先生說：「我的案子本質上是一個可恥的文字獄，跟歷史上任何一個文字獄一樣，手法是一脈相傳的『誣以謀反』！並無任何新奇之處。」

在一九六八年十一月九日答辯書，父親補充說明：「一、被押於調查局（吳興街招待所）時，如獲恩准與家人通訊或家人送零用錢及換洗衣物來時，住址皆用台灣警備總司令部公共關係室。二、一九六八年五月中旬劉展華拿出台灣警備總司令部軍法處特有綠色墨水寫的筆錄，笑嘻嘻的對我說：『柏老，這是那小檢察官的一份筆錄，請簽一簽字，他正忙著整卷，抽不出身，你的事馬上可以解決了。』我立刻就在上面簽字。那份筆錄上面寫甚麼，我並沒有看，因為我用不著看。他們向我保證說，在政治解決下，再重的大罪都會化為烏有。但我現在想起來卻十分恐懼，不知在那上面又誣陷我甚麼……。」

父親迭次聲請軍事法庭傳訊相關證人到庭與之對質，但是卻都遭到軍事法庭拒絕，令人不解的是，為甚麼法官先生不准他跟相關的人對質。父親說：「在調查局的精心設計下，我的案件像一個天秤，天秤的一端是固定好了的台灣《倚夢閒話》，但單獨的《倚夢閒話》不能使天秤平衡，所以另一端的『法碼』，必須是在大陸上『受匪訓』，萬變不離其宗。」

就在一九六九年二月，在台灣警備司令部軍法處看守所裡，隔著玻璃窗，父親和妻子倪明華「辦妥」了離婚手續。在電話的另一頭，他跟倪明華說：「我臨走時，已經寫好了離婚協議書，也親筆簽名蓋章了，放在妳那裡，拿出來就可以用了。」就這樣輕描淡寫的，結束了這段十年的婚姻。

目送愛妻走後，父親踉蹌的回到押房，心裡激動難平，因此絕食了二十一天。後來他又覺得自己的行為有點好笑，當初有一百個理由絕食，現在卻有一千個理由覺得荒謬。其實，最主要的理由是：「我要活下去，好記下我的遭遇。」於是，他這才恢復了進食。

二十年前的一九五〇年，父親擔任屏東農業職校人事員的時候，因為偷聽大陸華南戰況的廣播，被特務逮捕，押解到台北的台灣保安司令部看守所，被羈押了七個月，那次是他來台後第一次坐牢，不但沒有律師，也沒有起訴書和判決書，最後用八十元買保人將自己保出。

二十年後的今天，不但有起訴書，還准許被告請律師查卷。父親的辯護律師施蓮潔，在查卷之後告知，於一九六八年八月十二日向法庭要求調查的幾項，都已經有了明確的調查結果：

第一、瀋陽淪陷後，根本沒有民主建設學院。

第二、共產黨從不在他的訓練機構裡、為友黨吸收成員。這就是說，他不可能參加中國民主同盟，即使參加，當時中國民主同盟跟國民黨是友黨，並不違法。

第三、共產黨並未在北京旃壇寺設立任何訓練機構。

第四、許逢熙自抗戰勝利後，從未到過上海，也從未在復旦大學任職。

一連串正面的訊息讓父親轉憂為喜。

父親說：「我大喜若狂，感謝法官公正清明，感謝上帝未使發生偶合，因為至少可以證明我和孫建章都『承認』參加『民主建設學院』的『自白書』，是怎麼『互證相符』的。」他認為，如果調查局的資料是真，國防部與中央黨部的公文便是偽證，他們便是包庇我這個「匪諜」。如果國防部與中央黨部的資料是真，調查局的公文便是偽證。他們便是誣陷我這個孤寒的一介書生。二者必具其一，不容折衷含混。事關人權和政府的威信，以及國家的榮譽，不應該不了了之。可是萬萬意料不到，在判決書上，反而拋棄了所有的事實。自然『受匪訓』也就不可避免。竊以為這種推斷不但超出了生活上的經驗法則，也超出了人類所有的理性。

23 錐心泣血 上訴萬言

從一九六八年的八月四日起，短短四個多月裡，父親寫了十餘份的答辯書，對他有利的大小證據，也陸陸續續的經過調查而顯明了出來，調查局得知他將面臨無罪判決時，竟然偽造證據，繼續陷害，於一九六九年五月二日補送軍事法庭許多揑造的證據，後來，均由國民黨中央黨部證明，全部都是「造假」的偽證。

父親的「罪行」，從具體的變為閃爍的，實在是太混沌了，比秦檜加到岳飛頭上的「莫須有」還要混沌。調查局最後除出具公文偽證外，還暗示這是蔣經國因不能寬恕「大力水手」而有所指示。於是，剎那間有了風起雲湧的巨大變化：一、父親的委任律師不能再接見。二、呈給法庭的答辯書都被扣留，不准把副本寄給律師。三、律師奉到嚴厲的命令，不准家屬看到答辯書。四、禁止親友通信，扣留家書。五、禁止向地方法院控告調查局偽證。據律師說，這是從來沒有的現象。

父親於其〈上訴理由書〉中指稱：「調查局人員說本案是蔣經國要辦他。……請允許我將調查局對我所作的一種駭人聽聞，不可思議的偽證罪行，提出報告。……從這件公然偽證，可以發現調查局對我極盡其力誣陷的事實，和其他血腥陰謀，包括假宣意旨，說是蔣經國指示要辦我。」

形勢如此，黑雲壓壓，法算甚麼？理又算甚麼？一個囚犯能希望甚麼？父親說：「我是否被俘，調查局人員心裡都有數。否則何必出具偽證呢？如果不是居心刻意要陷害我柏楊，也何必出具偽證呢？」

自一九六八年三月四日被調查局扣押，而在六月前後，那時仍是偵查期間，父親還沒遭到起訴，調查局長沈之岳先生，就把父親自誣的「十大罪狀」自白書和幻燈片，拿到倪明華服務的中國廣播公司等機關放映，宣揚他的功績，以表示他破獲了一個「潛伏了二十年之久的大匪諜」，辦的是真案而非假案，這是嚴重的違法行為。在表面上，法官先生沒有採信這份偽證公文，但在實質上，法官卻不得不順服的接受。

在自訴狀上，父親指稱：「我在大陸上的罪行，調查不便還有可說。而說我在台灣登報與匪諜聯絡，這麼容易調查的事，他們都懶得去求證一下，就顢頇的列為十大罪狀之一，交給軍事檢察官起訴。想不到移到軍法處後，法官先生調查我一罪，就洗清我一罪。……」父親說：「調查局發現我即將洗清冤情，反證其辦假案、造冤獄、誣良為匪後，不但不肯悔悟檢討，反而一不做二不休，以專業機關之身分，偽造證據、曲解事實，影響審判，圖借刀殺人以滅口。其言行、用心至為毒辣、違法亂紀、蹂躪人權、彰張明甚，萬不得已，請依刑法第一百六十九條第二項等之罪提訟……」父親向台北地方法院檢查處自訴調查局局長沈之岳偽證罪，台北地方法院檢查處以所告沈之岳涉犯誣告匪諜案件係屬「戡亂時期檢肅匪諜條例」之案件，依據行政院令……處分不起訴。這就是說，你痛是白痛、傷是白傷、死也是白死，在「白色恐怖」年代，特務把人權蹂躪的不成人樣，卻不須對法律負責、不須對自己的惡毒負責、更不需對祖先和後代負責，所以小民的性命，在他們眼裡不如一隻螞蟻。

在一九六九年七月二十九日及三十日審理上，審判長逐條宣讀警總及調查局審查鑑定所有「柏楊著作」的結果，吩咐被告當庭答辯，父親回應庭上說：「因為是那麼瑣碎，所以請求改為書面答辯。」

在三日之內，父親就依約提出了答辯狀，內容為：「……兩個治安機關比較起來警備司令部比較厚道的多，只是指摘我諷刺之嫌，而調查局卻更充滿了殺機：第一、他們是原告，當然要在每一件原控的罪行上咬定。第二、尤其在國防部、中央黨部代我摘下他們扣在我頭上的『民盟帽子』之後，暴露了他們製造假案，誣陷忠良的陰謀之後，只是迫害言論自由，就更陷於自衛性的反擊。一方面出具貽笑天下的偽證公文，一方面在我的專欄上，加以血腥的曲解硬栽。不但使用共產黨式的辯證邏輯，還唯恐不夠結實，而幾乎每文每段，都自己代法官先生下結論『為匪文化統戰』。甚至更惡毒的推演為『打擊領導中心』，一個奸情敗露而情急的人，往往如此。但一個國家最高的情報專業機關，對一個孤苦無助的專欄作家，如此的一陷再陷，未免太過分，太殘酷了。……」

結果等到判決書發下，才發覺七月三十一日那一天，法官先生已經把判決書都寫好呈判上去了，根本沒有準備要參考父親這一份新答辯書的意思。

一九六九年七月三十一日，台灣警備總司令部（五十八）年度初特字第二號「判決書」宣判：郭衣洞（柏楊）意圖以非法之方法顛覆政府而著手實行，處有期徒刑十二年，褫奪公權八年。除酌留其家屬必需生活費外，全部財產沒收。魚雁集、怪馬集各三本，玉雕集、堡壘集、聖人集、鳳凰集、紅袖集、立正集各二本，高山滾鼓集、道貌岸然集、前仰後合集、聞過則怒集、神魂顛倒集、鬼話連篇集、大愚若智集、死不認錯集、魔鬼的網、雲遊記第二、三集各一本，均沒收。

父親聞判十二年，作詩如下：

刀筆如削氣如虹、群官肅然坐公庭；昔日曾鷩鹿為馬、而今忽地白變紅。
兀龍有權製冤獄、書生空恨無長弓；自憐一紙十二年、迎窗冷冷聽秋風。

最初以為會被槍決，繼而又認為會無罪釋放，父親說他的腦筋簡單的跟白痴一樣。孫建章由證人變成他的共同被告，被判感化三年。所謂感化，就是不送入軍人監獄，而送入台北縣土城的「生產教育所」，類似集中營式的監獄，實施思想教育，名義上感化若干年，實際上是要看特務的高興不高興，可以無限期延長。

倪明華的師兄傅正先生，就延長了兩個三年，也就是刑期結束，特務不太滿意他的表現，給他延長三年，結果又不滿意，再延長三年，等於多出來六年的無妄之監。

孫建章總算是不幸中的大幸，他三年刑滿順利出獄，雖然家破，幸好沒有人亡。

父親出獄後，曾在台北衡陽街與他不期而遇。他拉著孫建章的手致歉說：「建章，我對不起你！」「誰又對得起你？」孫建章回答。這簡單的一句話，懇切樸實，父親感到無限內疚，終生銘感。

在判決書中，有一段如此強調：「……被告曾受高等教育，服務社會三十年，經驗豐富，自非調查人員所能誘其承認犯罪。……」這話乍聽好像有理。但是一個經驗再豐富的普通人，尤其是一介書生，根本無法應付一群也經驗豐富的「羅織酷吏」。唐朝武周時的著名宰相「狄仁傑」以宰相之尊，在來俊臣手下當天就坦承不諱他的謀反叛亂罪行，而且有「謝死表」上奏，罪證可以說是「至臻明確」，結果又如何呢？父親說：「我因受不了逼迫，不得不在調查人員膝下屈服。為了相信我們是民主法治國家，終可得到昭雪，這當中含著無限血淚和悲憤，更含著人性尊嚴的屈辱。判決書的用語太輕鬆了，然而這不是純理論問題，還同時是事實問題。」

父親申訴說：「判決書說我受高等教育，服務社會三十年，經驗豐富，自非調查人員所能『誘其承認犯罪』，那麼，我怎麼承認參加『民主建設學院』？怎麼承認參加『民主同盟』？怎麼承認『北平受匪訓』？怎麼承認『上海派遣來台』？怎麼承認『在台登報尋匪』？怎麼承認『受匪指示寫雜文』？這一連串血淋淋的犯罪，只要有一件發生偶合，便百口莫辯，可是我卻諂媚的一一『坦承不諱』，難道是我甘心情願借刀自殺？難道是我存心用我的生命、自由和幸福，去戲弄調查人員？難道是我和孫建章一樣，同時都像調查局局長沈之岳所說，受過共匪長時間的高等匪諜訓練，來故意矇騙？審判長先生，這還不夠反證我被誘承認我所沒有犯過的罪嗎？這還不夠反證我十大罪狀『自白書』和『坦承不諱』是在甚麼悲慘情況下產生的嗎？還要甚麼更多更大的證據才能證明呢？難道說非調查局自己出公文，承認果有非法逼供才行嗎？」

父親說：「這不是求真、求實的偵查，而只是求『互證相符』的羅織技巧。只要使某甲『坦承不諱』跟某乙殺了張三，再使某乙『坦承不諱』跟某甲殺了張三，則法律上已完成『互證相符』的手續，就被認定是殺了張三。不幸根本沒有張三，但既然『迭據在調查局及本部軍事檢察官偵查時，坦承不諱。』雖然沒有殺了張三，但『被告殺人既屬實在，則人之名稱如何，並不影響被告殺人之事實。』仍是殺了人，至於這人是誰？天下沒有人知道，這就是調查局設計的圖案。……我的『坦承不諱』已夠淒涼，幸皇天有眼，被一一澄清。可是經過調查局如此移花接木的加以改造裝置後，單獨的看起來，又是一種情景。」

調查局逼著法官，不得不編排一個大陸上的砝碼，使之成為匪諜，用以判處死刑。

在父親起訴書上的十大罪狀中，也就是在調查局及軍事檢察官偵查時，所「坦承不諱」，及「互證相符」的十大罪狀中，法官先生已經昭雪了六大罪狀。另外又昭雪了四項重罪：一、民主建設學院。二、民主同盟。三、脫黨。四、廖衡指使。

父親說：「所以，雖然他判我十二年有期徒刑，我仍由衷感激，法碼是調查局放的，只要是『二條一』，十二年是最少的了。不過，人們只要把起訴書和判決書擺在一起，作一個比較分別，就可以明瞭真相，就可以領悟到我遭遇的是些甚麼？」

「二條一」是唯一死刑，只要有兩個條件就可以構成：一是參加叛亂組織。二是有叛亂行為。

有一位台北市挑挽業公會的理事長，八、九歲懵懂年齡時曾參加過共產黨的兒童團，五十年後他不經意的跟朋友說，共產黨在長江上建了一座大橋。前者是參加叛亂組織，後者是為匪宣傳，屬於叛亂行為，判處死刑。自從羅馬法頒布以來，再野蠻的國家，她的法律都有一個基本原則，就是『不溯及既往』，也就是今年公布的法律，效力不能追溯到去年。可是蔣家班大法官為了使特務的殺戮合法化，第六十五次會議上做出決議，認定法律可以溯及既往，即令在這項條例頒布前五十年加入過共產黨，也等於現在加入，這真是泯滅天良的合法性幫凶行為。

一九六九年八月十二日，父親向台北地方法院呈遞一份刑事自訴狀，控告沈之岳先生偽證，但被扣押，未能寄出。他說：「我並不要傷害他，我只求洗清自己，既不准寄出，我又能奈何？」不過，以一個國家最高的情報機關，如此公然傾全力來陷害一個人，可以說太易如反掌。而且發現將被拆穿不過只是在誣陷一個毫無掙扎之力的文人，辦的竟是一個假案時，為了自衛而出此下策，迫使法官先生據以判刑，以實其言，而堵人口，現在果然是如願以償，判了十二年有期徒刑。

父親於一九六九年十一月九日上訴理由書，即當時外界所傳的〈萬言書〉，其中有一段是請求國防部和中央黨部調查，請他們加以詮釋。但是也特別請求：不要向調查局調查，那是個偽證機構。這段摘錄部分：「……我國刑事訴訟法採取最現代的立法精神，那就是直接審理主義、言詞辯論主義、當事人進行主義。……在一年來對我的審判期間，法官先生在正式法庭直接審理下，發現了我甚麼罪行？沒有！不但沒有發現我甚麼罪行，反而為我洗刷掉很多罪行。但為了完成調查局的任務，不得不拒絕直接審理，不得不拒絕言詞辯論，不得不拒絕當事人進行，而採用非直接的事物。……試看一下我的判決書，所有論罪的根據，沒有一個是來自法官先生直接審理所得，而都是來自調查局的十大罪狀『自白書』，和軍事檢察官的『偵查庭』，既然如此，何必要軍事法庭呢？何必要開調查庭、審理庭和辯論庭呢？何必要查證呢？甚至於，何必要法官先生呢？一切都以『偵查庭』為依據，而以審判庭上的陳訴為『空言狡展，不足採信』，豈不是只要軍事檢察官就夠了？更甚至於，只要調查局就夠了，他們的一紙『並無不法取供情事』的公文，既有那麼大的權威，軍事檢察官和法官先生還有甚麼話好說呢？」

父親申訴說：「……我所作的陳訴，不僅負法律上責任，也負千秋萬世道義上、道德上的責任。當時調查局嚴格控制人證、物證和控制軍法審判，已是人人皆知，扼腕嘆息！但又是無可奈何的事實。」判決書上說：被告不能舉出如何不自由之具體事實，以資調查，空言諉為非出其自由意志，殊難憑信。

父親強力反駁：「謹請明鑑，在人屋簷下，不能不低頭。路溫舒奏有句名言：夫人情者安則樂生，痛則思死，捶楚之下，何求而不得？」在判決書上，查證沒有民主建設學院之後，仍堅持被告在「其他訓練機構」受匪訓，就是明顯的跡象。因為「匪有很多種訓練」，民主建設學院不過是其中之一。則雖不在民主建設學院受訓，也必定在別的訓練機構受訓。

父親說：「如果沒有這偽證，我想法官先生絕不會如此生硬的節外生枝，在沒有布列斯托爾旅社（世界名著《匹克威克傳》的情節）之後，仍堅持有『此類旅社』」。

南斯拉夫副總統吉拉斯，在入獄前寫的《新階級》一書中，有一段話：「共產黨的行為不借重法庭，而在X法的用刑。」然而，即令不用刑，而以法庭來代替，本質上仍是一樣的。共黨清算人，並不是因為他們犯罪，這些人之被判刑，可能沒有法律根據，但根據共產黨觀點之被判刑，卻是經過適當法律程序的。

美國記者約翰根仕在《在鐵幕內》也有一段：「他們使你達到體力和精神完全崩潰的程度，到了那種境地，你對於生命與命運全不顧惜，你只渴望一個結局，一個可以解除你痛苦的任何結局。但這種完全崩潰之來臨，正當你認識你是毫無抵抗者，沒有法律和權威可為你保障，而係將永久陷入你的審判者的掌握。這正是他們自始便要你深信不疑的。他們最先說明你的罪行，然後勒取你的承認，以為憑證。」

父親訴說：「……我們是反共產的國家，按理不應該有共產黨特有的這種苛虐。然而，上有皇天，下有后土。這卻正是一個囚犯在調查局所受到的。總統訓示：『我們要處處與賊相反』，調查局卻『處處與賊相同』。兩相對照，真不知身處何世？在這種情形下，我怎能不『坦承不諱』？我們又怎能不『互證相符』？昔羅蘭夫人臨刑時，感慨說：『自由！自由！天下多少罪惡，皆假汝之名行之。』事到如今，作一個『匪諜』的我，也不能不呻吟：『反共！反共！天下多少罪惡，皆假汝之名行之。』」

父親繼續說：「天羅地網，都在他們手中，囚室呼天，天亦不應，只有沉冤海底而已。他們既訂下不放我的決策，就用共產黨格別烏的手段，一不做二不休，索性誣我謀反，陷我匪諜，使我『坦承不諱』、『自動招認』，自白書和起訴書上的十大罪狀，就如此產生了。在他們以為，只要有一個偶合，也就夠了。」而且，他們都深具自信，誠如調查局專員高義儒所說：「我們到衡陽路上隨便抓一個人，送到軍法處，他們都得判罪。」

父親說：「聽說調查局從前辦案，並不如此。但自沈之岳先生當局長之後，『匪諜』卻層出不窮，果真如此？抑僅是他做法錯誤？還是故意要陷蔣中正和蔣經國為淫刑之主？還是他要製造仇恨，屠害忠良？要我們自相殘殺？許多人都是因為受到酷刑之後而承認情治人員替他編造的『罪名』。警備司令部保安處也辦過不少文化人的案件，但並不一定非要陷對方於『匪諜』不可。」任何一個冤獄的昭雪，一線契機就夠了。現在這麼多契機擺在眼前，卻都讓他們流傳民間來傷害政府。

沈之岳掌理調查局將近十四年，主導無以數計的政治冤案，他摧殘人權的紀錄血跡斑斑，都將留給歷史公評。

曾遭沈之岳羅織下獄的前調查局副處長李世傑，則直指他是「豺狼之心、世之大賊」。國統會研究委員、長期任職調查局研究處的曾永賢先生，稱他為「雙面諜」。

沈之岳是民主人權的殺手，是典型當權派的鷹犬，在國民黨威權時代不斷殘害人權、羅織冤獄，對於自己同僚都能如此殘酷，對脆弱無辜的民眾，像捏死螞蟻一樣，哪會留情？

一九七七年四月一日父親獲釋，從綠島重回台北的第二年，沈之岳終於卸任，十五年後病逝於台北。著名媒體人陸鏗先生也曾透露，中國前國防部長張愛萍主持秘密追悼會悼念沈之岳，輓聯上寫著：「文武全才，治國有方；一事二主，兩俱無傷」，內容簡單扼要、清楚明確、意寓深遠，讓人玩味無窮。

父親這次的上訴〈萬言書〉，長達七萬餘字，一字一慟、一血一淚，絕對稱得上是中國人「監獄文學」的經典文獻，具有重要的社會歷史研究的價值。他不服台灣警備總司令部這十二年有期徒刑的判決，於是向國防部聲請覆判，國防部於一九六九年十二月八日（五十八年）覆普繕字第一九五號判決：「聲請駁回」，判決確定。

父親說：「中國歷史上的冤獄何其之多，從羅織罪名、鍛煉冤獄、酷刑逼供、誣陷忠良，從比干剖心到清朝文字煉獄，僅二十六史所載，就有六百餘人，如伍子胥、吳起、岳飛、商鞅、于謙、袁崇煥，王安石、康有為、梁啟超、譚嗣同，都為中國歷史上重要的忠臣良將。」

父親曾加以摘錄，編為《中國冤獄典》一書，一字一文，都來自正史，我們既係法治文明國度，應該羞愧、應該感傷警惕！

終於，父親以正式的「人犯」入獄開始服刑，開始蹲這十二年的「沉冤大獄」，妻兒遠離，朋友也都失聯，昔日文朋藝友也多明哲保身、劃清界線。我和弟弟根本不知父親身處何處，況且也失聯多年。其實這些都很自然，也很正常，不能怪親友疏離，當年我的雙親已離婚十年，母親周邊的朋友、同事，都還有態度突然轉變者呢。當然，趁機向當權者獻媚，適時再補上幾腳、落井下石者，絕不乏其人。正可謂司馬遷下監時的「親也不親，友也不友」。

24 冤氣之歌 長恨之歌

一九六八年八月，父親剛被調查局移送到警備總司令部，羈押在看守所，也正是不斷的在寫答辯狀、自訴書和出庭應訊的那段最艱難辛苦的初步階段，梁上元特別的思念與紀念，於是寫一首多達一百一十二句的七言長詩：

……再讀先生冤氣歌，掩卷悲泣淚滂沱；如此生靈如此日，熱淚難乾感慨多。……大力水手剗地起、惡風毒雨破西窗；醬缸一夢驚乍醒、殘燈無焰鬼影狂。……萬求當庭包青天，秉持良心莫作倀。勿把人權當草菅，勿使此恨萬年長。

梁上元的這首〈二十世紀長恨歌〉充滿了無奈、感慨和沉痛，辭句裡有吶喊、有呼籲，句句出自肺腑，字字珠玉酣暢，沉重的純嫩心靈在筆下透露著對她心目中「柏楊老師」的不捨，任誰讀來都會感到神搖魄蕩、心潮澎湃。

孫觀漢先生特別把〈二十世紀長恨歌〉送到香港《南北極雜誌》發表，也引起香港讀者對「柏楊冤獄」的廣泛關注。孫觀漢特別寫信給梁上元，鼓勵她說：

聰明的人很多，但天才百年只出一位，我們何等幸運，能認識、崇拜和愛護一位可能是近代祖國的真正天才——柏楊。讓我們不灰心，一點一滴的做我們認為應該作的事。這樣的想法，我也在想應用於愛念我們的朋友柏楊，妳以為好麼？雖然說來容易做來難，除了嘗試外，似無他道。

同時，孫觀漢先生在美國「營救柏楊」的行動，也如火如荼的展開。他除了不斷的給國民黨寫信，還發動華人社會及國際人權組織，重視柏楊的冤獄。

一九六八年九月二十二日，父親給曾來探監的三位大學生其中一位寫了一封信，希望在美國的學術機構，能夠根據「柏楊匪諜案」的各種資料，作一個「廣泛而徹底」的研究，當時蔣家政權對新聞封鎖十分成功，外界完全沒有任何一點消息，所以這封寫出來的信就格外珍貴，信中部分如下：

……昔袁子才名滿天下時，其人刻圖章曰：「喜作子才門下士」，後袁身死，毀謗頻來，他又刻圖章曰：「悔作子才門下士」，所以請原諒我不能馬上肯定你的友情，因友情和患難是很難並存的。你送來的《荒漠甘泉》，畫線的地方一一拜讀，好像是專門為我而寫，你抄的經節，更看出你的愛心。再謝謝你用英文寫的「我們尊敬你、了解你、愛你！」……「你與別人不同」……對現在的我說這話，需要十分的擔當和認識，這種鼓勵我永銘心內。……我不要什麼，我只要「了解」，僅這份友情，就是至寶，不過我告訴你，我是無辜的。我是一個被獵人嚇慌了的鴕鳥，剛剛伸出頭，但發現全身已陷牢籠。唯一的拜託是，後年你到美國學成名就，有了閒暇而顧念仍在的話，請委託一個學術機構，請他們根據我的起訴書和迭次答辯書，作一個廣泛而徹底的調查，如果有一句我說的是假，你可鄙視我，如果我說的是真，請你記念我這場冤獄——這不僅是我個人、我妻子、我可愛孩子的悲劇，也是時代的醜劇。……

一九六九年二月十三日，國家安全局發函給台灣警備總司令部，主旨是：「柏楊對外函件，敬請注意檢扣。說明如下：據報郭衣洞在獄中所創作之〈冤氣歌〉近已在美廣為流傳，引起不良反應。」台灣警備總司令部一九六九年二月十九日函該部特檢處：「注意檢扣」，並副知國家安全局。

這〈冤氣歌〉，就是在梁上元〈二十世紀長恨歌〉中的「……再讀先生〈冤氣歌〉……。」是父親在調查局的押房時，當時無筆又無紙，他用指甲刻在剝蝕的石灰牆上，甲盡血出，和灰成字。

父親回憶說：「漫長歲月，只寫了寥寥數十首，因為以前沒有寫詩的修養，在獄時情緒起伏無法多寫，出獄後又消失了當時感受，也無法補寫。」而當時這首〈冤氣歌〉卻在美國流傳得相當普遍，也造成台灣情治單位嚴密的監控。

天地有冤氣、雜然賦流形；在下為石板、在上為石頂。
門則為鐵鎖、窗則為鐵櫺；於人曰儼然、斗室拷口供。
他白即自白、栽贓復心證；時窮苦乃見、一一服上刑。
在魯少正卯、五罪畢其命；在宋岳武穆、三字喪其生。
在元竇娥冤、六月雪打燈；為顏大夫腹、無語也詞窮。
為杜伯堅目、三日生蛆蟲；或為韓非筆、異域陷牢籠。
或為廷瓏史、五族化血膿；或為清風詩、老幼伏刀鋒。
或為柏楊文、家破人飄零；此氣之所向、冷血灌心靈。

當其貫日月、更帶三色鏡；私怒藉此洩、私慾藉此逞。
私惡藉此掩、私恨藉此明；嗟予遘陽九、心粗氣更庸。
大力水手畫、動搖國本情；專案設小組、全力撲孤蓬。
水手難相助、七番查生平；二十年前事、當時已矇矓。
清算復鍛鍊、現出新內容；受訓有學院、參加有民盟。
逃亡有路費、居住有叮嚀；上海鬧戀愛、北平又立功。
好友成間諜、台灣追人蹤；但求早還家、不惜一身腥。
初云政治決、繼云恕道行；三云洗個澡、四云待人誠。
好話都說盡、臨了變猙獰；蒼天曷有極、悠悠我自清。
冤魂日已遠、生魂憐典型；囚室空對壁、相看兩無聲。

這〈冤氣歌〉是父親用鮮血、眼淚和破碎的靈魂，相互交織與糾葛的悲情下所寫下來的，為這場硬被誣陷的冤獄，發出了不平的哀鳴與嘆息。並藉「……在宋岳武穆、三字喪其生……」之詞，以昏君趙構及奸臣秦檜對岳飛的誣陷，來泣血申述自己遭遇，雷同於「莫須有」這三字罪名的悲切情景。雖然他〈萬言書〉上訴被駁回，但從「唯一死刑」起訴，到「十二年有期」定讞，總算死裡逃生，從地獄走一遭回來，還是要面對與適應這漫長的苦窯生活。

有一天，父親被調出押房，充當「外役」，後來又被調到看守所的圖書室工作，這是外役所期待的福地。他說：「從人擠人的狹窄囚房，能到院子裡走動走動，那是一種情境像夢幻般的另一個世界，這有一年多的時間，心情獲得不少的紓解。」當時電視每天都在播出「自從蔣公來台灣，風調雨順甘露降……」一歌，他一面掃地一面跟著哼哼，一位班長即厲聲喝止：「不准唱！你唱就是不一樣。」這個小插曲又有一番意喻。

外役區除了圖書室，還有監獄工廠，包括洗衣工廠、縫衣工廠和手工藝廠。而父親就在圖書室裡，和另外一位獄友管理一、兩千本圖書，而其中有一套就是北宋司馬光，耗時十九年編纂的《資治通鑑》。這部有三百多萬字、規模空前的編年體通史巨著，使他產生了動機，開始著手寫獄中的第一部著作——《中國歷史年表》。

《資治通鑑》是一千三百六十二年來的政經、軍事、和民族文化的文言記載的歷史，是何等的艱澀、複雜和繁瑣，獄中的資源相當有限，所以另外一本五十二萬多字的西漢司馬遷的《史記》，也成了父親在獄中的最愛，更是著述的參考。

一九七〇年，父親就在台灣「景美看守所」的牢房裡，開始振筆疾書，直到三年後的一九七二年，他已經被解押到「火燒島」，仍繼續在那孤島上的「綠洲山莊」黑牢裡，陸續完成了這三部史書《中國歷史年表》、《中國歷代帝王皇后親王公主世系錄》、《中國人史綱》。

雖然物換星移，父親史學書籍著述的生涯，就從孤立在大海深洋中的煉獄中開始，另外一本中文的詩集《柏楊詩抄》也在之後完成。

一九七七年，父親從綠島獲釋回台，而六年後開始著手翻譯著作《柏楊版資治通鑑》，其大膽的思想和作為，就是在這「景美看守所」的牢房裡，種下的種子。

這兩年在景美看守所圖書室的日子，是父親生平最寧靜的日子之一，一面看史讀史，一面記史譯史，他居然認為，假如坐牢可以這樣，十二年也無所謂，然而，快樂的日子總是瞬間即逝。

父親讓自己進入並融入在歷史裡的生活，心情總是錯綜複雜的，感情也是矛盾悲慟的，因為在中國的歷史裡，冤獄與酷刑，充滿了每個朝代與年代。一九七二年他在綠島監獄裡寫的〈讀史〉一詩，曰：

每一展史冊、觸目自心驚；所謂禮儀邦、更誇最文明。有記四千載、冤獄染血腥。……

一讀一落淚、一哭一撫胸；獻身繫囹圄、愛國罹刀鋒。……

這就是父親最真實的看史讀史、記史譯史的心境。

一九七〇年二月八日，在台灣台東縣，也是專門關政治犯的泰源監獄，發生了暴動事件，國民黨政府就選在火燒島（綠島）興建「國防部感訓監獄」，歷經兩年已經竣工落成，包括泰源監獄和景美看守所的政治重刑犯，都要送去集中管理，是一個全封閉式的重刑犯監獄，叫做「綠洲山莊」，要囚禁日益增多的政治犯（真如父親所云：自沈之岳當調查局長後，「匪諜」都被他抓光了？）。

就在前兩年，蔣家父子決心整頓「復興基地革命陣營」中日漸自由化、日漸失控的大眾媒體傳播工具，因此繼一九六六年十一月十二日為掃蕩一切文化敗類所發起的「中華文化復興運動」之後，不到兩年的一九六八年，又發動了「文化消毒」運動，開始明目張膽的「消」文化界的「毒」，父親跟一九六六年被列為「敗類」的第一名一樣，也被列為「被消毒」的第一名。於是，國民黨政府藉著在綠島建造完成的政治監獄，使這項消毒行動毫無限制的擴大了範圍。

一九七二年四月上旬，所有囚犯都被召集到操場，所長宣布說：「點到名字的，到前面集合。」大家心裡面都很惶恐，只希望不要上榜，結果五分之四都被點到名了。父親當然在其中之列，於是，原想能留在圖書室這輕鬆日子的美夢破滅了。所長要大家回去拿行李，然後被魚貫的送回原來的押房，房門立即上鎖。一會兒憲兵隊逐房點名，每人五花大綁，再銬上手銬，兩人綁在一起。平常笑臉相待的看守所班長，已經換了另外一副神情。父親敘述說：「其中一個叫楊蔚的少尉監獄官，岡山中學畢業考上軍法學校，被派到看守所工作，長的眉清目秀，而且和顏悅色。

」有一次，楊蔚到圖書室，很有禮貌的問：「我是不是可以借一把椅子到外面，我喜歡樹下看書。」也因此，大家對這個年輕軍官留下十分良好的印象。但是幾個月後，楊蔚發現自己對外役有絕大的處分權力時，態度開始轉變，最初不過氣勢傲慢，後來行動逐漸粗暴。這時候，他到押房視查，用手試探五花大綁的結實程度。當時大家都坐在地上，楊蔚則不斷故意用膝蓋碰撞囚犯的面頰。當晚，大家被帶出押房，兩人一雙的走過探照燈巨光投射的院子，搭上警備司令部的鎮暴車，車隊浩浩蕩蕩在黑暗中奔馳，破曉時分抵達基隆碼頭，大夥被趕鴨子似的，擠上了登陸艇的甲板。憲兵荷槍實彈站在四周戒備。

父親說：「我們被重重包圍，坐在甲板上，什麼也看不見，只看見藍天。沒有人告訴我們駛往哪裡，但是我們心裡都明白，目的地是火燒島。」看這些陣仗，彷彿為了防備北京派出軍艦營救這批重刑的政治犯，天上有飛機巡邏，海上有軍艦護航，這些囚犯大概從沒想到，身價竟如此高漲。

登陸艇在航行途中，突然傾盆大雨，憲兵中一位姓粘的指揮官准許大家到官艙前布棚下躲雨。曾經當過台北市議員的林水泉先生，躲雨時拖著他的行李。那位正在蛻變自己的監獄官楊蔚突然跳起，在他的臉上猛甩一個耳光，大喝道：「叫你人避雨，沒叫你行李避雨。」林水泉一直擁有的豪放笑容收了回去，連那些年輕的憲兵都被這響亮的耳光吸引，而流露出同情的眼神。這種權力的濫用和蠻橫，在光亮之處尚且如此，如在隱藏之處，將是何等的摧殘人性。而能卑劣的暗箭傷人的，就是這類人物的專長。

25 惡魔島上 珍貴友誼

火燒島舊名眾說紛紜，傳說是大清嘉慶年間大火焚燒島嶼而得名。火燒島就是綠島，位於台灣台東縣外海約十八海里的太平洋上。海洋為綠島築起了天然的屏障，使綠島成為設置監獄的最佳地點。一九七二年國防部在這裡興建完成綠島感訓監獄，又稱「綠洲山莊」，名為「山莊」，不是別墅，乃是監獄，四周牆面上寫了各式標語：「堅定反共、苦海無邊、毋忘在莒、回頭是岸、滅共復國」等等，是典型的高牆電網封閉式的監獄，監禁重刑政治犯，以便隔離思想並中央監控管理。

就這一天，陸海空三軍聯合演習，將各地軍事監獄的重刑「政治犯」送到「火燒島」集中監管。因此火燒島成了重刑犯監獄的代名詞，外界即影射為「惡魔島」。很榮幸的，父親不用排隊插隊，就與眾多的「惡魔」，踏上了「惡魔島」。

恐怖時期的獨裁政府，總是在它的領海上找一個孤島，地形愈險峻、愈孤立，則愈好，可以囚禁一些重要的人犯，這些人犯很多是「政治受難者」，也就是「良心犯」，都是獨裁的掌權者眼裡的「惡魔」，把他們關的遠遠的，隔離他們的思想，才不會影響專權者的獨裁行為，也才不會將「民主思想的傳染病」廣為傳播。

這些囚犯們，奉令到海邊撿拾岩石，再搬回來，用自己雙手，築出一道碉堡圍牆，把自己監禁起來。這都是獨裁專權的象徵，吞噬了無數的生命，也造就了不少鐵骨錚錚的英雄豪傑。

美國就有一個惡魔島，位於美國加州舊金山灣內的一座小島，島上曾經有著美國最令人膽寒的監獄。法國也有一個魔鬼島，還有一個聖瑪格莉特島。南非是羅布恩島，日本是佐渡島。日本占領台灣時，就把火燒島當作囚禁反日分子的天然監獄，日本投降撤離之後，國民政府把火燒島改名為綠島。但是它的任務仍然是繼續囚禁政治犯，五〇、六〇年代，島上被囚的政治犯有萬名之多。政治犯一上島，就要自己動手先築起圍牆，然後，再由中間築起鐵絲網，掛起「新生訓練總隊」招牌。

父親告訴我們：「男囚犯和女囚犯被鐵絲網遙遙隔開，各自搭蓋自己的草屋宿舍。一到夏夜，魚腥撲鼻，但每當有月光的夜晚，一抹朦朧，有濃厚悽愴的浪漫情調。」

父親說了一個故事：兩位都是音樂系的情侶政治犯，隔著鐵絲網經常痴痴凝望，後來他寫下曲譜，藉著歌聲，向她唱出悽愴的心情，這首歌後來流行全台灣，這就是有名的〈綠島小夜曲〉

：

這綠島像一隻船　在月夜裡搖啊搖
姑娘（情郎）喲　你也在我的心海裡漂呀漂
讓我的歌聲隨那微風　吹開了你的窗簾
讓我的衷情隨那流水　不斷的向你傾訴
椰子樹的長影　掩不住我的情意
明媚的月光　更照亮了我的心
這綠島的夜　已經這樣沉靜
姑娘（情郎）喲　你為什麼還是默默無語

父親說的是一個陳年流傳的淒美故事，事實上，綠島指的是台灣寶島，並不是指火燒島。這是〈綠島小夜曲〉的作詞潘英杰先生，和作曲周藍萍女士，於一九五四年在台灣的一個仲夏之夜，合創出這首膾炙人口的名曲，至今已有六十年卻仍流行不衰。而歌詞裡的「這綠島像一隻船，在月夜裡搖啊搖……」當年也曾遭到安檢單位的約談查訊，因為「船」影射台灣，「搖啊搖」暗示即將翻覆。還好〈綠島小夜曲〉跟《大力水手》命運不同。

如果是卜派和他兒子站在這隻船上，在月夜裡搖啊搖的，如果又是柏老福至心靈翻譯成「軍民同胞！你也在我的心海裡漂呀漂……」最後又落在調查局之手……？這後果不知會如何？不知有哪位前輩高手有興趣來編劇一番？

除了〈綠島小夜曲〉，還有一首〈新生之歌〉，是每天早點名時，要大聲唱的，這讓大家都很痛苦，但又不能不唱，因為這種歌詞，會讓人窒息。

三民主義的洪流，粉碎我們的迷夢，我們不做共產黨的奴隸，我們要做反共的英雄。起來，新生同志們！起來，新生同志們！

這首歌每天都要唱上好幾遍的，真會讓人提早痴呆。

綠島「國防部感訓監獄」分為十個區，父親被囚禁在二區，編號是「二九七」，就在這個小牢房裡，他度過整整的五個年頭。

典獄長宣布：「不管你們過去受到什麼優待，本監獄絕對不准囚犯吸煙。」雖然，這對父親打擊有點大，但是，從登島那天開始，一直到結束，從來都沒有斷過香煙，只是代價高些罷了。

「政治犯監獄是出懦夫的地方，也是出勇士的地方；是出呆子的地方，也是出智者的地方；是出瘋子的地方，也是出英雄的地方；是出廢鐵的地方，也是出金鑽的地方；一個人的內在品質和基本教養，坐牢的時候，會毫無遮掩的呈現出來。」父親這麼告訴我們。

一九六〇至一九六八年，父親寫雜文的前十年歲月，結識了他人生中難得的許多好友。一九六八至一九七七年，父親在牢獄裡的這十年，又結識了屬於另一類的許多好友。最傳奇的就是台北《大華晚報》董事長兼中國廣播公司副總經理的李荊蓀先生。

一九六八年三月父親鋃鐺入獄之時，即李荊蓀主張立即開除倪明華，一九七一年十二月十日，李荊蓀也鋃鐺入獄。李荊蓀被國民黨誣陷繫獄十五年，是典型的政爭犧牲品。這是一件隻手遮天、明目張膽的冤獄。當時周至柔和蔣經國明爭暗奪行政院長的高位，李荊蓀是周至柔的智囊之一，迅速發展出一種不可抵擋的形勢。蔣經國只好釜底抽薪，使用雷震模式，先教一個人自認是匪諜，再把李荊蓀咬出來，結果李荊蓀以「參加叛亂組織，利用報紙散布謠言，為匪宣傳，攻擊政府，判處有期徒刑十五年。蔣經國不久躍上行政院長寶座，周至柔從此噤若寒蟬，抑鬱而終。

父親告訴我們：「李荊蓀是一位智慧型的高級知識分子，在牢裡受到所有政治犯的尊敬，我們不久就成為最契合的夥伴。」十年後，李荊蓀被送到台北土城「仁愛教育實驗所」集中營監獄，度著剩餘的刑期時，蔣經國準備對他特赦，條件是要他寫一份悔過書，李荊蓀微笑的拒絕，說：「判十五年，就坐十五年。」

結果，李荊蓀整整坐滿十五年的牢，出獄時已近七十高齡，不數年則因心肌梗塞溘然長辭。

在出殯的時候，難友們齊聚善導寺靈堂，向司儀要求公祭，竟被治喪委員會總幹事拒絕，父親當時「人不平則鳴」，一股衝動就在弔客之中憤然而起，大喝一聲：「火燒島的難友們，到前面來！」在大家錯愕之中，徐瑛、盧修一等十幾個人都擠到前面，父親高聲朗誦臨時想到的祭文：「荊蓀大哥！你這個國民黨的忠貞分子，竟被國民黨迫害的家破人亡，好容易撥雲霧見青天，想不到卻死於心臟病發。當我們希望你能領導我們反抗暴政的時候，你卻捨我們而去，但是我們相信，國民黨反動的暴政必然滅亡，你在九泉之下會看的見，我們也都會看的見。」這時有人開始啜泣，荊蓀夫人終於哭出聲音，那是靈堂的第一哭，李荊蓀的女兒也下跪致意。

那時仍是白色恐怖年代，蔣家班的權威如日中天，獨裁體制仍在巔峰，「暴政必亡」一向是罩在共產黨頭上的專用鐵帽，父親真是膽大包天，才出獄沒多久，又公開回嗆國民黨。當這群難友離開的時候，靈堂一片死寂，有如墳場。

另一位是徐瑛先生，更是傳奇中的傳奇，因為他不是中國人，也不是台灣人，他是模里西斯（Mauritius）共和國的公民，而模里西斯還是英國屬地的時候，徐瑛先生是英國公民，結果他卻在台灣，坐了十五年的政治黑獄。徐瑛曾經擔任模里西斯《華文中央日報》總編輯，一九四九年他以英國公民的身分留學北京大學，一九六七年代表報社前往東京採購印刷機械，因為不知道中國人內鬥的殘酷，竟然路過台灣。他與其他各國華文報紙的負責人一起接受蔣中正的召見，嘉勉他們對自由祖國的貢獻。當時蔣中正詢問大家有何建議?徐瑛本著報人的性格,就直言建議「以後中央社發到海外的稿件,可否不要用共匪的匪字?海外僑民都很反感」。蔣中正的嘴角抽動了一下,說:「好、好、好!」然後拿著紅筆在點名簿打了個勾。沒兩天,蔣中正握手的餘溫仍在徐瑛掌心的時候,他的雙手已經被警備司令部鐵銬鎖住,進行日以繼夜的疲勞審訊,隨後判處有期徒刑十五年。

徐瑛這十五年的牢獄生活,沒有一分錢接濟,遠在萬里之外的親人,根本不知道他在何方,因何失蹤?中國有句話說:「烈婦易,貞婦難。」刑場上高呼萬歲容易,煉獄裡十五年不屈難。父親介紹徐瑛,說:「他是我見過的政治犯最沉穩的一位,無論遇到多大的困難都面不改色。政府要求他放棄英國籍護照,徐瑛拒絕。」當然拒絕,天下哪有人會選擇這樣一個殘害自己人民、無辜百姓的流氓國家。

盧修一先生是法國巴黎大學博士,當時正在台北「中國文化大學」擔任政治系主任,他如果依附國民黨的話,必定前途光明無量。可是他「日本統治時期的台灣共產黨」為專題的博士論文,受到情治單位的注意已久,又受到日本友人「田光枝案」的牽連,於一九八三年一月八日被逮捕,特別優待只裁定感化教育三年。

當年,父親已經出獄,有一次到「台灣仁愛教育實驗所」,盧修一在背後大叫:「柏老!柏老！」父親說：「這一聲大叫，使我開始認知台灣獨立運動，並非少數失意政客的發洩，而是一種理念。」而民主自由的國家，就必須要包容人民各種不同的聲音、各種不同的理念。

盧修一後來罹患肺腺癌，於一九九八年八月六日病故，英才早逝得年才五十七歲。

另一位林震廷先生，是沉冤海底的人物。現在已經很少人還記得「劉自然案」了。

一九五〇年六月韓戰爆發後，美軍根據中美協防條約進駐台灣，使國民黨政權死裡逃生，重新獲得支持的新力量，照理來說台灣人民應該感謝美軍，然而，任何國家的士兵都有壞胚。一九五七年三月二十日夜晚十一時，駐台美軍上士雷諾在自家門前，將劉自然槍殺身亡，雷諾辯稱劉自然偷窺太太洗澡，又手持鐵棍向他襲擊，他是在驚恐中「自衛」開槍。因為駐台美軍享有外交豁免權，兩個月後的五月二十三日，美國軍事法庭陪審團投票表決殺人罪嫌不足，宣告無罪，雷諾並於當日遣送返美。這個離奇的情節，激發起民族情緒的反彈，翌日，群眾還沒搞清楚事情真相，就群集美國大使館前，搗毀門窗器具、撕毀美國國旗、毆打美國官員，造成國內外大新聞的「五二四」暴動事件。日後流傳，這可能是一樁毒品買賣「黑吃黑」的凶殺案件。

當晚，警察就開始逮捕群眾，第三天，蔣中正親自向美國大使藍欽道歉。事後，滋事分子有四十人被起訴，七人被處六個月到一年不等的有期徒刑。當時著名的專欄作家鳳兮還特別寫文章讚揚政府明智。父親說：「我也深信在這件涉外案中，政府絕不至於撒謊。想不到被囚禁在火燒島後，才戳破國民黨這個超級大謊言。」

林震廷是《聯合報》的記者，特務在當天群集暴亂的眾人之中，查出了他，判他無期徒刑。任何媒體都沒有透露片紙隻字，他在服刑期間一直擔任外役，上自監獄長，下至政戰幹事的升等考試、年終考試，以及研讀「蔣中正訓詞」後，大家的心得報告，都請他代為執筆，而且全部奏效，他們也都會買些日用品作為回報。父親笑說：「很多忠貞的官員，竟然是政治犯一手造成的，這真是一個有趣的現象。」這也是一個最對比的諷刺，國民黨的所謂忠貞，也不過如此。

父親還有兩位黃姓好友，一位是黃恆正先生，是寫了批判政府的文章和私藏反動書籍被判有期徒刑十二年。

兩人在一個牢房，相鄰而臥。黃恆正有嚴重的神經衰弱，常因父親夜讀翻書的輕微聲音，造成他徹夜難眠，於是他表明，不再有這樣翻書的聲音，就以一項龐大的工程為回報。於是，他用了一年半的時間，把父親寫的《中國人史綱》原稿重抄到練習簿上，以備將來出獄時，萬一正本被查撕毀，獄中還能保存一份。

黃恆正出獄後，靠著獄中自學的日文、英文，翻譯為生，後來與黃照美女士結婚，生活幸福美滿，不久卻因血癌辭世，父親出獄後曾去探望，心疼不已。

黃恆正逝世後，他的妻子黃照美女士，被遠流出版公司董事長王榮文先生聘為職員，同事都稱她為黃姐。父親感動的說：「在那個白色恐怖時代，王榮文的這項義舉，是相當的危險。」《遠流活用英漢辭典》就是黃恆正在一九七九年譯著的。黃照美深具烹飪慧根，自稱沒有做不出來的菜，在《吃朋友》一書中，負責掌廚，這是一本讓人流口水、也流淚水的好書。

另外一黃，是位人道主義者黃英武先生，台灣大學畢業後，在宜蘭羅東中學任教，他對資本主義所造成的各種不可原諒的罪惡深感痛恨，自然而然的傾向社會主義。終於有一件可怕的事情發生在他的身上，那時候，蔣中正署名的《蘇俄在中國》一書，正被各級學校奉為經典，大家對蔣中正一開始就洞燭共產黨的奸詐，無不佩服有加。可是有一天，黃英武在台北牯嶺街舊書攤上閒逛，發現一本一九二七年蔣中正著的小冊子，宣揚國民黨的三大政策之一「聯俄容共」，對蘇共和中共讚揚有加。黃英武大為震驚，於是買回去在學校傳閱，全校師生也大為震驚。可想而知，結果黃英武被逮，判刑十二年。他是一位非常堅強而有理念的高級知識分子，從不動搖也不悲觀，獄中寫了無數家書教導他的晚輩如何立身持家。他出獄後不改誠懇敦厚的書生氣質，後來則到大陸發展。

施明德先生，是一九六二年在小金門擔任砲兵軍官時，因主張台獨而被逮捕，非法羈押將近一年，在偵訊中慘遭刑求，牙齒全都脫落。一九六四年被判處無期徒刑。最初被囚禁在第六區（重刑犯區）。在綠島施明德傾心研究哲學、史學、國際法、語言學和日文。其堅忍不拔的性格就在苦牢中形成。一九七五年蔣中正過世實施減刑，一九七七年六月施明德因滿十五年釋放，出獄後仍然投入對抗威權體制的運動。

陳映真先生，是台北縣鶯歌鎮人，是政治犯中少數的小說家之一，一九六八年七月，遭特務以「閱讀左翼書籍」與「為匪宣傳」逮捕，軍法處判他有期徒刑十年，並移送綠島山莊。這十年對一個有理想有抱負的年輕人來說，不但不足以使他氣餒，反而促使他更為獻身。陳映真對入獄後思想上產生的影響，說：「對自己走過的道路認真的反省，對社會現實有了更深刻的認識，開始由一個市鎮小知識分子，走向一個憂國憂民、愛國愛民的知識分子」。

陳映真的個性既激情又浪漫，在一九七八年，父親和陳映真都才從綠島回台不久，台北《讀書人雜誌》社長陳銘磻先生設宴招待，想知道政治犯在監獄裡的生活，陳映真首先發言，他說：「我們坐牢的朋友，每位都有高水準的政治素養，相親相愛、互相扶持，沮喪時大家唱歌鼓舞士氣，都是親密的生死夥伴。」陳映真說得是那麼的誠懇溫馨，彷彿一篇動人的革命小說，這句話引起大家欽佩的眼光。

父親在獄中獲得的珍貴友誼，當然不止這些，而我也不是在這裡做人物介紹，而是對遭遇同樣嚴苛殘酷的生死考驗，還能發揮堅忍卓絕的毅力，幸能殘留下來的破碎生命，我們都要紀念與致敬，何況在這惡魔島的際遇，人生能有下回？

26 忠貞叛徒 同埋一丘

父親對台灣政治犯的製造經過，有以下的分析解說：第一階段是偵訊期，一般都在調查局或台灣警備司令部保安處，這段期間最為艱難。社會上受到普遍尊重又有充分自由的紳士，突然間被捕，推入陰暗潮濕的押房裡，在四周冰冷的鐵欄杆裡蹲在一角，被毆打、被侮辱，精神會霎時崩潰。如是貨真價實的「叛徒」反而比較輕鬆，因為只要決定什麼能招，什麼不能招就行了。只有那些無供可招的人，苦難最多，因為他難以揣摩問官的心思。

當初，劉展華設定父親參加的是「民主同盟」，結果出乎意外，忽然參加了共產黨，這些人就難以接受了，如果你都不能招出他們的預定，那苦難更大。有人在老虎凳上，屁滾尿流的哀求：「我是匪諜、我是凶手，你們叫我招什麼，我就招什麼！」有人在被通電的同時，瘋狂顫抖的哀求：「我招，我招，你說什麼我都承認！」

在身體極限的被摧殘下，這絕望的哀求只會激起審問官的憤怒，因為你冒犯了他職業的尊嚴。審問官會抓扯政治犯的頭髮，叫他跪在算盤上：「我們從不叫人招什麼，你自己做了什麼，就招什麼。」不是每個政治犯都跪過算盤，也不是每個政治犯都搖過電話、通過電流，但是有九十九種花樣能讓最後的供詞，是照著特務的設定。

只要有一件事自誣，就一瀉千里，凡事自誣，直到法律把你完全嚴密結實的綁住。如果只看筆錄和口供，每句話都是囚犯的供詞，而事實上，每句話都是特務說的。

法律規定偵訊期不得超過四個月，如果逾期，特務也會捏造掩過，打死人都能輕易掩飾過去了，偽造個日期，不更是雕蟲小技？

這第一個階段的偵訊期，是最艱苦的過程，很多人就在這個時候被逼死或逼瘋。

一位美國留學生狄仁華，在一九六六年四月三十日，發表一文〈人情味與公德心〉投書到《中央日報》，批評當時台灣的自私、冷漠、腐化等現象，引起不少青年學子的共鳴。一九六六年五月二十日，國立「政治大學代聯會」總幹事許席圖，與一些熱情的跨校學生推動「青年自覺運動」，以「我們不是自私頹廢的一代」作為宗旨，號召學生踏入社會，付出愛心。這是何等善良自省的舉動，對國家社會有著何其沉重的負擔與期望，全省大專院校紛紛響應，從北到南，數萬名同學參與這個良心的行動，許席圖並成立「統一事業基金會」作為資金來源。

這項全省連結的運動，引起當時主導台灣學生事務的救國團注意，於是自覺運動便受到國防部、警備總部、調查局、警政署等單位成立的「七一四專案小組」調查與打壓，許席圖等幹部也先後於一九六九年二月被捕入獄。許席圖以「意圖顛覆政府」的罪名被捕，羈押在景美看守所。

「意圖顛覆政府」？真是太誇張了，絕沒想到，當年政府這麼脆弱，人民噴嚏大聲一點，政府就被顛覆掉了？這種體質是先天不良、後天又失調，卻不給看診醫治，難怪崩盤來台。

許席圖被羈押不到三個月，就導致神智完全錯亂。他從一個單獨囚禁的幽暗押房裡，發出淒厲的哀號：「放我出去！……放我出去！……」四個單音節的字不斷重複，從他僵硬的哭泣聲中淒厲的喊出。監獄官在那寒冷的二月嚴冬，把他扒光教他手淫。一間僅可容身的單獨禁閉室，堆滿了屎尿，他就在屎尿堆中，一聲聲的呼喚：「放我出去！……放我出去！……」每一聲都淒厲的刺穿人耳，都像鞭子一樣抽碎人心。有大官前來視察，他就被布條塞住嘴巴綑綁起來。

軍法處准許他保外就醫，可是許席圖出身貧寒，自幼父母雙亡，與姐姐相依為命，姐姐省吃儉用供弟弟讀上大學。她拒絕把弟弟領回，在法庭上哭訴說：「我弟弟進來的時候，是一個好好的大學生，不到三個月就成了這個樣子，我怎麼養他？養好後再交回你們，他還能受的了嗎？萬一養病期間他逃掉或失蹤了，我怎能承擔這嚴重的罪名。」

九〇年代初期，白色恐怖已成過去，《中國時報》忽然報導，台東玉里療養院，有一位病患許席圖，希望能查出他的來歷。

父親說：「我趕緊聯絡報館說明原委，願意挺身作證。我心裡十分感慨，就在許席圖稍前，錢復在國立台灣大學讀書，也是學生代聯會主席，後來還當上外交部長。人生之際遇，如此懸殊。」白色恐怖時期，特務的血腥辣手，造成多少死不瞑目的含冤亡魂，當年僅二十二歲、意氣風發的學生領袖，如今已不成人形。唯一的姐姐也已過世，許席圖世上沒有任何親人。

政府拿納稅人的錢做為「不當審判」的補償金，然而，這麼多「不當審判」的元凶，又都是哪些人呢？而這些人現在又都在哪裡呢？

就算已經恢復名譽，難道能改變許席圖已經精神錯亂的現實嗎？可以讓一個青年有為的知識分子重新站起來嗎？可以挽救一個破碎的家庭恢復幸福嗎？人能死而復生嗎？劊子手染血的罪孽，永遠洗不清。

第二階段是軍法審判，而大多數政治犯的移送書，就等於軍事檢察官的起訴書，而軍事檢察官的起訴書，也等於軍事法庭的判決書。好像貪瀆者的洗錢一樣，軍事法庭只是把屈打成招的黑箱作業，使它合法而已，軍法官如果判決政治犯無罪，他的下場就是自己成為下一個政治犯。

至於公設辯護人更是可憐的角色，唯一的功能，就是替政治犯認罪，祈求庭上法外施恩。大多數政治犯都知道司法的結果，所以比起被押在調查局或保安處時，都平靜的多。只有一種人是驚恐的，那就是被判決死刑的囚犯，立刻被戴上腳鐐準備隨時槍決。

看守所執行槍決的時間，在清晨五點左右，天色初呈朦朧，囚門咔啦一聲門鎖打開，傳喚的聲音早已驚醒從地舖上坐起來的死囚。「某人，開庭！」大家都知道怎麼回事，然後再聽到腳鐐拖在地上的聲音，一步一步、緩緩的走向大門。有時候一次執行六、七個人，腳鐐聲更像鋼鋸一樣，鋸碎囚犯們滴血的心頭。有時候有人高喊：「毛主席萬歲！」有時候也有人高喊：「蔣總統萬歲！」往事如煙，忠貞與叛徒同樣伏屍牆下，同樣埋葬一個亂崗荒丘，現在全都化成塵土，無一點蹤跡可尋，蒼蒼者天，曷其罔極。

有一位與許席圖「同黨」的年輕政治犯莊信男，是馬來血緣的原住民，個性率直，喜歡讀書，亦被「意圖顛覆政府」的罪名，判處有期徒刑十五年。父親與他之所以成為好友，是因為他在軍法處看守所時，有一場既驚險又傳奇的演出，陰錯陽差的幾乎被槍決。原來另一位政治犯林美海先生，思念大陸上的母親，託他女兒的一位南非同學，帶美金五百元給他母親。南非同學把錢帶到了，而且和他母親拍了一張合照，加上收據，從南非寄給林美海，以慰遊子的孝思。這信落在特務之手，「通匪資匪」被判死刑。

莊信男和林美海舖位相鄰，那天晚上不知何故，兩個人互調舖位，也沒人知道。次日拂曉，押房門突然打開，兩個班長衝進來撲向莊信男，用毛巾塞住嘴巴、雙手反綁，架著出去帶到法庭。桌上擺著一盤肉、一碗酒，和兩個饅頭。莊信南口被塞住，哼哼啊啊的有口難言。後來軍法官叫他簽字畫押，準備要拖出去幹掉了，莊信男簽下姓名，書記官才發覺不對，又押他回去，法警才再把林美海綁赴刑場槍決。

父親還說：「不管是『青年自覺』的莊信男死裡逃生，還是『孝順母親』的林美海冤屈亡魂，都是大時代的悲劇，也都是當一個中國人的悲情。」正如這首詩作：

幾番鐵鍊過門前、幾番哀嚎震鐵欄；腸縈兒女悲離別、魂驚鞭後咽寒蟬。
天上千年如一日、地上一日似千年；到此人生分歲月、聽風聽雨兩茫然。

還有一件最令人傷感的事，就是牽涉到八個人的「蘇北匪諜」案，其中三個政治犯已被判處死刑，五個被判十二年。死刑正在上訴，而十二年徒刑按照法律規定，已超過十天即行定讞，任何情況都不可再提上訴。這五個人在兩個月後，就要下監正式服刑了。又過了半年，即一九七〇年四月二十四日，遠在美國的一聲槍響，改變了這五個人的命運。

時任行政院副院長的蔣經國赴美訪問，以爭取美援，在紐約市廣場飯店前，遭到台獨分子黃文雄及鄭自才開槍攻擊，一擊未中，兩人隨即被捕。蔣經國回到台北，當外國記者詢問他這場虛驚時，他微笑回答已經忘掉。當然，他怎麼可能忘掉？他把對台獨的憤怒，發洩在紅帽子上，下令八個人全都槍決。那天凌晨，一個算政治犯中身材最高大的蘇北老鄉，正蹲廁所，班長撲上來，把他雙臂反銬拖出牢房，褲子都來不及提上來，沿途全是屎尿。為了防止他們呼號和詬罵，嘴巴都用布條掩住。

父親說：「後來才知道，軍法處大費周章，先代那原來判刑十二年的五個人，暗中提出非常上訴，然後再由國防部軍法局發還再審，再審的目的是要改判死刑。」當時的軍法局長，就是後來的副總統李元簇先生。

第三階段就是火燒島，政治犯到了火燒島就到了終點站了。無期徒刑只有等到死亡才能出去，有期徒刑也要等上十幾二十年之後，但總是有個期限、有個盼望。父親在綠島服刑的日子，有時候會喃喃自語，這是精神錯亂的前兆。

父親與調查局內部鬥爭而被誣下獄的五處處長蔣海容，同囚一室。他特別請蔣海容注意自己的異常狀態，隨時予以糾正。蔣海容是當時政治犯中身價最顯赫的一位，官拜調查局第五處處長，多少「匪諜」死在他手上，最後還被擢升為調查局主任秘書。

蔣經國介入特務機構，由沈之岳主持情報改制，聯手整肅調查局，爆發特務之間的內鬥。普通單位內鬥不過走人，特務機構內鬥，輕則見血，重則見屍。蔣海容和調查處副處長李世傑，以及情報局處長級官員十數人，先後都被逮捕，受盡自家人慘烈的折磨。

父親曾經問蔣海容，過去所辦的案子，有沒有動過苦刑拷打？有沒有冤獄？蔣海容回答：「

我從沒下令叫屬下動粗，所辦的案子都有真憑實據。」接著，他也長嘆一聲說：「落得今天這個下場，或許我冤枉過人。」只是蔣海容的真憑實據，是否也和劉展華一樣，都是刑求得來的？按照既定劇本編撰的？他沒下令教屬下動粗？但他一定默許，白痴才會相信他完全無辜。

蔣海容被判處三次死刑，最後以無期徒刑定讞，也被送上了火燒島。一年之後有一天，忽然又被調查局押回台北，大家都認為他可能提前釋放，多少年後才得知，他在調查局裡被以前的同儕用繩子絞死。調查局的說詞，跟對沈元嫜之死的說詞一樣，四個大字：「畏罪自殺」。

蔣家班來台後，大舉肅清異己、掃蕩匪諜，可是台灣就這麼大，哪有這麼多匪諜？調查局、警備總部這些情治單位即鷹爪四出、粗暴肅清，為了升遷和辦案獎金，盡出奸劣的技倆，不是說沒有確鑿的證據顯示真正的匪諜，而是「誣陷忠良」的機會伴隨而來，不管是忠良之士、還是奸佞之輩，不管是真的共諜，潛伏伺機而動，還是三代良臣，死忠效命國家，無關於任何意識形態，也無關任何善良奸惡，都有可能朝不保夕。但大尾的根本不動如山，小魚小蝦都是鬥爭下的犧牲品。

從一九六八年三月四日父親被羈押在調查局黑牢開始，到一九七二年四月被移送到綠島「綠洲山莊」，已經四年多了，他也已經適應了監獄生活，並找著獄中的生存法則：「鐵窗外的事不去想」，專心投入寫作，如果心無旁貸，「牢房角窄天地寬」，這才是監獄生活的開始，牢房外的巨浪，拍打岸岩的節奏，應對著枯燥又簡單的生活日復一日，就從這時候，他開始了「監獄文學」的創作，手上的筆越來越堅定、也越來越快，更載著他的心思，專心一致、不再漫遊。

父親用早上吃剩的稀飯塗在報紙上，一張一張的黏成一個紙板，凝乾之後就像鋼板一樣。他背牆而席，紙板放在膝上，專心構思。他說：「我建立自己最基本的史觀，就是我為小民寫史，而不是為帝王將相寫家譜、寫嘉言懿行；我想突破兩千年以來被視為正統的、以朝代為單位的體裁。」

曾著〈總統蔣公八秩華誕壽文〉一文的儒家學者錢穆先生的《國史大綱》，標題的辭句雖然新鮮刺激，但內容卻仍是古老的考據手段，是傳統性的說不清楚，以及保護既得利益的階層。

父親說：「我不停在腦海中醞釀著，想徹底取消朝代的框框，改為世紀為單位，使歷史事件發生的時間，得以明確的顯示出來。」於是他把歷史上那些令人頭昏眼花的官名，一律現代化。

但是父親這樣作，不但尖銳的違反傳統，簡直是另立傳統，一定會招來老傳統的反擊，可能還會體無完膚，因此他猶豫躊躇不敢下筆。直到有一天，同押一房的難友黃華先生對他說：「管什麼傳統，應該只管創新，能不能站的住腳，由讀者決定。」一語驚醒夢中人，他頓時茅塞全開，因此決定不顧一切，作全面的突破。

有幾個人是文學造詣深厚的學者？有幾個人看得懂司馬光的《資治通鑑》？如果每個人都明

確了解與分辨歷史的過程和教訓，照著這面鏡子，才都能從「醬缸」裡爬出來，要看得懂，就要平民化，由平民百姓自己提升自己，中華文化要如何復興？要從歷史教訓中篩選，如果全盤延承，就會更加腐爛、敗壞。儒家思想就是滿口仁義道德，都有冠冕堂皇的理由，為達目的可以不擇手段，而一切只有意識形態，只有一個主子，沒有公正、沒有公平，更沒有人權。

父親說：「中國傳統『成王敗寇』的史觀，矇蔽了所有中國人的智慧，我們要把這個打破。」因此，他歷史著作的革新使命，有以下四點：一、大膽跳過混亂又糾纏不清的年號，採用簡單的紀元，正確無訛表示出歷史事件的時間和位置。二、王朝和國號是成王敗寇的史觀，弄得是非顛倒，黑白混淆；以世紀為單位，將王朝、國號、年號，一律置於次要地位。三、皇帝的尊號和謚號，是史學家可悲的媚態，應該直接稱他的姓名。四、將文言改為白話，讓所有研究歷史的人都看得懂。

被稱為「中國十一世紀改革家」的王安石，在一〇六八年，即以「因天下之力以生天下之財，取天下之財以供天下之費」為原則，進行北宋的改革。王安石以「天命不足畏，人言不足恤，祖宗不足法」的「三不畏」精神，實行變法，終因保守勢力和既得利益階層的傾力反對，難逃失敗命運，甚至被誣「變亂祖宗法度、禍國殃民」。變法失敗後，宋神宗不解的問道：「這新法對國家、對老百姓都好，為甚麼你們大臣要反對呢？」後世流傳的「文彥博數豆」的主角文彥博大臣回答宋神宗說：「皇上英明！你是用百姓治理國家？還是用士大夫治理國家呢？」這就是典型的儒家思想。當官的自認比小老百姓有智慧，認為老百姓天生就比他們低一等，當官的就是既得利益階層，所以不想改變，也就是封建思想。你一動就批你違反傳統，甚至栽贓誣你「為匪宣傳」，拷打入罪再送進死牢。

自一九六八年三月四日起至今天，父親身陷囹圄已經六年多了，就在一九七四年，他被囚入「綠洲山莊」的第三年，已經能夠平靜的窩在牢房一角，開始為歷史埋首振筆，對外界已經點燃的「聲援」全然不知，寧靜的心湖沒有一點漣漪。

27 寫史寫詩 獄中家書

父親蹲在「綠洲山莊」的牆角，除了為小民寫史，也寫詩——

窗下讀殘書、悠悠意自如；渾忘家何在、輕風送翠姑。

斗室空寂寞、海浪聽酣呼；雲際傳笑語、人孤心不孤。

當然，監獄絕非善地，實在不是創作抒情文學的地方。父親解釋說：「人在這種地方，牢徒四壁，心情也不會好，眼光也更短淺，生活太簡單了，談話也缺乏深義，連作夢也越來越少，長期窩在牢裡，心靈全都乾枯了，失去原有的潤澤和滋味。」

而此時，孫觀漢先生為了營救父親，在美國編著了四百多頁的《柏楊和他的冤獄》，由香港文藝書局出版；香港的《人物與思想》、《七十年代》也都刊登〈柏楊冤獄〉的社論，留美學者姚立民先生的《柏楊反孔雜文選》、新加坡華文作家林臻先生編《柏楊短篇小說選》也在華人市場引起迴響，關懷「柏楊冤獄」已經有許多來自國際社會的聲音。

父親的「獄中詩」，特別感人的部分，是寫給佳佳和援救他的孫觀漢先生、梁上元女士、陳麗真女士和虞和芳女士等人。在這些之前的一九六八年九月二十二日，是他剛從調查局被移送到警備司令部軍法處兩個多月，直到一九六九年的七月二十日止，在被宣判「處有期徒刑十二年」的前十天止，這整整十個月裡，父親就在警備司令部軍法處看守所裡寫故事。

被逮捕之前，父親在家的時候，每晚都會說故事給佳佳聽，現在身繫囹圄，於是就用寫信的方式，給佳佳既說又寫的，進行這個「小白兔」的故事。這是一個寓言童話，說一隻名為「小棉花」的小白兔，聰明又活潑，卻在放學途中失蹤了，「爸爸兔」就開始上山下海尋找愛女，歷經千辛萬苦，還出現一大堆卡通人物，內容充滿了愛、悲憫及智慧，他就這樣，用文字代替言語，「寫」故事給佳佳「聽」，直到第四十三周的「米老鼠智擒兩惡狼」，顯然故事沒有結束，因為這個時間點，應該是他在接到宣判結果後，不斷的進行上訴，而將「解開魔繩的方法」，留到未來揭曉了。這一周一故事，足以發人省思矣。

父親蹲在「綠洲山莊」的牆角，除了寫詩，還寫詞——

看皺紋滿面鬢毛霜，對鏡久無聲。嘆孤魂拖影，天涯踏遍，都是伶仃。

三十年來歲月，空染一身腥。多少心酸淚，難挽流萍。

嚐盡人間滋味，為是非恩怨，誤了歸程。縱真正好夢，也願自今醒。

待晴日奇書看罷，臥小窗午睡聽黃鶯。兩相許，清風明月，度此平生。

父親蹲在「綠洲山莊」的牆角，還寫信——寫給他的小女兒佳佳。

一九七三年七月二十八日：「……要學習忍耐，貧苦家的孩子所以都前途無量，就是他們自幼學會了忍耐。痛苦是無盡的，要一直到眼淚流枯，變成笑容，才是人生。……」

一九七五年一月十二日：「……當我們有力量幫助人時，應盡全力幫助人，尤其是對比我們更苦的人。」

一九七五年四月十三日：「……有幽默感的人，生命力都有很大的彈性，能夠抵抗人生逆境，包括可怕的打擊。」

蔣中正才逝世一周，父親信中這六個字「……有幽默感的人」，可能又要製造爭議，多關好幾年呢？

一九七五年八月九日：「……人生就是不斷的要克服挑戰，闖過一波又一波，固然辛苦，也著實充滿興奮和激勵。」

一九七五年九月六日：「……凡許諾贈送之物，一定要辦到，如有困難，也定要說明原因，不可含糊了事。」

一九七五年九月二十七日：「……妳已是高中生了，盼吾兒開始寫日記，一則可使妳的生命充實，使妳回顧時可以看到歷歷的台階。二則可訓練自己運用文字的能力，和抓住要領的思考力。」

一九七五年十二月二十日：「……有人誇妳聰明能幹，……那是誘人鬆懈的毒藥，凡事都要靠自己的努力，無一例外。」

一九七六年六月十一日：「……單獨承擔是進入人生的第一課……吾兒多忍耐辛苦，藉此鍛鍊。」

前三個月刑期已滿，卻被軟禁，這封六月十一日寫給佳佳的信，似乎也在勸勉自己。

一九七六年六月二十九日：「……求人幫助並不丟人，只要是正當的事，而且要有報答之心。……一飲一食，不忘人家恩情。」

一九七六年七月四日：「……不用勢力眼看人，……絕不先疑心對方心懷欺騙，即使吃虧，仍然推誠相與。……驕傲的唯一結果就是失敗，妳要虛心再虛心、凡事都要謙卑，妳是爸爸的幼女，要避免一般最小女兒的習氣。……真正的愛是『義』。愛是在『需要』『快樂』的基礎上產生的，一但不需要、不快樂，愛就沒有了。而『義』卻是雖然不再快樂、不再需要，仍不離棄。中國古語說：『義無反顧』『義不容辭』，沒有『義』的『愛』，雖然親如夫妻子女，都禁不起考驗。這是一種高貴的情操，一個人的教養由此可見，吾兒要培養這種高貴的情操。」

一九七六年八月十九日：「……我們不能因岳飛慘死獄中，連忠臣都不敢做了。……世上最快樂的事，和最高貴的品德，莫過於幫助別人，而又有能力幫助別人。」

一九七六年八月二十日：「……在眼淚中改正自己的錯，就是剛強。不貪小便宜，包括物質的和精神的——貪人的同情與尊重也是危險的，……。」

一九七六年十月十三日：「……能原諒人是高貴的情操，但要從內心真正的原諒，……而不是虛偽。……不要一味抱怨別人，而應多抱怨自己，對我們好的，我們感恩圖報，對我們壞的，我們付之一聲嘆息。」

一九七六年十月二十七日：「……受恩於人，一定要報答，不到山窮水盡萬不得已，就不打擾朋友，免得恩情太重，超過將來我們報答的能力。」

一九七七年三月二十日：「……不可接受妳不能回報的禮物，不可對讚許和誇獎認以為真，……要把自己看成最笨拙的人，……。」

一九七七年三月二十六日：「……凡事都要為人想一想，這就是恕道，做到這一點，世界就寬了。總是想自己，就是自私，這種人可能快樂，但他不可能高貴。」

最讓我感動的，也就是父親遠在綠島的囹圄之中，還能關懷到台灣本土上的弱勢孤殘：

一九七四年十月十三日：「佳佳：……《青年戰士報》第七版登有屏東縣林月華小妹，一個六歲的小女孩患血管瘤的消息和照片，她在照片中露出可怕的病腿在哭，爸爸看了也忍不住哭。吾兒，妳要幫助她，使她早日治癒，……把報紙給同學看。這小女孩就是我心目中的小女兒，我能看到她得救，死也瞑目。」

一九七六年十一月十六日：「……有一事囑兒，一九七四年十月十四日《青年戰士報》

載：「竹東鎮……七號」十二歲的徐桂銀小妹，右腿紅腫比腰粗，家產用罄。看後落淚，爸爸不便寄錢，希吾兒速給徐小妹寄五百元（爸爸還妳）做為捐款，此錢杯水車薪，但是表示人情溫暖對她的關心，盼能提高她的求生意志，十二歲孩子，命運如此殘酷。……此事望兒切勿不理。」

一九七七年二月二十一日：「……有一位馬先生，生四男二女，窮困可知，靠雜工維生，終積勞病故，這是多年前事，稚齡幼兒與母拾荒餬口，因為不能飽足，就相繼淪落，四兒均竊盜被捕入獄、長女婚變流落無依。母親遭受多重打擊精神失常，每日虐打幼女，可憐幼女年僅十五，哀討無門、哭天淚盡。悲慘遭遇齊集一家，令人鼻酸。現郵寄一千元，希吾兒立即送去，她名馬玉美，住「台北市松山區福德街二〇二巷三弄十三—十八號」詢問清楚切勿弄錯，誠懇的安慰她，不要告知吾兒姓名，願主佑她。」

一九七七年三月二日：「……幫助人要誠懇，不是施恩，妳去了一趟，沒找著就不耐煩，說妳不能天天去，難道爸爸能天天去嗎？這事應由妳自己做主處理……。」

看上面三月二日這封信的重點，可能佳佳沒能完成父親交代的任務，挨罵了。父親蹲在「綠洲山莊」的牆角，除了寫史、寫詩、寫詞、寫信，仍不忘訓話。

父親說：「寫家書是他在牢裡最刻骨的一種溫暖，即便是和著眼淚。」他有首詩，就叫〈家書〉：

伏地修家書、字字報平安、字是平安字、執筆重如山；
人逢苦刑際、方知一死難、凝目不思量、且信天地寬。

這些都是父親跟佳佳，二百多封往返的「獄中家書」中，屬於他「格言」「訓話」性質的一部分。而讓我最感動的，也就是他遠在綠島，還能關懷台灣的弱勢孤殘。

父親自一九六〇年在《自立晚報》開始寫雜文，就對社會充滿了關懷，對令人憤慨的社會事件會抨擊，對許多弱勢族群在這現實社會裡血淚交織的貧苦生活，他也從自己做起，藉文章向社會發聲，希望拋磚引玉，今雖身陷孤島黑牢，仍懷憐憫之心。

再回頭看看父親被「軟禁」之後，寫給佳佳的信，以下小部分的摘錄：

一九七六年三月九日：「……寫此信時，不知如何下筆，我不該於二月二十八日寫信告訴妳我們即將團聚。現在我在綠島已有很好的工作，不要為我擔心……。」

一九七六年五月十三日：「……我常在囚房中自言自語，……我們骨肉就要團聚，想不到變成幻夢……。」

一九七六年七月九日，佳佳由羅祖光先生陪同踏上綠島的土地，探視父親。

就在父親寫史、寫詩、寫詞、寫故事、寫信和訓話……這期間的一九七五年的四月五日清明節午夜時分，蔣中正心臟病發逝世了，這一天，父親在牢裡很平靜，而心裡想的是：「天下沒有長久的暴政。」這與「天下沒有不散的筵席。」是同樣的定律。

自一九四八年五月二十日，蔣中正就任中華民國首任總統，一連當了二十七年的總統，從第一任、第二任、第三任……，到了第五任都不下台，直到咽下最後一口氣的這一天。

父親說：「我有一種若有所思的感覺，從一九三八年在武昌左旗營房當儀隊開始，到現在身為囚犯，前後三十七年，半生歲月，由當時極端崇拜，到逐漸對他質疑、信心動搖，以至完全崩潰，其中最令我不解的是，這位全國武裝部隊最高統帥，喪失了廣袤千里的國土，拋棄『敬愛他、服從他』的十幾億人民，自己落荒逃到這大海的孤島，竟然絲毫不必負責，責任反都是別人的，也不受任何法律審判，反而要審判別人，狼狽的潰敗而逃，反而證明他更英明，實在令人作嘔。」

從那天開始，國民黨祭出了各樣的「誌哀辦法」：半旗致哀一個月、娛樂場所停業一個月、媒體停播所有娛樂節目、畫面由彩色變黑白、教唱〈蔣公紀念歌〉。

一九七五年的當天，我二十一歲，正在軍中服役，每位士官兵都綴配喪章一個月、禁假一個月、下半旗誌哀一個月、每隔多久還要鳴放禮炮。

綠島的「綠洲山莊」也不例外，監獄官要囚犯們靜默三分鐘哀悼，居然有一位囚犯，白目的突然笑出聲來，被監獄官大罵喪盡天良。蔣中正之死帶來皇家效應，歷史上老王死掉，新王登基，總要大赦天下，表示薄海感恩。雖然蔣經國尚未登基，但政府已下令刑事犯減刑二分之一、政治犯減刑三分之一、無期徒刑減刑為二十五年，唯一的但書是：凡參加共產黨的政治犯，一天也不減。

父親被判刑十二年，減掉三分之一，就是減掉四年，刑期就只有八年了。他說：「這時候我忽然發覺劉展華先生真是可愛，如果不是他在審訊中那一聲『你也配！』此時，我就不可能減刑四年。」當然，如果沒有這卑鄙狡詐的設計，連一天的牢都不必坐的。父親說：「一九四五年中國對日抗戰勝利後，蔣中正那時如果就翹辮子，一定會被人戴上完美無缺的民族救星的帽子，也將永耀史冊。」而十三年後，一九八八年的一月十三日，蔣經國在第七任總統任內病逝，蔣家班瓦解，綠島政治犯的監獄「綠洲山莊」也告撤銷。

把綠島喻成「惡魔島」，是很不公平的，綠島其實是一塊人間樂土，碧海藍天、風光明媚，有許多未經雕琢的自然風光，現在已經是休閒和旅遊的觀光勝地，而且在旅遊的行程裡，原稱為「綠島垂淚碑」的亞洲第一座「人權紀念碑公園」也在其中，這是父親的「人權教育基金會」所籌建，於一九九九年完工，是為了紀念爭取自由民主，而遭到獨裁迫害的民主鬥士們所建設的。

從一九七六年的元旦開始，父親每天劃去一格，這樣倒數日曆，是我們服過兵役的人獨特的經驗，越是接近目標，越是讓人心焦。父親經過特赦後的八年刑期，已經破百到當年的三月七日，這個時候，時鐘好像故障了。他解釋說：「這不是急躁，而是動心，好像萬念俱發，八年監牢，似乎最後這兩個月最長，也最難過。」在我們服兵役的最後百天，開始「數饅頭」的日子，也最為難熬。

28 隔壁軟禁 黑牢無期

父親開始收拾行李了，並打包好寄給陳麗真，陳麗真在家中還為他騰出一室予以安頓。並約好當天從台北趕到高雄接駕。一切安排妥當，就等三月七日的姍姍來到。

然而，就在那屈指可算重見天日的時候，「他們」決定「不釋放柏楊，繼續囚禁」。所謂「他們」，就是上自蔣經國，下至警備司令部，還牽涉到什麼單位、什麼高官，就不得而知，總之，這是蔣家父子特創的一種使政治犯生畏、絕望、不可思議的「隔壁手段」。

「隔壁手段」關鍵在於「隔壁」，火燒島政治監獄的隔壁，是警備司令部所屬綠島指揮部，指揮部有一個新生大隊，也就是黑社會重量級流氓集中營，凡是惡行最重大的就送到這裡，接受更嚴厲的「管訓」。

父親解釋說：「關在綠島的政治犯，都是情節重大的，刑期雖然屆滿，但有關單位認為其思想仍未改造，或者找不著『保人』，就在出獄步出大門時，重新被逮捕、囚禁，管訓期限一次三年，可以一次、再一次、無限次的延長。」有人甚至被延長了七、八次，每次三年，這總共多少年了？而外界沒有一個人知道。所以，班長們經常警告囚犯：「我沒有辦法叫你出獄，但我有辦法叫你坐牢坐到死。」

有一位政治犯在他要出獄六個月前，依規定要寫「感訓心得」，一般都會「痛心自責」，依照官方意思永遠擁護英明的領袖。而這位難友在寫「感訓心得」時，不但不認錯悔改，還把他在調查局所受的苦刑，以及冤屈的案情，一寫就是二十幾頁。政戰官特地向他分析利害要他重寫。這位老兄認為現在他要出獄了，黨國要人不是都在勉勵誠實無欺嗎？他要層峰知道事情的真相。政戰官怎麼勸都無效，甩門而去。結果，這位老兄被送到「隔壁」，三年之後還延長了一次，總共多關了六年才被釋放。

父親無法想像這「隔壁手段」會落在自己身上，刑期屆滿的前一天下午，他被帶到監獄會客室，在座的有監獄長、政戰主任、還有綠島指揮官王道洪將軍，以及警備司令部保安處副處長吳鴻昌。七、八個人裡，只吳鴻昌一人戴著墨鏡。

父親還沒坐下，吳鴻昌就開口了，他說：「你不是寫了一份報告，要求政府幫你介紹工作？政府也曾詢問全國各單位，可是凡看到你大名的人，嘿、嘿、嘿，他們都頻頻搖頭，政府並不氣餒，繼續為你調查，你要知道，你雖然不愛政府，政府卻是愛你的，最後總算為你找到一個教官的缺，那就是在綠島指揮部。」聽這個人一口氣說完，父親腦袋瓜轟然發脹，問道：「是不是把我送到隔壁管訓？」

「絕對不是管訓，你是真正的教官，和指揮官平起平坐。」

「那麼，我是不是可以先回台北一趟，看看我的女兒，然後再回來報到？」

「不可以！但你女兒可以來這裡看你。」

父親虛弱的再問：「請問，我什麼時候可以離開綠島？」

「你這個問題，我們在座沒人有資格回答。」

「那麼，這豈不仍是管訓？」

「告訴你不是管訓就不是管訓。」吳鴻昌老羞成怒了。

父親謹慎的問道：「既然不是管訓，我可以不接受這份工作嗎？」

「你知道你為甚麼坐牢？」吳鴻昌問道。

「我知道，我是匪諜。」

吳鴻昌終於翻臉，說：「什麼匪諜？就是因為你不聽話，才這樣修理你，你到現在都還不聽話，竟回絕上級安排。你以為我們不敢管訓你是不是？如果你不想當教官，想當管訓隊員，我一通電話，管訓令就會下來，你信不信我們有這個力量？」這回是一口氣連珠炮似的說完。

父親喘息說：「我信、我信！」

「那麼……」吳鴻昌繼續說：「你回牢房寫一份自願接受這份工作的感謝狀。」

父親回憶這三十年前的事，認為這種以特務為主幹的政權，對任何一個得罪他們的人，絕對沒有肚量容忍。原來，警備司令部鑑於「柏楊」在國外具有影響力，其出獄後如不作適當防處，將會產生不良後果，於是提出分析，甲案：「由該部以聘雇名義安置於綠島警備指揮部，每月津貼生活費新台幣五千元，由國家安全局撥發。」另乙案：「由國家安全局協調中央文工會安置於政府適當之學術研究機構。」之利弊得失。最後由國家安全局核定甲案：續留綠島，職任教官，形同繼續監禁。雖有違監獄行刑法等相關法令，但是又何奈？獨裁政權，是凌駕於法律之上。

一番談話結束，父親帶著噩耗返回囚房，大家一聽霎時間噤若寒蟬，原來特赦並不能取代隔壁手段。第二天，父親被帶到大禮堂，面對蔣中正遺像宣誓永遠脫離叛亂組織、永遠信仰三民主義。然後辦理出獄，走出監獄大門，沒有享受一分鐘的自由空氣，隨即被請上一輛等候著的軍用吉普，三分鐘後，就到了政治犯最恐懼的「隔壁」——綠島指揮部。

父親的雙腿有千斤之重，他沉重的踏上台階，指揮官王道洪先生謙和的在大廳相迎。就在這裡，他每天吃飯睡覺，一無所事的開始過著被「軟禁」的生活。軟禁可怕在沒有刑期，即令是二十五年最高刑期，也有期滿的一天，即令是無期徒刑，也有大赦、特赦、減刑的可能。只有軟禁犯，可能被囚禁二、三十年，甚至四、五十年，更甚至永無盡期，任何大赦、特赦、減刑都輪不到自己，因為刑期早滿，軟禁犯並非罪犯，只有一紙行政命令和一張「工作證」，沒有刑期限制，等承辦員更換幾次，就逐漸遭到遺忘，慢慢全世界也都遺忘，即使老死，也在這被軟禁之地，孤獨一身葬身魚腹。

當初名噪一時，從廈門游泳到金門，投奔自由的紅衛兵王朝天先生，他這個呆子竟然想向警備司令部討回登岸時被搜去的人民幣，因而被送到台北土城集中營監獄，他忿忿不平，在黑板上寫下他的抗議，結果就被送到這裡軟禁，當看管雇員。

父親說：「另一位更離奇的軟禁犯汪廷瑚先生，他得罪當時國民黨秘書長張寶樹，張寶樹一通電話到警備司令部，汪廷瑚立即在他教書的台北大安高工教師的位置上被捕，押解到綠島指揮部，成為看管雇員，事後，張寶樹多次要求他寫悔過書被拒。」直到父親回返台北，繼任指揮官周書府先生，對軟禁犯採取更嚴峻態度，汪廷瑚終於遭到毒手，不明不白的死在周書府派出的槍兵圍毆之下。

所有的希望都被無情的摧毀了，父親連申訴的機會都沒有，一連幾晚都無法安枕，他哀傷、憤怒、心悸不止，最焦急的是，他無法跟外界聯絡，無法告訴外界他眼前的處境。

此時，很少人能夠體會「苦難的價值」在於留在其中，看見「神的旨意」。

父親早跟陳麗真約好，三月七日當晚在高雄接駕。結果突然像斷線風箏音訊全無，雙方的憂心與焦慮不言可喻，而五天前，麗真的夫婿一栗先生，還被警總請去談話，每次都令人膽戰心驚。陳麗真在《柏楊．美國．醬缸》書中，描述她當時的遭遇與情景，摘錄部分如下，令人心痛滾淚。

三月一日小昱氣喘住入醫院，三月二日又被約談，因為問心無愧，因為一份友愛之心，而得警總傳訊官的諒解與同情，他們善意勸阻我們別去綠島接人，風高浪急，交通險峻，孩兒又病，我們接受了好意，決定和祖光、一栗、小昱等四人，在三月七日下午二時起，就在高雄火車站對面一間飯店等候。……三月五日小昱出院，六日整天像熱鍋螞蟻，七日一早搭乘八時南下特快，可憐小昱仍在輕微氣喘……我心急不過，獨自跑到公路局東站去等，想想多年未見，老師背駝了？髮白了？蒼老不堪了？……眼睛不敢轉動的盯著從台東開來的每一班巴士。六點、七點都在失望中過去了，老師還未出現。我想，一定是老師愛美本色，先去理髮、染髮了。一面安慰自己，一面耐下性子繼續等待。糟了！說不定坐在剛剛停在前面的那班車上，心裡想著就往飯店狂奔……三副沮喪的面孔相對，我又回到車站。八點、九點……每一班的旅客都被我毫不放鬆的盯著牢牢的。十點，又到了一班車，在一陣蠕動的人潮中，我似乎看到了老師的影子。感謝上蒼，我沒有高血壓，否則不堪設想，……盼著、盼著……很像，但不是老師，我追過去，站在他的面前，四眼相對，神似卻不是。沒有眼淚，只有無限失望……，好心的站長走過來問：「等人？」「是的！」「很重要的人？」「很重要！」「半夜十二點了，已經沒有車了，小姐妳臉色不好，送妳回去吧？」「謝謝！不用了。」腳上像綁了千斤重擔。……我們仰望夜色的穹蒼，那疏落的閃爍繁星，顯的無比的蒼涼與虛弱。……三月九日，在台北接到老師出獄前夕寄給我的一首詩。三月十日，收到老師的限時信，寄件地址居然仍是綠島。信上寫著：「麗真：我已經準備好，以為就可以回去了，長官卻把我找去，告訴我要留在綠島繼續囚禁，看來我們此生見不到面了，請原諒，讓你們四位辛苦的白跑一趟。我心裡空前傷感震盪，不多寫。」喔！事情已經大白，老師雖然終於出獄，但卻永遠不會回來了。

父親終於熬過了這八年的有期徒刑，但卻一腳踏空，栽入了無期徒刑，對外的信件，不准提及任何「軟禁」的字樣，只能說目前擔任教官，身體健康、生活美滿、精神愉快。父親知道要見我們兄弟二人，包括麗真，都不可能，於是他申請要佳佳登島會面。感訓組長汪迺效先生同情他的遭遇，就協助完成他與佳佳父女見面的心願，經過多方多面的折衝和安排，終於讓羅祖光先生能帶著佳佳前來綠島探視。

佳佳兩天的綠島之行，雖然父親已感覺了無遺憾，但也不能改變什麼，於是他又繼續把情緒融化到詩詞之中：

濃雲壓壓壓殘苔、獨倚欄杆一眼開；
我慚千鈞無氣力、萬籟無聲待雨來。

父親可以自由走動，可以站在高崗遙望巴士海峽，可以痴呆的坐著凝聽巨浪拍打著岸邊，但是，卻沒有一個談話的對象，因為，所有官兵都把軟禁犯當作痲瘋病患，不敢靠近。突然有一天，軍號齊鳴全營警戒，一架直升機直接降落草坪中心，一位高級將領走下來，原來是警備司令部政戰主任韓守湜，大家馬上被管制不可亂跑。不久過後，一位組長來找他，說：「主任召見你，快換件像樣的衣服。」

父親感恩的說：「我和韓守湜是開封高中的同學，但是自離校以後從未碰面，假定他沒有道義擔當，大可不必承認跟政治犯有同學關係，所以我很感謝他。」

在午宴上，韓守湜還向全體官兵說：「柏楊是我老同學，拜託大家多照顧他。」這是何等令人感動的雪中送炭的友情義舉。

兩個月後，另一架直升機降落，軍號照樣響起，原來是更大之官，國防部總政戰部主任王昇、副主任蕭政之，兩位連袂前來視察。根據韓守湜的經驗，都以為他們有可能會相見。可是飛機走了，汪迺效驚奇的說：「我知道你們也是同學，跟他報告柏楊也關在這裡，他們一面點頭，一面笑說：『柏楊？喔喔！名人！名人！』一步也沒停留登機而去。」這真是一個有趣的人生浮世繪，在患難中，才能看到人的形形色色。

種種變遷，絕非人能料定，父親獨處孤島，艱難中品嘗著苦悶，軟禁的只是身軀，靈魂是不受禁錮，他在這個階段，是相當的意志消沉、萬念俱灰，他寫信給梁上元：

……我在此生活，麗真當已轉陳，人生奇遇，集於一身，可謂沉重。……原來滿懷希望，出獄後造府，促膝長談八年往事，現在相見無期，只好以筆代言，縱寫千行，不能盡意，倍增惆悵。……

父親思念孫觀漢先生，特作詩一首：

萬籟都從耳底收、孤島長啼山更幽；東風吹合離離草、殘日會逢晚晚秋。
飄泊地涯驚淚眼、伶仃海外託歸舟；天生我輩人間世、一點赤心證白頭。

作詩寄情，父親只知道已經被世界拋棄了，並不知道此時，孫觀漢已經跟國際特赦組織（Amnesty International，簡稱ＡＩ），以及世界各處的援助和營救，都展開了全面的行動，而且日益激烈。

29 人權外交 獲釋回台

ＡＩ成立於一九六一年，總部設於英國倫敦，目前在全球一百八十國共有兩百多萬會員及支持者，在七十多國設有分會。一九七〇年代，ＡＩ不僅致力於救援各國政治良心犯，而且推動聯合國通過〈反酷刑宣言〉，其貢獻先後榮獲諾貝爾和平獎、聯合國人權獎的肯定。

一九七六年十一月十日美國《華僑日報》刊出「作家柏楊在台灣已被槍斃」的消息。因為父親未能如期出獄，自然引起外界輿論諸多的猜測，大家都認為他在獄中已遭秘密殺害，而這種秘密處死或暗殺的手段，在政治黑獄中屢見不鮮。

父親說了一個真實的故事：「當時綠島指揮部有一個圖書館，管理員也是一名軟禁犯，他是當年名震一時的抗日名將孫立人將軍的左右手郭廷亮上校。孫立人被蔣中正設計軟禁在家之後，與他有關係的軍官全被清除，郭廷亮是一位戰將，即將參加韓戰，擔任任務最艱巨的突擊團團長，準備全團戰死在灘頭陣地。就在聯合國拒絕台北出兵的當晚，郭廷亮被警備司令部逮捕，把他裝進特製的囚籠，嚴刑拷打審問，要他承認並咬出孫立人要謀反，最後被判處無期。蔣中正死時，他已經坐牢二十八年。」暴政瓦解、白色恐怖結束後，郭廷亮也被解除軟禁，那時孫立人將軍仍然在世，謀反的真相大白，又是一樁天大的冤案，完全是蔣中正獨裁集團設計的陰謀，可是郭廷亮早已家破人亡，無處投奔，只好繼續留在綠島，養梅花鹿為生。一天從台北回綠島，在中壢被人從車上推下摔死，一代戰將，死於暗殺毒手，留下無限詭異。

就在此時，美國總統卡特先生推動人權外交，父親說：「我是一粒沙子，人權外交的浪潮捲起了這粒沙子，把我從黑暗的深海捲上來，投擲到陽光下的海灘之上。」八年前他被逮捕的時候，孫觀漢曾在美國發動大規模的請願行動，國務院答覆說這是中國內政。而今天在人權外交的呼聲下，國務院立即展開調查柏楊的下落。而國際特赦組織所發動的世界性的救援攻勢，信函如雪片似的飛到台灣。的確，當軟禁犯在絕望之際，突然知道全世界還有許多國家的陌生人在關懷他們，甚至還在用盡方法拯救他們，那種感覺會造成心理的震盪，而燃起希望的燭光，並激發出求生的意志。

父親也因如此，才覺悟要好好的活下去，因為自己的遭遇，已經引起國際社會的關懷，對政治犯而言，坐牢是和暴君比生命的一場比賽，看誰活的久。於是，他拿出積蓄，買了奶粉、維他命，立志參加這場比賽。

產生了參加戰鬥的雄心，並建立了一定要贏的鬥志，父親心情豁然開朗，並且精神百倍，每一天早晨，他都會仰天禱告，一是感謝神的憐憫、一是堅定自己的意志，他自己完全無能為力，也只能把所有的一切，都託付給上帝了。

就這樣，在漫長沉靜、寂寥無念中，一年緩緩而逝，有一天，汪迺效拿了一份警備司令部的公文給父親看，上面寫著：「柏楊一員，本部另委工作，即日派員前往陪同返台。希轉知。」就是這封電報，使父親成為時間最短和最幸運的軟禁犯。

感謝神愛世人！數日之後，父親登上飛往台灣台東機場的班機，回顧來時，對葬送在這荒海孤島上六年多的生命年華，只換得一聲長長的嘆息。

梁上元在〈柏楊與我〉一文中，是這樣描述這場感人的重逢：

一九七七年三月，我們又得到柏楊即將釋放的消息，經過上次的波折，我們都半信半疑……這中間有半個月，是人世上最長的半個月，我和麗真、祖光，每天都通好幾次電話，探聽有無最新消息，……孫觀漢先生也不斷從美國打越洋電話，……九年都等了，這最後幾天卻等不了，到了三月底，我們幾乎又要動搖。

四月一日（這天又偏偏是愚人節）下午六點十分，我們終於在台北松山機場等到了柏楊……失去自由九年又二十六天，柏楊並沒有我們想像中的蒼老和狼狽，相反的，他染了頭髮，著深色夾克，雖然略顯清瘦……他和我們每一個人緊緊的握手，堅定而有力，而且馬上談笑風生。儘管在眉宇之間，仍隱隱流露一份緊張和一份怨怒之氣，但也因如此，整個人更顯的目光炯炯、虎虎生氣。當晚在祖光家晚餐，菜餚豐美、友情洋溢，觥籌交錯之間，我看他的表情開始慢慢鬆弛，當我們談到觀漢時，他禁不住落淚，在淚光中，他的眼神已變的十分的柔和。

這一天是一九七七年四月一日，距一九六八年三月七日，父親的冤獄共計有九年又二十六天。其中有判決書的硬牢八年。而八年刑期屆滿應該出獄，卻遭國家安全局自政策上考量核定，將他繼續軟禁綠島，繼續剝奪行動自由長達近四百天。若非美國政府出面關切，他這遭軟禁還不知要到何年何月？人生有幾個十年？前一晚，父親在牢房灰暗燈光之下，寫了〈我離綠島〉一詩：

我離綠島時、厚雲掩斜陽；脫我囚犯衣、換我平民裳。
十年如一夢、此夢仍未央；抬臂覺肘痛、著襪撫膝傷。
試步雙足軟、合唇齒半殤；仰頭望蒼穹、天人皆迷惘。

金堂酣歌舞、壯士泣沙場；丹心化為淚、巨星引眉揚。
高僧恕飛雀、奇異出畫坊；野村相面客、俯首甘異鄉。
獨念獄中友、生死永不忘。

依據現存國家安全局的檔案資料顯示，父親能死裡逃生，從綠島被釋放返台，是美國國務院透過美國駐華大使安克志先生關切「柏楊」的現況及刑期已滿，為何不得釋放等相關問題，向蔣經國提出質疑，台灣官員回答說：「柏楊自己要留在綠島當教官，有他親筆簽名的申請書為憑。」這種幼稚的笑話當然無法說服重視人權的美國人，蔣經國這才不得已轉變態度，經國家安全局核定，終於在一九七七年四月一日，釋放父親返回台灣，並安置在「中國大陸問題研究中心」當研究員，但是仍然以專案列管考核。

父親對社會的抨擊，是經歷了獄中的煎熬之後，才真正猛烈起來。從自由人跌落酷刑室，從耳聞的殘暴，到親身的煎熬，從拷打與逼供，到死刑被起訴，從綠島坐黑牢，到無期被軟禁，這才又回到自由，他對政治、人性，都有了更豐富的參透和領悟。

父親感恩孫觀漢先生的救援行動，他說：「每一個小故事，都使我飲泣。和他相比，也有更多的世態炎涼和落井下石的故事，每一件都讓我震驚。」然而，「人不炎涼不世情」，一個充滿勢力眼光的社會，固然使人心寒，但社會完全沒有勢力眼光，也會平淡枯燥。歷史上沒有奸佞，哪能顯出忠貞？沒有勢利眼，哪能顯出道義美德？一場叫座的戲劇，全場都是好人，劇情一定乏味，誰會去看？人生每次的挫折，都是一次友情的篩檢，經過風浪仍能相互體恤的朋友，才是摯友。

父親感嘆的說：「世界上從沒發生過，一個人挫折後，朋友陣容還能原封不動。」一貧一富，乃見交情；一貴一賤，交情乃見，這是千古的定律。

抵達台北後的第一個自由之夜，父親在明亮的檯燈下，寫給孫觀漢先生一詩，向十年如一日，伸出援手鼎力救助的孫觀漢先生表達無限的感恩與思念之意：

今日踉蹌回台北，人物都非兩渺茫；去時家園如完甌，於茲覆巢鳴寒螿。
念我身老童心在，仍將丹忱酬熱腸；先把無窮感恩意，第一修書報孫郎。

這兩位老人家，不但是智者之交，也是仁者之誼，更是勇者的生死擔當和掛念。

父親在獄中寫的三部書：《中國人史綱》《中國歷史年表》《中國歷代帝王皇后親王公主世系錄》，仍在警備司令部政戰部審核中，數月仍無消息。除了這三部書，還有一本《柏楊詩抄》。詩抄的內容，根本走不出政治監獄大門，父親似乎早就知道它的命運，因而分別抄在《辭海》

和《領袖訓詞》之類書中字裡行間，與正文相混夾帶出獄，但寫在紙屑碎片上的詩詞，就永遠失落，無法追尋了。

父親又說了一個第二次世界大戰末期的故事：國際上流行一則小幽默，說是一旦生擒活捉希特勒，應該如何處理？各國意見不同。英國人主張把他交付法庭審理，給他充分的辯論機會。美國人主張把他裝在籠子裡到處展覽，出賣門票。中國人則叫他找兩家殷實鋪保，隨傳隨到。這則幽默反映了各國的文化特質，英國人是守法精神、美國人是商業掛帥，可是對中國人把希特勒交保候傳這檔事，卻不能理解，為什麼國際間對中國有這種觀察？連他自己都十分不解。

父親入獄八年，直至要出獄了，才發現「交保候傳」在中國政治制度中極其重要。他說：「它具有極大的殺傷力，是暴政中的隱形殺手。以政治犯為例證，當他漫長的刑期屆滿，要出獄之前，必須找兩個保人，保證他永遠脫離叛亂組織、保證他永遠信奉三民主義、保證他定時定期到管區報告行蹤，如有違背『願接受最嚴厲的制裁。』這表面看似簡單的保證書，卻暗藏複雜的策略和陰招。」一個政治犯，從被捕的那一刻，親戚朋友就惶恐逃散，政府又刻意將他與社會隔絕，此人就從人間蒸發一樣的完全消失，數十年之後，人事變遷、世態轉移，全世界都已改觀，親朋好友在哪裡？同鄉同學在哪裡？妻子丈夫在哪裡？找不到一個人能為作保人。

父親解釋說：「監獄外的親朋好友個個都是驚弓之鳥，好不容易安定下來，突然接到這份殺氣騰騰，又陷阱重重的保證書，縱使一個霹靂打到腳前，也不過如此。誰有膽子保證一個判刑一、二十年，音訊全無的的危險分子脫離叛亂組織、信仰三民主義？每月定期管區報到？」保證人還不能出國，出國必須退保，否則政治犯將重新被捕。政治犯想出獄卻沒有保人，他唯一的出路，就是送到隔壁，說是軟禁也好、管訓也罷，反正關到老死，並非他是什麼重罪，僅是他找不到保人。

父親在刑期屆滿前，也拿到了保證書，這坐牢八年，看到保證書上嚴厲的條款，不禁心驚膽跳。他在坐牢前，知己滿天下，這時卻無人可找。父親說：「我第一個想到的就是陳麗真，這個嚴重的後果，加在一個女孩身上，我於心不忍，可是無可奈何。意料之中的，麗真肯為我作保，但再也找不著第二個人。因判刑死在黑牢，我認了，因找不著保人而葬身孤島，我死也不甘。終於最後，他們找到了當時當國大代表的于紉蘭女士，于大姐一口承當。」這兩張保證書，卻因為父親踏出服刑監獄，就進了軟禁監獄，而沒能發揮作用，但是兩位女性所承擔的義舉，卻是千斤重擔，也勝過任何鬚眉，更勝過有些曾是朋友，卻背後捅刀、或落井下石、或造謠毀謗的所謂「忠貞嘴臉」。

30 劫後餘生 再遭圍剿

從父親入獄那天，到今日深造凱旋，這些情形都不曾歇過。

一九六八年父親剛入獄，擅寫鬼故事的司馬中原就奉命到美國宣揚「柏楊」的惡行，一次會場上，還遭到夏沛然先生的制止：「柏楊有你這種朋友，他已不需要任何敵人了。」不過我寧願體諒，在那個時代，司馬中原也跟任何人一樣，充滿了無奈。

即使今日，父親從九年多的黑牢被釋返台，地雷仍繼續爆炸，既得利益者、酸葡萄心理者、急欲強冒出頭者、諸多忠貞嘴臉者、諂媚主子想吃點心者，都磨刀霍霍。

一九七八年九月的《台北文壇雜誌》有一篇筆名牧野的姜穆先生發表的〈由役談起〉，即以一種酸葡萄的心態，嚴厲的批判：

凡服刑者，無不於「德操」有虧，都是為填慾望，不惜干犯法紀，為匪為盜，甚而竊國或企圖竊國者。這種人本是害群之馬，繩之以法是大快人心的事，也唯有「公正」才能鼓勵忠貞，……某機構以「研究員」作為某類受刑人的酬庸，這就使一生賣命的人大感不平之外，也使人失去什麼是價值標準的感覺。如對受刑人加以酬庸，不是判決錯誤，就是向強梁示好，……他的筆鋒，常不忘挑撥，……他說滇緬邊區的反共忠貞之士，來台後淪為引車賣漿的行當，讀了這段文章，他的用意何在，我就不敢妄加推斷了，但我們都產生政府未盡到照顧忠良的印象。然而這本書竟然行銷百萬冊，不禁使我區區在下，感嘆不已。

接著姜穆又發表了一篇〈大家都去做研究員〉，筆鋒尖銳的斥責，父親當時並沒有立即回應，但是卻激起曾奪得香港短篇小說比賽金像獎首獎的作家鍾虹先生的不平，就跟姜穆大開筆戰。

還有一文是井種步先生，載於一九七九年八月份《亞洲世紀雜誌》的一篇文章：

《柏楊和我》是梁上元編著的一本「書」，扉頁題詞：「僅將本書獻給柏楊先生作為他六十歲生日的賀禮！」從以上引錄這些「他的朋友」們祝壽文中，發現不少的「冤」字和「誣」字。尤其是孫觀漢在美國出版的《柏楊和他的冤獄》一書。明明白白稱它為「冤獄」。我們實在弄不明白，難道說柏楊坐牢真是冤枉嗎？當他坐牢之時，報上不曾登有過新聞，及到出牢以後，報上才有了新聞。當然知道他坐牢的人不少，尤其是文藝新聞界的人，何以在國內無一人出頭代他「鳴冤」？至好如他的朋友梁上元、羅祖光，以及女弟子陳麗真，甚至他的妻子倪明華。只有一個國外朋友孫觀漢才出版《柏楊和他的冤獄》在國外發行呢？

我們沒有看過檢察官的起訴書與柏楊的答辯書。惟從他口中自訴出的「判決書」上的兩項罪名（在瀋陽被俘及在台北寫雜文為匪宣傳），而判定他坐牢十二年，罪與罰相等。怎麼可以稱為「冤獄」呢？

假若他「坐牢」真是冤枉，他「出牢」以後，還可以自己訴願、伸冤。在自由、民主、法治的中華民國，絕對可以還他「清白」的。直到現在為止，柏楊並不曾自己訴願伸冤，就證明他坐牢不是「冤枉」了。亦可見孫觀漢所謂「莫須有的牢」，與梁上元所謂「不白之冤」、羅祖光所謂「相信他的無辜」，都是感情用事之詞，其他幾位為他喊「冤」者，更是「無稽之談」。

父親說：「這一類忠貞的言論，不止遍布國內，也蔓延海外。」一位菲律賓僑領陳志專先生，就為文表態，載於一九七九年十月份台北《中國報導雜誌》：

有關柏楊案件，早在十多年前，由警總軍事法庭宣判定讞，期滿出獄，照理應該改過自新、表示懺悔才對；但不作此圖，反以東山再起的姿態，繼續挺進。柏楊的支持者竟又舊事重提，仍猶喋喋不休，實有藐視法庭之尊嚴，居然無人予以駁斥，這就妙了！

在過去，我們國家的作家，言論一旦受到箝制，或政府決心興起文字獄，很多知識分子，不是閉口自保，就是索性縱身投懷，希望分一點渣汁。或是在旁鼓掌稱快，甚至認為暴君暴官下手太輕！父親認為中國人真是病了，文化人更是病得沉重。其實他早在一九六一年因《異域》之書觸怒軍方，又因「雜文批判」被國民黨開除黨籍之後，就免不了被當時文壇的許多御用文人口誅筆伐，不遺餘力的全面圍剿。

全世界任何一個國家，如果有個作家被誣陷的話，全國作家都會聲援。只有我們中國，所有作家都在打落水狗，好可怕、好可悲、好可恥。所以毛澤東看不起文化人，這就是儒家學派「明哲保身」的哲理。

父親的監獄文學作品《中國人史綱》在《中央日報》上，不過是花錢刊登了銷售廣告而已，卻闖下大禍。因為《中央日報》絕對不允許出現「柏楊」這兩個字，意思就是全面封殺「柏楊」，僅因如此，報社就要開除承辦員馬錦文小姐。這讓父親想起一九四八年在瀋陽時，國民黨不批准他《大東日報》的執照，而這次封殺事件，使我們更加確認，無論是政治或是軍事，國民黨的潰敗，不是沒有原因的。

當時在台灣發行一百餘萬份的大報《中國時報》，有一次，舉行讀者和作者的聯誼會，他們邀請父親參加，而大家對他的出現驚愕不已。發行人余紀忠先生宣布：「這次聚會最重要的意義，就是歡迎柏楊歸隊。」

第二天，報紙刊出報導，父親也於返台後的第三個月，開始恢復了寫作的生涯。《中國時報》副刊主編、被稱為「紙上風雲第一人」的高信疆先生，於七月九日特別開闢「柏楊專欄」，讓父親發表了十年牢獄被迫擱筆後的第一篇雜文〈牛仔褲與長頭髮〉，久違了——十年，「柏楊」之名這才在報上重現。

緊接著的「大學聯考」作文題目「一本書的啟示」，在考生筆下出現次數最多的書名中，父親以筆名「鄧克保」寫的《異域》一書，竟然名列榜首，翌日，報紙更正為《風雨中的寧靜》後來居上名列第一，這乃是蔣經國先生的大作，所以，不得不把《異域》擠下第一名。

許多有形的毒箭，對父親口誅筆伐，父親說：「另外，還有無形的，殺傷力一樣強大。有位大學教哲學的馮滬祥先生，對《中國時報》竟讓柏楊開闢專欄，繼續為匪宣傳，挑撥政府與人民感情，簡直義憤填膺，說到激動處真是痛不欲生。」

父親就在這種禿鷹盤旋、豺狼圍繞、虎視眈眈的充滿危機、險惡的情勢之下，隨時都有可能重蹈覆轍、文遭腰斬、人被逮捕，但是他卻毫不氣餒、一路挺進，這些都是余紀忠先生的支持與鼓勵，帶給他最大的衝力，否則，他有可能上街擺個掛攤求生。

而一九五〇年，父親在台南附工中學教書的同事戴瑞生先生寄來新台幣一萬元，當年這是巨款，幫助他解決了燃眉的拮据。

一九七七年的八月開始，父親的小說《秘密》《莎羅冷》《曠野》《掙扎》《怒航》《異域》等書，陸續的都由林紫耀先生的星光出版社出版，包括他在獄中的三部史學論著。

父親在獄中另外的第四部史書《中國歷代官制》，那是在一九七五年，官員要他們「快快樂樂過一個端午節」，就把所有參考書都搜去保管，所以只寫了一半。當他回到台北，幾經周折三部書稿陸續重回身邊，面對汗跡斑斑，顏色枯黃的紙冊，他感恩說：「我有無限的感恩和熱情。這些書稿從地面高過腰際。幸而林紫耀先生慷慨承擔，並定名為《柏楊歷史研究叢書》，使我由衷的感動。」

就在《叢書》出版前夕，父親寫下了長達七千字的序言，顯示他對歷史，有著寬廣的視野。並對朋友獻上無限感恩。

31 監獄文學 贈與恩人

父親說：「意不盡而言不能不盡，我願述及我對叢書處理的願望。我虔誠的把第一部《中國人史綱》獻給孫觀漢先生。」

「……孫觀漢和陳麗真是我的恩人，這種傳奇性的義男俠女，可遇而不可求，而我遇上了，這是我的福氣。……」父親說：「我縱是集合全世界感恩的言語，都表達不盡我的內心。……孫觀漢先生，亙古以來，只此一人。有人把孫觀漢先生比為左拉，但孫觀漢先生比左拉更偉大、更艱苦。他像大海中的一葉孤舟，為營救一個從未謀面的朋友，付出他的眼淚、尊嚴、時間、金錢和最寶貴的健康，而且十年如一日。更主要的是，他的道德勇氣，不僅是為我一個人，而是對祖國一片丹心，和對人類一片愛心。」西方有句諺語：為朋友死易，找到一個值得為他死的朋友難。

父親感恩的說：「而我找到了值得為他死的朋友，這是我的幸運，也是我的光榮。……」

以「寒霧」筆名，在一九六六年八月二十八日，寫給「柏老」的第一封信的梁上元，當年只是髮與耳齊的高中女生，十年之後，她到台北松山機場接「柏老」的時候，已經是大學教授了。

父親說：「無論年齡、知識、智慧和社會經驗的增長，使她更堅定對我幫助，包括精神和物質的，也更堅定她對國家的愛、對人道的愛，和對人權的尊敬。她的品德可以在一件事上顯示出來，她是一位孝順的女孩，也是一位虔誠的基督徒。」他的第二部監獄文學《中國歷代帝王皇后親王公主世系錄》，贈給梁上元女士。

第三部的監獄文學《中國歷史年表》，父親贈給陳麗真女士，用以表達對她無窮的謝意。父親說：「麗真一九六二年第一次來探視我時，就成為我的學生。在我家庭破碎、妻離子散之際，她一直照顧我的生活，探視我，給我寄衣服食物，末了還為我作保。」麗真無私的付出，遭受到許多的風暴打擊，幾乎精神失常。在經過了無數次恐懼的哭泣之後，並沒有放棄初衷，使父親在孤寂的黑牢裡，仍享有人生的溫暖和友情的慰藉。當時在台灣，他也只剩下麗真一個人在照顧著，監獄也只准他跟麗真一個人通信，他說：「這些都是使我能夠活下來的最大支持。」

父親另外還有一位要謝恩的，是一位送開水的工友，素昧平生，他曾對父親說：「我知道你是冤枉的。我能為你做點甚麼？」父親請他帶話給倪明華，告訴她相關情況。沒想到電話被監聽，於是被逮捕，也從此失去蹤影。父親既自責又感傷：「不知道他是生是死？我日夜惦記著這件事。他是我要報恩的人。今生就是要找到他，向他道謝。可是，這麼多年了，一直沒有消息。……」

這三部史學論著，充滿了父親對這三位人生摯友、至真至愛的情誼，也體現出一個中國知識分子的豪志與悲情。

父親在《中國人史綱》中，有一段敘述：

……中華人是世界上最善良的民族之一，雖然在歷史上不斷出現戰爭，不斷出現殺戮，但任何一個民族的歷史都是如此，不同的是這都不是中華人主動的追求。只有在受到外來異民族過度的侵略，或受到貪暴官員過度的迫害時，才會發出壯烈的反擊。中華人真正的英雄氣概和高貴的精神價值，在反擊中全部顯露，也在這種反擊中，滾雪球般的不斷壯大。……中國像一個巨大的立方體，在排山倒海的浪潮中，它會傾倒。但在浪潮退去後，昂然的仍矗立在那裡，以另一面正視世界，永不消失、永不沉沒。就二十世紀，使人沮喪的大黑暗時代結束，五千年專制帝王制度結束，悠久的但已不能適應時代的生活方式和意識形態，也被逐漸拋棄。奄奄一息的中華人返老還童，英姿煥發，創造出中國第四個黃金時代，在全世界萬邦之中，充當忠實的跟強大光榮的角色，而且成為最重要的主角之一。

這何嘗不是父親自己的寫照，一個深愛民族、深愛國家，歷經流亡、酷刑、寃獄、軟禁的知識分子，本性是何等的善良，卻遭受迫害，曾被巨浪淹沒，等浪潮退去，依然堅立在那裡，十年之後，以另一面正視世界，並感恩於施恩之人，充分顯示出，中國人真正的英雄氣概和高貴的精神價值。

一九七八年的二月四日，在父親出獄後的第二年，與張香華女士結婚，這是父親的第五段婚姻。

父親認為自己的生命之中，累積下來有數不清的創傷，有些已經結疤，有些還在淌血。而張香華使他平靜下來，能夠專心寫作。這要追朔到兩年前，他還蹲在綠島黑牢時，看到《青年戰士報》的副刊有一首詩，其中一段是：「……可以聽到地下種子抽芽的聲音！」作者就是張香華。父親認為這是無法解釋的巧合，「緣」是感情最基本的土壤，有了這個土壤，自然迅速長出果實。

莎士比亞說：「上絞架和結婚一樣，都是上帝訂定的。」中國也有一句名諺：「百年修得共枕眠」。父親誇張香華是位智慧型的女性，自己有幸娶到她，是上帝總結他一生的艱難困苦，所賜下的恩典。是的！上帝賜給他比別人較多的災難，也賜給他比別人更強對災難的承受力和消化力，而最後，賜給他一位嫻淑能幹的妻子，陪伴他走過後面這三十年、最精采、最璀燦的三分之一個人生。

父親此後的三十年間，每每感謝上帝，他慶幸他們夫妻之間，除了是好夫妻，還是好朋友，彼此之間能夠相互勉勵、警惕、責難、規勸，這是很難得的事。當然，我們也感謝上帝，讓父親在出獄之後這耳順之年，終於得到他的真愛。

半年之後，孫觀漢先生從美返台探視父親，兩人初次見面，緊握雙手、淚流滿面、晃如隔世。

「中國五千年歷史中找不出一個可以和孫觀漢先生相比的人。」父親如是說。左伯桃、羊角哀廟享血食。管仲、鮑叔牙標榜史冊。劉關張三結義為留傳後世最久的佳話。吳漢槎、顧貞觀的烏頭馬角，寫下感人肺腑的詩篇。不過，他們原來都是親密的朋友。只有在西洋歷史上記載一件，那就是法國的左拉。當屈里佛斯被「誣以謀反」，囚入監獄後，跟他素不相識，在行業上也風馬牛不相干的文學家左拉，他發表千古不朽的〈我控訴〉一文，最後在獨裁權勢的迫害下，逃亡海外，但他仍奮鬥不懈。

父親說：「跟孫觀漢先生一樣，他們不是為了某一個具體的人，而是為了正義、真理、公道和人權。」而旅美作家暨藝術家薛俊枝女士對孫觀漢先生的人格，有最中肯的詮釋：孫觀漢先生「對社會，義無反顧，堅毅不屈；對國家，苦心衡慮，鞠躬盡瘁；對朋友，彬彬君子，高誼雲天。」不過，「柏楊」比左拉、屈里佛斯來的幸運兼幸福，屈里佛斯始終無緣跟他的恩人左拉見面，而柏楊卻能和孫觀漢先生相晤。

孫觀漢先生很擔心父親出獄之後的心理狀態，孫觀漢說：「每隔一段時間，報紙上就刊出柏楊被槍決的消息，每次看了都心如刀割，我就打國際電話向梁上元、陳麗真探詢真相。當傳言最厲害的時候，我真懷疑她們在隱瞞我什麼。」直至兩人見面以後的數年之間，孫觀漢都還一直掛心父親在經過九年的黑牢之後，會不會有殘留的傷害和後遺症。

中國人在醬缸裡太久了，很多人喪失了明辨是非和實踐的能力，使我們的社會缺少道德勇氣。以致好話說的太多，好文寫的太多，而做的卻太少。凡是認真追求是非，認真實踐理想的人，得到的往往不是鼓勵，而是抵制。獨善其身者愈來愈多，這是警訊，顯示社會人情冷漠。

父親說：「觀漢先生已是這麼有成就的核子物理學家，卻沒有被醬缸污染。他孩子般的純真，擇善而固執。九年又二十六天，是一個漫長的日子，他為了營救而受盡打擊，但熱情更高，奮鬥更昂。」

人道主義的孫觀漢先生身體力行「有心的地方就有愛」，著書立說、文字準確、思維敏銳、見人所未見。父親說他希望自己不是柏楊，他希望自己是旁觀的人，要哭著唱出讚美他的歌——勇者的畫像、道德勇氣的化身。父親語重心長的說：「我願用自己的生命，為觀漢先生換取青春，但上天無言。……我們有無限唏噓。」

父親邀請小牛——許素朱教授，聯手為孫觀漢先生編撰《孫觀漢全集》，他自認大部分都同意並接受觀漢先生的思想，並願意做他思想的傳播人，也希望能夠趕上他，要藉著與許素朱合編的這一部《孫觀漢全集》，表達對他的感謝。孫觀漢先生在父親入獄期間，十年營救、不屈不饒，其艱苦悲涼，催人淚下。

小牛教授還寫詩相贈，表達對孫觀漢先生的感動，這又何嘗不是做柏楊子女的我們，對孫伯伯的感動和懷念呢？

若問我　世上是否有化不盡的愛　我望著他那睿慈的眼眸　滿懷溫馨
若問我　世上是否有永不老的赤子　我望著他那和煦的笑容　會心一笑
若問我　世上是否有融不掉的雪　我望著他那牽絲的白髮　發呆
儘管時光流逝　儘管歲月無情　菜園裡的心痕
永遠地　令人懷念　發人深省

父親視力因為長期在暗淡燈光之下，嚴重退化，《台灣時報》特派員蘇墱基先生非常愛護他，除了邀請他在《台灣時報》寫《皇后之死》與《帝王之死》，還陪著他醫治眼睛，《台灣時報

》的董事長吳基福先生是眼科名醫，診斷父親右眼患的是「黃斑部萎縮」，沒有什麼特效藥，只有自求多福。可是一個作家，哪能寫作不用眼睛呢？有一次他在客廳看報，卻只開了一個頂燈，雖然不暗卻也昏沉，被關久了，他似乎已經適應了這種光度，但長久下來就不經意的成為病變了。

32 應邀出訪 星馬歐美

父親收到幾封海外的邀請函，邀請去訪問和演講，可是政府都不批准，連報上都不准出現的名字，想拿護照談何容易。他被鉗制了言論自由，還被控制了人身自由，這當然不足為奇。

中國自明王朝第一任皇帝朱元璋先生下令「片帆不得出海」，中國人遂被禁錮在陸地上，成為政府的人質。政府宣稱：中國是天下第一大國，凡想前往海外的人，都非善良之輩，而是天朝棄民，一定會顛覆祖國。對付這種人，必須加強禁制，以免他們滑出自己的手掌心。所以，在我們中國，准不准人民出國，遂成為政府獎勵搖尾系統，和壓制異議分子的一種手段。可是，到綠島不知算不算出國？

一直到一九八一年一月，香港作家倪匡先生向國民黨政府做出口頭擔保，父親才獲得批准出國，這次是應新加坡《南洋商報》、新加坡作家協會，和馬來西亞《通報》之邀，也是父親出獄後的第一次出訪，就讓他深受感動。因為在他要去的前十多天，新加坡和馬來西亞的文化業界，就已經開始討論「柏楊」這個人和他的經歷，以及他所有的作品。等到本人一踏上新加坡的土地，立刻受到讀者英雄式的熱烈歡迎，只見人潮洶湧，中英文報紙全幅報導。

父親回憶說：「對一個剛出獄的人而言，簡直不可思議，也是無比溫馨和無上的榮譽，只有青蛙變王子的童話裡，才會有這種強烈對比的奇遇。」從一個屈辱在冤獄中的一盞微燈、風燭下的弱骨殘年，承受與熬過了不盡的殘酷迫害，想不到在萬里之外，得到的是千百倍的溫暖和榮耀，此行使他終身難忘。

而這次的出訪行動，甚至還出現「被綁架」的插曲，原來父親一行人剛下飛機，《通報》董事長周寶源先生就用大禮車先行接走，熱情招待，然而其他媒體和記者久候不逢主角，連電視台安排的訪問也開了天窗，因此，差點鬧出「柏楊在新加坡被綁架」的頭條新聞。父親說：「我已是『歷盡滄桑一老頭』，受到如此熱烈歡迎、盛情款待，使我有一種好像是當了『匈牙利親王』的感覺。」新馬十天的行程，無論在文化交流上，或是文學互動上，他都親身感受到島國的社會與文化。離開新馬再到香港，也颳起了一陣「柏楊旋風」。回台之後，父親主編《新加坡共和國華文文學選集》，在總序中他表示，這是給新加坡的獻禮。

父親回來特別跟我們提及，在香港會晤到香港菸草公司總經理、也是大慈善家何關根先生。推前到一九六一年八月時，他的報導文學《異域》一書在海內外發行暢銷，引起特別的迴響和關注，一九六八年初，在被逮捕的前兩個月，何關根先生來信，表示對在台灣的孤軍悽涼境遇深感悲痛，捐出一筆鉅款，要「鄧克保」轉交。而「鄧克保」在被捕前，剛好轉發完竣，而且在報上一一徵信。所以這次到香港，第一件事就是拜訪何關根先生，雖然事隔十三年，仍要當面向何先生致謝。

新加坡、香港轉了一圈，返回台灣就有爭議上了門，這次造訪之地的媒體都大幅報導，其中有些合影之人被蔣家班視為左派分子，因此警總又找上門來了，質問為何出國要跟左派來往？於是，父親向他們建議：「你們帶著給牛馬豬羊烙印的烙鐵，把華人分成兩派，分別在他們臉頰烙印『左』『右』兩字來分別派系，這樣就清楚了，我們才能趨吉避凶，以免你們猜忌的心慌，又要找碴陷害我。」

父親使用的電話，包括家裡的、辦公室的、親友的，一直都在被監聽之中，我們在跟他通話的當中，常有斷續的停頓，像是另有分機沒掛好。尤其某些特殊的對象，更有同感，包括了同樣有爭議的作家、現任文化部的龍應台部長。這種監聽、監控的動作，我曾到「檔案管理局」調卷，卻查不出任何證據。

父親認為，政府要再有力量操弄民意，就很危險了。絕對的權力就有絕對腐化，即使人格再高尚、能力再優越、智慧再超脫的人，雙手如果掌握無限制的權力，也必定會腐化，進而越權、濫權，再就玩法、弄法，最終，一定走向獨裁專制。何況這種全知、全能的人根本不存在。
父親安慰的是，橫向的觀看現狀，與西方的自由民主國家比較，國民黨政府的獨裁本質並沒改變，但從縱向的角度觀察，國民黨政府還是有進步的。他說：「這進步，除了來自這個大時代民主潮流的衝擊之外，國民黨自身的檢討、反省後，願意讓步，也是原因之一。」
雖然陽光沉沒在海平面下，洶湧的浪頭依然險惡，但是此時，父親已經不再是一個卑微的小人物了，我不是說他偉大，而是他從地獄走過這遭之後，思想更加的成熟了，他不再正面和立即反擊來表明自己，他使自己的心境和格局更為寬大、也更上層樓，但是他的訴求主題，仍不離「人道」和「人權」。
宋朝楊公遠所云：浮生六十度春秋，無辱無榮儘自由。而兩度獲得諾貝爾獎的居里夫人曾說：如果能追隨理想而生活，本著正直自由的精神、勇往直前的毅力、誠實不自欺的思想而行，則定能臻於至美至善的境地。父親在這個年齡和這個階段裡，正是他人生和思想，以及心智的成長，使他邁入另一個新層次的境界，也就是那至美至善的境界。
同年七月，父親又接到世界詩人大會的邀請函，這次很快就取得了出入境證，於是他順利的踏上美國之旅，飛往舊金山與會。他回台之後，特別推崇美國人的禮貌多端和守法觀念，因而交通秩序有條不紊。他說：「斑馬線在美國，竟然有使汽車禮讓的功能，在台灣斑馬線卻是暗藏陷阱。」雖然今天，台北開車在斑馬線前要禮讓行人，否則開罰，但是酒駕卻依然盛行，罔顧人命，一條人命只值七年徒刑？嗚呼！只有重罰才能警惕人，久之，良好的品德，才由良好的習慣，自然演進而成。哪天不用罰款就能有各種美德，台灣最美的風景，才將是「人民高尚的品德」。

詩人大會閉幕之後，父親有五場演講，第一場在舊金山史丹佛大學歷史系，演講題目是「人生文學與歷史」，他以最詼諧幽默的方式，贏得全場聽眾掌聲和笑聲一共八十九次之多。接著又在柏克萊大學，以及洛杉磯《南華時報》、紐約中華公所演講三場，而洛杉磯的《論壇報》連載了二十三天，轟動一時。

父親以一個純民間作家，在美國引起這麼大的迴響，憑甚麼呢？他說：「我不是政府官員，我也不是文化打手，所以不能撒謊。」說真話，是真道德，才會受到真正的尊重。但是真話說多了，也有麻煩。

最後一場在紐約孔夫子大會堂，題目是「中國人與醬缸」，卻因為他把中國傳統文化形容為「醬缸」、對「唐人街」的髒亂吵雜，和中國人對自己同胞的迫害壓榨，提出應該自顧形慚、即時改正時，卻遭到一位聽眾激動的一躍而起，大聲斥責說：「你從台灣來，原希望你帶來好消息，像反攻大陸已經準備完成之類，想不到你卻來打擊華人的民心士氣，羞辱我們的祖國。」

父親一聽愣了半晌，至今還有人相信反攻大陸？實在難以理解。

但這個事件使紐約《華語快報》立即呼籲華人社會不可再繼續提出尖銳的問題，報上刊載：柏楊來紐約市，在紐約知識分子階層，捲起一個熱潮。不論右派、左派或自由派的知識分子，都爭著和他談話，也都爭著邀請他舉行座談會，……這讓真正愛護柏楊的讀者憂心忡忡，原因很簡單，紐約華人社會，是一個五花八門的社會，在政治上有左、右、中、獨，各種派別，每個人都有一套想法，都希望能和柏楊交換意見，看好的一面，這是柏楊吸收新看法的好機會，但就柏楊本身的安危來看，也可能使柏楊回到台灣後，再坐九年監獄的危機。……常常是有理說不清的，何況現在人人都想接近柏楊，……如被斷章取義，再戴他紅帽子，也不是困難的事。……如果真正愛護柏楊，應該為他設想，為他的安全著想，盡量使台北方面不要誤會他。

而第一場父親在史丹佛大學的演講，有一位美國人發問：「柏楊先生！您今天演講的題目，好像是專門說中國人的壞話，我想請您也說說美國的壞話。」這時全場大笑，父親回答說：「關於美國人的壞話，美國人自己講得夠多了，這是我非常羨慕的地方。」他還特別指出：「中國人的優點當然也很多，只是我們不必特別的去標榜，……談優點是救不了自己的，只有認清缺點，才能自救。」這位美國聽眾，跟那一躍而起「不容羞辱的華人聽眾」，真是一個強烈的對比，也顯示出「醬缸」的腐蝕性和民族度量的不同。

父親在演講中強調：「自救的第一件事就是要知道自己的缺點，假如不知道自己的缺點，整天去想得意的事，恐怕有點像賈寶玉意淫。」全場又是一陣大笑。這時還有聽眾發出這樣關心的提醒：「我們不知柏楊先生來美之後，講話的開放性有多大？您講話能到什麼程度才能夠回到台灣？……」意思是關心父親，講話太過，回台灣會不會又有「冤獄」發生？可見，所有華人對「白色恐怖」都充滿了顧忌。

父親還說了這麼一個小故事：「……我在鳳凰城一位美國朋友家住了幾天，主人的十六歲女兒Margret，到宏都拉斯，教導當地人眼睛保健的常識。宏都拉斯衛生很差，環境非常髒亂，這個女孩一覺醒來，竟然發現有一頭豬跟她睡在一起。我在她家的時候，她剛巧服務結束返家，向她媽媽眉飛色舞的說，她明年還要再去，因為那個地方太貧窮、太落後了，需要幫助他們，她母親立刻鼓勵她再去。」

我們中國人也許會想，要是我的話，我才不去呢。可是那個美國媽媽卻誇獎她的女兒，認為她的女兒既有見解、又有愛心，以她女兒能夠為別人獻身服務，而引以為傲。

父親說：「她並不是向我表示她的愛心，我又不能給她官做，也不能給她股份，這些都是她媽媽內心深處真摯的想法。而我在她的眼中，不過是落後民族的一員。……中國人的美德很多，可惜都在書上，或在嘴上。我們希望這些美德都能出現在我們的行為上，……我們自己要有受人尊重的前提，要有反省自己的能力，這是我們民族生存發展最大、最基本的要件。怪來怪去都在怪別人，這個民族就沒有救了。」

回朔到一九六一年，父親以第一人稱「鄧克保」所著的《異域》，內容生動的描述當年泰北孤軍的戰況和生存困境。泰北面積大於台灣三倍，就是這本著名《異域》故事的舞台。時隔五十餘年，孤軍已經寫入史頁，也成為泰北孤軍後裔永遠不會忘記的痛。

《異域》這本書雖然當年遭到各種指控，但是因為它凝鑄的是人性的光輝，是用血和淚所著作的紀實文學，並且深得當時的人心。直到八〇年代前後，讀者們更是關心並追問大撤退後孤軍的命運。

就在一九八二年初，父親接受《中國時報》副總編輯高信疆先生委託，帶著張阿姨出訪泰國北部，由中國人權協會派在當地的法律顧問王福邁先生，親自陪同前往北方九百公里之外、萬山叢中的孤軍基地美斯樂。他回憶這一次「深入蠻荒」的泰北之行，是一次「生死不測之旅」，在這山高谷深、渺無人煙的蠻荒地帶，暴屍幾年都不會被發現。連我們聽了，都不禁毛骨悚然。

二十天後他們返回，父親就撰寫《金三角・邊區・荒城》，在《中國時報》上連載，立刻引起社會巨大的回響，讀者們熱烈的捐款，使台灣熱情的「送炭到泰北」活動，持續了數十年之久。

座落於泰北美斯樂，以泰北「義民文史館」為名、由孤軍後代建立的「忠烈祠」，於二〇〇三年七月三十一日竣工，是一座中國宮殿式的文史紀念館，見證了異域孤軍奮鬥的血淚史，如今，泰北孤軍已經邁入了第三代。我們看到先人篳路藍縷、矢勤矢勇的為國家、為袍澤的犧牲奮鬥，再看看現在台灣政治的紛擾、社會的混亂、人情的冷漠、世態的炎涼以及年輕人的膚淺，我們是否應感到慚愧？

我們盼望我們國家能夠富強康壯，也盼望中國人世世代代，都不再有任何被別國侵略或相互殘殺的悲劇發生。今日孤軍的後裔孤兒們，在大家毫無保留的奉獻之下，逐漸撥雲見日，有如旭日東升，讓我們獻上由衷的祝福。

就在父親才從泰北回來，馬華公會又邀請他到吉隆坡講演，就在這一次的行程裡，他遇到了一個比「象人」更可怕、更可怖的人，就是「穿山甲人」張四妹女士。「象人」是一個發生在中世紀，英國的真實故事，而「穿山甲人」是發生在一九四八年的馬來西亞森州淡邊村，這也是一個真實的故事。三十五年後，父親來到這裡，真實的記錄了她的故事，並刊登在台灣和香港的報紙上，也立即引起了澎湃的同胞之愛，捐款一共新台幣一百四十萬元，及港幣三萬七千元。

父親充滿感激的說：「願上帝祝福我們苦難的中國人，我們雖有種種不可寬恕的缺點，但我們的愛心不死，捐款就是一項證明。」他離開吉隆坡時，留下一點微不足道的錢，請《新生活報》社長周寶源轉交給張四妹，不要說出名字，只告訴她，一個來自台灣的，同為華人的骨肉之情。

英國女王維多利亞女士，用詔書表達她對倫敦醫院的感謝，因為該醫院「收容了一個最可憐的英國子民。」父親說：「我們太渺小了，但我願意跪下，感謝有人能『拯救一個最可憐的中華女兒。』我們這一生中所受的苦，又算什麼？」後來林口長庚醫院發揮愛心，幫張四妹診治，並讓她免費使用許多價格昂貴的藥劑。她來台醫治時，她還從收到的捐款之中，捐出二十萬元給長庚醫院「先天性魚鱗癬基金會」，張四妹本來要捐四十萬的，被醫院苦心勸止。父親說：「當我把她擁抱在懷裡的時候，她是那麼嬌小、無助、和多麼渴望友情。」並且還鼓勵她回馬之後，可以學習畫畫，以後要為她舉辦畫展。

轉眼五年了，父親自出獄後，過得既充實，又忙碌，從泰北回來才兩個月，又要飛到西班牙首都馬德里，出席第六屆世界詩人大會。以一個六十三歲之齡，十年黑牢未將意志和身體折磨頹廢，「新婚」之後，愈來愈英氣風發。這次還接受法國社會高等學院之邀，擔任「中國研究中心」一個月的研究員。在張阿姨的陪伴下，就像是度蜜月似的，還訪問了法國、德國、義大利、丹麥、挪威和瑞典，也特別來到這世界上最小的共和國聖馬利諾遊覽。

父親對這個現存的最古老的國家，面積只有六十平方公里（台北市面積的百分之二十二），人口不到三萬（台北市人口的百分之一）的「國中國」嚮往已久，還帶回來一個很美的故事：二次大戰，盟軍向北推進，忽然發覺前面有個城堡，兩位身穿羅馬帝國時代盔甲、手執鐵矛的古代戰士，大聲喝道：「這是我們神聖的國土，不容許侵犯！」這個國土就是聖馬利諾。載著他們夫妻的汽車行在鄉村道路，沒有發現城堡和武士，路上空無一人，十分寧靜。

父親述說他的感觸：「一個國家不一定要大，人民幸福才是第一，國土大而人民痛苦，只能算是地獄。我登上小鎮山丘，拿著望眼鏡俯瞰四周，萬里青蔥，全是義大利國土，這真是一個奇妙的袖珍國家，他們至少七百年沒有戰爭，也就是說，從宋王朝迄今，都平安的度過神仙的歲月。」這是多麼奇妙的山河！多麼幸福的人生！義大利的一級方程式賽車F-1的比賽中，「聖馬利諾大獎賽」就是以聖馬利諾命名的。最後一個行程，他們參觀梵蒂岡的聖彼得大教堂。回台灣後，父親把這趟旅程的照片，全都沖洗出來秀給我們觀賞，當然包括跟教皇握手的那一張。

33 十年譯寫 資治通鑑

《資治通鑑》這書名，意思是「帝王的鏡子」。這是宋王朝六任皇帝趙頊，對司馬光這部巨著的命名。想了解中國，我們就應該詳細閱讀這西元前四〇三年到西元後九五九年，包含有一千三百六十二年史蹟的《中國中古時代編年史》。

透過《資治通鑑》，可以看出我們所處的歷史位置，和面對的禍福命運，也可看出統治階層的心態和行事軌跡，用來作為對他們的評鑑標準。《資治通鑑》是十一世紀知識分子使用的文言文，對二十世紀的我們來說，明顯的過度生澀艱深。從前，人們生活單純，知識分子可以把全部生命投入經史，而現今社會節奏迅速，對這佶屈聱牙的文字，誰有這種閒功夫嗑牙？

父親認為，假如再沒有現代語文本問世，這價值連城的《資治通鑑》將遭到塵封的厄運。我想也是，有幾個人對這套文言文有興趣？看了頭不昏才怪，我是指一般人，沒有意思跟高級知識分子抬槓。連司馬光先生都曾感嘆曰：「《通鑑》完成之後，只有王勝之借讀一次，其他的人還沒讀完一頁，就打起哈欠，昏昏欲睡了。」

一九八三年，父親開始著手築砌這龐大的文化工程《柏楊版資治通鑑》，他希望能使更多的人，有能力閱讀這部沉睡在圖書館裡的智慧寶典。而他在「臣光曰」之後，加注「柏楊曰」，同時寫出自己讀史的心得。

《柏楊版資治通鑑》是仿效英國《牛津字典》分冊出版的策略，於是同年九月，第一冊《戰國時代》問世，直至十年之後的一九九二年底，最後一冊《小分裂》脫稿作結尾，這長達十年埋首查卷的「譯作苦旅」，終於大功告成。並且在出版後第二年、第三年都分別獲選為一九八三年度「最具影響力的書」以及「全國最有價值和最暢銷的書」，並因創新文體、史觀、古今對照，成為年度「出版界十二大新聞」。父親說：「翻譯是一種細胞復活工程，假如一個字就是一個細胞的話，我們終於看到《通鑑》所有細胞都已再生，再生的時間，恰恰十年。現在我們終於完成，誠惶誠恐，呈獻在愛護和信賴我們的讀者先生面前。」

父親生日，本來是十一月一日，出獄以後，他就更改為三月七日，那正是一九六八年三月七日他入獄的日子，我們不懂為什麼不把生日改在出獄的那一天（四月一日）以茲慶祝？父親回答說：「我沒有必要感謝他們還給我自由。」遠流董事長王榮文先生就定一九九三年三月七日為「柏楊日」。那天，在台北誠品書店舉行慶祝酒會，為慶祝父親柏楊的生日，也為慶祝《柏楊版資治通鑑》全書問世。上午時分我跟弟弟本垣就到了現場，我們前去跟陸鏗先生、孫觀漢先生握手致意，再跟小牛、麗真寒暄時，聽到致辭的蔣緯國將軍，極有風度的說，他要代表老哥向「柏老」致歉，並走下講台，兩人雙手緊握，令在座百位嘉賓為之動容。

父親表示，他用巨大的心力來撰寫評論中國歷史，只是想追究一個問題，就是，中國的歷史為何瑣尾流離、循環往復，而又充滿了血腥和詭詐？他說：「這是因為中國的傳統思想，包括學術思想和政治思想，都沒有發展出自由、民主和人權的觀念。」而這些到底應該由誰來負責？

司馬光是偉大的歷史學家，擁有「瑞明殿大學士」兼「翰林侍讀學士太中大夫」的官職，又有皇上聖旨加持，經費和人員十分充足，在資源不匱乏的條件下，耗時十九年才完成了《通鑑》，而父親是以一個人的能力和簡陋的條件在從事翻譯，抒發自己的史觀。

司馬光的《資治通鑑》是寫給皇帝大臣看的，父親的《柏楊版資治通鑑》是寫給今天的官員和百姓看的，他語重心長的說：「希望讀者都能從中獲取人生的經驗與借鑒。《通鑑》提供的觀點和智慧，可以讓人做個『清明的第三者』，小至市井人事、大至國情世局，都可用大時空的角度冷靜的去檢查。」

紐約大學唐德剛教授稱之為「一書定天下」。歷史本身就是最好的故事，而中國歷史更是世界所有歷史書籍中最豐富的，沒有一國的歷史，能像中國追朔到四千年之前。可惜的是，中國有這麼悠久、豐富的歷史，自己卻看不懂，那是多大的悲劇和遺憾。

從這套書，我們可以看得懂，也透過種種事跡，去學習判斷、批評我們的民族、生活，並幫助我們展望未來。我們要在這些歷史故事中，看到千古以來人性的善良與邪惡。

在父親開始著手譯作時，我還沒結婚，到他七十二冊全部完成時，我兒中中都已上了小學。而我從第一冊開始，就和所有的同事、朋友，從看歷史故事的輕鬆心情開始閱讀，十年之後，當我們看完最後一冊時，全公司都成為研究中國歷史的研究員了。

回顧那段日子，我們登「攬翠樓」柏楊居探望父親時，他除了睡覺，就是埋首在四周堆積如山的參考資料裡面，一個字一個字的翻譯著，因為他強調，不但要忠於原文，還要譯出一部可以代替古文的《資治通鑑》，更要發揮神韻，使它簡單清楚，不依靠任何工具書都能暢讀。

父親從六十四歲譯到七十三歲，雖然沒有一九六八年在調查局黑牢裡那種「甲盡血出，和灰成字」的悲淒，但是《通鑑》十年，是另一個「十年牢獄」。他案牘勞形、翻書閱卷、一筆一刻、一字一格，能譯出這一千萬字，真夠壯烈，幸未成仁。《柏楊版資治通鑑》每冊首刷一萬本，在台灣只有兩千萬人口，這種成績值得欣慰，這也都是現代語文的偉大功績。

父親在譯寫工作完成之後，在《中國時報》上發表一篇誠摯的感言，他說：「感謝這十年，是中國歷史上從沒有出現過的黃金時代，我有幸能夠逢到，享有充分的言論自由、心靈自由和人性尊嚴。假使柏楊版有什麼貢獻的話，請了解這貢獻來自許許多多在這塊土地上為民主開放、人權平等的爭取，一起流過淚、流過血汗的朋友，希望這個時代一直延續下去直到永遠。」

我認真的讀到最後一冊的最後一頁，才知道《柏楊版資治通鑑》的「家族成員」，竟然多達四十多人，這組專屬的工作人員各司其職的努力耕耘，加強了豐收的成果，我們誠摯的表達欽佩和感謝。同年《中國人史綱》也被列為社會影響力最大的十部書之一。父親高興，我們也都與有榮焉，他一生歲月之中，沒有幾次能像這樣的鼓舞和欣喜。

就在這築砌巨著中的同年，父親受邀到台中東海大學演講，題目是「醜陋的中國人」——我們醜陋，來自我們不知道自己醜陋。可是卻又生波折，先是被校方請求更換主題，後來演講全程的錄音，交卷時卻是空白。

半個月後，台灣一家大報社也邀請父親演講，當聽到這個題目，他們說：「就讓他關著門，說給自己聽吧！」父親因為這個題目的原因，已經被拒絕多次，不僅如此，連看戲當「觀眾」都遭拒絕。有一次要去聽相聲，主辦單位還是知名的中央大學，票都預購好了，出門前卻遭來電婉拒出席，真是令人不解，到底這人性上「善與惡」的爭戰，出了什麼問題？

這使我想起，古希臘哲學家蘇格拉底的一句名言：我比別人知道多的，不過是我知道自己的無知。的確，許多人不知道自己的無知，也不承認無知，而且不願接受無知的事實，當然絕對不能接受被斥為無知。甚至包括知名學府的許多知名教育工作者，這就是問題的所在。

第二年，一九八四年九月二十四日，父親應美國愛荷華大學之邀赴美，參加國際作家寫作計劃，在學校有一場演講，主題也是「醜陋的中國人」，他強烈批判中國人的「髒、亂、吵」、「窩裡鬥」以及「不能團結」等現象，歸結到「中國傳統文化中有一種濾過性病毒，使我們子子孫孫受了感染，到今天都不能痊癒」，父親毫無保留、暢所欲言，全場都是他忠實的聽眾，結束後也引起留學生廣泛的討論。

美國有一本《醜陋的美國人》，美國國務院認為它是「確實刺激思想」的好書，當作治國的鏡子和社會學的參考，以期修正民族性的各種「醜陋」。日本也有一本《醜陋的日本人》，作者是人類文化學者高橋夫教授，在日本卻曾遭到查禁，還因為書中言詞犀利受到民眾辱罵。這就是東、西方人文素質的不同。父親並沒有否定中國的歷史文化，只是批評中國的文字獄和八股文是醬缸文化的源頭，愛之深、責之切。

在演講之後，父親就拿到一份完整的錄音帶，這才促成日後《醜陋的中國人》一書的問世，並於一九八五年當選全國最有價值和最暢銷的一部書。書的封面上，有這麼一句話：中國人，是一個迷失在濃厚醬缸裡的族群，需要警醒。是的！「醜陋的中國人」是二十世紀末葉知識分子在沉痛的反省之後，向自己民族所擊出的一記警鐘。父親寫這本書時，已經在台灣三十多年了，三十年沒回大陸了，是他看到台灣及海外華人中存在的許多現象，有感而發所寫的。他說：「沒想到，同樣的問題，也普遍存在大陸中國人身上，這是一個共性的問題。」有的知識分子能夠警醒，有的保守分子卻勃然大怒。

結果，比日本的高橋夫還要慘烈，這本書除了遭到大陸的封殺查禁，還同時引起兩岸三地許多憤怒的批判和攻擊。最諷刺的是，當年在大陸首刷的，就有近一百萬冊，居然全是「盜版」。

父親自認是中國人，而且是堂堂正正的中國人，才敢不諱言的指出自己人的缺點，如果是美國人在罵我們，你的感覺會如何？

書中有一段：「掌握權力的人，認為只要沒有人指出他的錯誤，他就永遠沒有錯誤。……思維一元化的人是難免的，……有幾個人能聞過則喜、聞善言則拜？……」其實我們可以想像，如果他跟孟子一樣，演講的主題是「人性本善」，不知道會有幾個人去聽？父親認為，人性本來就是善惡交戰的，中國人太不知反省、太不承認事實，也太不接受諍言。

好多人跟隻刺蝟一樣，為了保護虛空的自己，不斷的反應過度，永遠將刺朝外，聞風色變。

父親這次愛荷華之旅，是由愛荷華大學出一半經費，再由愛荷華燕京飯店老闆裴竹章先生捐助一半，裴竹章先生是美裔華人，但卻沒回過中國，他並不認識柏楊，就能慷慨贊助，使大家非常感動。裴竹章先生說：「我在沒有看柏楊的書之前，我覺得中國人了不起，看完書之後，才發覺……。」這也展現華人社會的中高階層，開始能逐漸的反省、檢討與改善自己了。

一九八八年開始，《醜陋的中國人》陸續譯成了英文、德文、日文和韓文，進入多國市場，也從這年以後的一兩年開始，中外學者和作家評論父親生平事跡的著作，突然多了起來，並且擴大到演藝界，為日後的《異域》拍成電影，和〈龍眼粥〉拍成電視劇，在新加坡上映，埋下了亞洲市場水到渠成的種子。

在美國這段時間，父親他老人家除了繼續翻譯《資治通鑑》之外，並寫信到大陸，尋找失散四十年的兩位女兒：艾紹荷之女冬冬，和崔秀英之女毛毛，歷經幾番轉折，終於尋女成功。三年後，父親跟張阿姨從台北飛到香港，大姐冬冬從輝縣、二姐毛毛從西安，也分別抵達香港，隨即上演一段熱淚滿盈、緊緊擁抱的感人情節，團圓的喜悅無以言傳。回台之後在餐桌上，父親還在細細回味這匆促又親情的七天。我和弟弟垣垣、么妹佳佳，都幸運能有兩位心地善良、頗為大器的姐姐。

一九四〇年，父親匆匆與艾紹荷道別，離開輝縣時，艾紹荷女士已懷胎數月，冬冬還沒出生。

一九四六年，父親從河南息縣逃離時，毛毛正牙牙學語。他心痛的說：「只有真正遭受這種親情遽變的人，才能體會出它的打擊，是如何的沉重。」

父女七天短暫的相聚，於一九八七年七月十四日依依不捨的離別，父親忽然扶在欄杆上失聲痛哭。就在這一天，還有一件改變世界的大事發生：蔣經國先生宣布解除戒嚴，結束台灣這長達三十八年、全世界最長的戒嚴體制，並准許台灣人民前往大陸探親。同時大陸也宣布改革開放，歡迎在台灣的「蔣匪餘孽」回鄉探親。這是兩岸三通的起步，父親感嘆的說：「滄海桑田，一個夢幻，接著一個夢幻。」

34 故土情思 重返家園

一九八八年九月，父親飛抵上海，這離一九四九年二月，他跟隨吳文義先生來台，已經四十年了。上海是他最後離開大陸的城市，也是回到大陸的第一個城市，面對眼前的光景，心底不禁感慨萬千。

父親第二站到了北京，在接受《日本讀賣新聞》和大陸政治報紙《人民日報》，以及各媒體採訪時，父親讚許大陸的改革政策，而對自己著作在大陸年產千萬元的「盜版」，他承認，很高興大陸讀者喜愛自己的作品，但是對「智慧創作的產物」，大陸普遍不尊重作者的權益，但是這種新時代的進步，需要政府制定法律並長期宣導，才能培養人民守法的觀念。

二十年前的一九六八年，父親被羈押在台北調查局，由特務劉展華監證之下，被強迫參加了「民主同盟」，結果換來十年的牢獄之災。出獄後，又經十年歲月的今日，他身在北京，當然要親自到民盟總部報到，經過特別安排，父親見著了久仰大名的民盟主席，也是當天的主人費孝通先生，以及許多在座的，都是三〇、四〇年代全國知名菁英的民盟高級官員。這次北京之行，東北大學原安排有一場演講，卻又更改為座談會，可能是沒被批准，據說也是忌諱「柏楊老師」的犀利言論，不願擴大他的影響力，復旦大學和人民大學可能都是同樣原因而取消邀約。父親說：「我可以到美國大學演講，卻不能在國內大學演講，這就是國情不同，但能夠與年輕的大學生和高級知識分子一起見面交流，也實在難得。」這次座談的主題，除了中國「醬缸文化」的問題、「四個現代化」的問題，還有屬於台灣方面的「民主和暴力」以及「台灣青年」的生活方面；最後是中國的「統一問題」，範圍都是在中華文化復興和政治民主的改革方面。父親的觀點十分清晰明確，讓與會師生都能得到最深入的認識，也都得到最精闢的見解。接著，父親又要去河南故鄉，也是我在二十四年後才踏上的河南輝縣，對我們父子兩人的意義，卻幾乎相同。他去，是回到了匆匆離開四十年的故土，為他的父親「郭學忠先生」立下一碑；而我去，是五十年來第一遭，是將我的父親「柏楊」的骨灰下葬，以及兩年後，家族聚集在「柏楊」墓園裡，鞠躬獻花與追思憑悼。

父親在我爺爺碑前跪下叩頭，不斷飲泣。我這兩位姐姐的母親——艾紹荷和崔秀英，都已先後去世，我的大姑姑郭育英女士，也在一年前的一九八七年，父親在香港與兩位女兒會面之後的次月，與世長辭，只留下不識字的女兒竇方愛。

父親心痛的說：「往日種種，遺恨留到黃泉。」不禁萬分唏噓。他還特地回到一九三三年的母校輝縣縣立小學，看到架上陳列著全套的《柏楊版資治通鑑》，老師克非和侯萬尊，以及鄧克保的影子，都一一浮現。隔天又回到一九三六年開除他的百泉初中，甚為懷念已經逝世的梁錫山校長。在圖書館又看到自己所有的著作，他覺得十分感動。

在輝縣市區，父親終於親眼看到了傳聞已久，由雕塑家李學先生為自己雕塑的丈高半胸雕像。大陸從來不批大陸以外的學者或作家的，除了兩個人，一位是四十年前「批胡適」，二是現在「批柏楊」。據說，這主要不是給海外看的，而是給大陸看的。在三年後，北京《解放軍報》批判「醜陋的中國人——柏楊」其反傳統思想時，這個銅像也就宣告失蹤了。

父親離開輝縣之後，又到西安探望我的二姐毛毛，不久就因為水土不服，加上嚴重感冒，只得結束這一個月的旅行，提前返回台灣。返台之後，他把這次返鄉之旅的各種見聞，寫了一本十二萬字、卻又引起兩岸爭議的散文報導《家園》，於一九八九年的五月出版，然而在同年年底，就進入了日本暢銷書的排行榜。

——大陸可戀、台灣可愛，有自由的地方，就是家園。

但是兩岸好像都有些不滿，應該就是這段副標題惹的禍吧？而家是心之所在，大陸是故鄉，台灣是家；心之所繫，也緬懷故鄉，心之所淒，是回不了故鄉。此行，父親的心願都了了，了無遺憾了。任誰有不滿，也是他家的事了。父親在《中國人史綱》第一章，有這樣一段像詩一樣的文字：

> 中國版圖像一片和平寧靜的海棠葉，台灣島和海南島，像鑲在葉柄下方的兩顆巨大的珍珠，南中國海諸島，則是無數散落碧綠海水中的小小珍珠。

這就是父親心中永遠的家園。看他這段敘述，就知道他的家園，在他心裡、在他眼底、在他筆下，是美的這麼高貴。父親的著作常常要經歷兩岸的文化審判，而他是主角，卻無法出席闡述思想和理念，然而對自己所招來是侮辱謾罵，或是讚賞美譽，他也都能欣然接受，因為他認為，如果自己都沒度量接受批評，怎麼批評中華文化？自己也在醬缸裡攪和，跟別人一樣醬臭滿身，連自己都分辨不清，又如何告誡別人身上的異味？

也正是如此，我們才能謙卑的評論傲慢、誠實的譴責欺騙、民主的改革專制，當然還要把豐餘的分享缺乏，讓熱情來感動消沉，讓中國人的靈魂甦醒，讓中國人都有自豪的素質，能夠躍升而起，成為世界最高貴、最有尊嚴之泱泱大國的優秀民族。

一九九〇年九月，《異域》完成後的第三十年，改編成了電影，因為劇情太過敏感，上映前又是爭議不斷，但是原著的一字一句，全是英雄血淚，而且《異域》名聲在外，因此，在亞洲創新了票房紀錄。我們光聽這兩首王傑和羅大佑的主題曲，就會熱淚奪眶、無法自己。

家！太遠了

風　太大了　難道只是為了吹乾眼淚
雨　太急了　彷彿真是為了洗去哀傷
山　太高了　難道只因早已無處可躲
河　太寬了　彷彿注定永遠無法渡過
家　太遠了　難道只是因為時間　因為距離
夢　太長了　彷彿只是為了絕望　為了逃避
死　太多了　難道真是為了仇恨　為了生存
愛　太短了　彷彿只是為了分別　為了回憶

鮮血　浸透了土地也開不出花
永遠　短暫如彩虹抓也抓不住
我們沒有家　我們沒有家

孤兒是我們的名字　回家是夢裡的呼喚
太遠了　我們的家

亞細亞的孤兒

亞細亞的孤兒　在風中哭泣
黃色的臉孔有紅色的污泥
黑色的眼珠有白色的恐懼
西風在東方唱著悲傷的歌曲

亞細亞的孤兒　在風中哭泣
沒有人要和你玩平等的遊戲
每個人都想要你心愛的玩具
親愛的孩子你為何哭泣

多少人在追尋那解不開的問題
多少人在深夜裡無奈的嘆息
多少人的眼淚在無言中抹去
親愛的母親這是什麼道理

六年後，《異域》由于人瑞小姐譯成了英文*The Alien Realm*（外國人境界），在四大世界級城市之一倫敦問世。讓《異域》的故事，流傳到了歐洲世界。

這兩年發生許多振奮人心和讓人驚喜的事，其中有一件，跟父親完成《柏楊版資治通鑑》同樣具有深遠的意義，就是他獲得一九九一年「國際桂冠詩人獎」，而「柏楊夫人」張香華女士緊隨在後，也獲得一九九二年的「國際桂冠詩人獎」。在「國際桂冠聯合協會」寄來的通知書上寫著：柏楊先生的英譯本詩抄，是「一個天賦作家根據真實經驗的監獄文學，其中充滿堅定的指控和歷史研究。」父親這一輩子，只出了這一本詩集，居然就得獎了，命中率百分之百，自是喜不自勝。

一家兩口，兩年連獲兩獎，可真是「雙喜臨門」！他們今年就這樣的「恩上加恩、福上添福」。在桂冠獎之後，李登輝總統在兩次演講中，兩次強調說：「柏楊事件，以後絕不會發生！」

父親說：「在中國歷史上惡名昭彰的文字獄中，我將是最後一個受害者。」他的一生彷彿都在戰鬥，完成白話的《資治通鑑》亦如是，在翻譯過程中，每日皆有高潮出現，那就是遍尋不著資料，一旦找到，便會十分喜悅。他很感謝這個社會目前的自由、開放與富足，他說：「這也是我所以能完成《資治通鑑》翻譯工作的一大後盾，對過往的牢獄及苦難，內心並未存有怨恨！」

父親這一生，到今年為止，並未得過任何獎項，連台灣的文學獎也沒有，各種獎項皆有其不同的天地，因他自認並不屬於哪個世界。而此次得到桂冠獎，是他畢生的夢想，這是一件不可能的事，今天就是發生了，當然使他喜形於色、興奮若狂了。

一九九三年三月，父親又赴美講演「政治婆媳文化」。九月《柏楊版資治通鑑》簡體版改名為《現代語文版資治通鑑》在北京工人文化宮舉行「首發式」，他應邀到了北京。這第二趟北京之旅，讓他如願以償，和別離四十五年的徐天祥先生淚眼重逢，推前到一九四九年的二月，父親從北京輾轉逃到上海的所有盤纏，全靠徐天祥慷慨相贈的十四銀元。這近半個世紀的別離，兩位老人家緊緊擁抱在激動裡，看到了不朽的毅力和生命力之外，就是迴腸蕩氣的英雄相惜，以及對時間飛逝的感嘆。

35 人權價值 普世共通

一九九四年二月，父親籌組「人權教育基金會」，擔任首任董事長，這也奠定了在未來的六年內，完成「綠島人權紀念碑」的宏偉工程。一九九六年七月十六日，隨公共電視，在「綠洲山莊」拍攝《柏楊傳》，他穿起編號「二九七」的囚衣、坐到當年押房的角落、蹲式的馬桶邊，述說二十二年前被五花大綁押解到綠島四年「感訓」的生活，和一年又二十六天，在「隔壁」被「軟禁」的日子。父親百感交集，並作〈綠島呼喚〉一詩紀念：

晚霞如火燒古城、群山齊動傳笳聲；孤島有情長夜泣、蟄龍沉睡海吐腥。
無邊風雨蕭蕭去、曙光穿雲一線明；法場鮮血囚房淚、痴心仍圖喚蒼生。

父親自一九七七年獲釋之後，曾三返綠島，四入囚房，就在這次返回綠島時，他激發了籌建「哭牆」的構想。世界上有兩座哭牆，一座在耶路撒冷聖殿山的山腳；一座是美國華盛頓的越戰紀念碑。位於中國河北省唐山的唐山地震紀念牆，也有「哭牆」之稱。顧名思義即知「哭牆」一定有其悽涼、悲慘、滄桑、讓人思念哀悼和流淚痛哭的故事和緣由。他稍後思忖「哭牆」太過沉重，就改名「垂淚碑」，是表示被囚禁者母親的眼淚垂滴下來，可是當地鄉民深怕「垂淚」的悲情影響日後作息的心情，為了能夠更廣義的提倡人權教育，當時的行政院長蕭萬長先生就建議更名為「人權紀念碑」。

這是仿效美國越戰紀念碑的形式，碑上刻下時代犧牲者的名字，周邊也籌建主題公園，集聚遊客和社會大眾，可以憑弔、啟迪，凸顯其文化教育的特殊意義，並使碑上受難者成為台灣在中國歷史上最後一批遭到政治迫害的受難者。父親一再強調：「建碑是為了集體記憶，如果遺忘，暴政就一定再來！」

父親表示，籌建紀念碑，特意消泯政治性，而突出文化性，主要的用意不是要求道歉、賠償，或掀起新的仇恨、渲染報復的心態，畢竟許多事情可以包容、理解、原諒，卻絕對不能忘記，如此才能發揮「前事不忘，後事之師」的功能，而報復則有強烈的副作用，會阻礙社會進步。

父親也隨時訓誡我們說：「在新時代開啟時，儘快走出悲情，以真正愛惜土地的行動，贏得萬邦尊敬和肯定，而不是一味哀求他人疼惜。」他關心人權教育，認為國家是為促進與保護人民的權利而設立的，政府應該重視人權，讓台灣能成為「人權」與「人責」平衡的國家。

從綠島回來之後，父親就拖著老邁的身軀，積極籌畫和四處募款，當他知道全部經費需要三千八百萬元時，當夜徹夜難眠，他心悸的毛病從此而生。奔走兩年，在李登輝總統、政府官員和民間各界大力的支持下，一九九八年十二月十日國際人權日，這個與自然環境結合、鳥瞰像一顆未乾的眼淚、走入地下的紀念館，在綠島舉行動土典禮，父親以大會主席身分致詞，他說：「過去政府所犯的錯誤，可以理解、可以寬恕，但絕不可以忘記。一旦忘記，有一天它會再來，來到我們自己或我們孩子們的身上。掩飾、逃避、曲解歷史，只會使過錯不斷重複，……展望未來，是一個母親不再流淚的時代，只有誠實的面對歷史、面對錯誤，才能務實、健康的面對未來，使罪惡不再重複。……紀念碑向世界證明，台灣人有能力、有勇氣和智慧終止政治迫害，繼續監督政府，實行民主，並推廣人權教育。」南非總統曼德拉先生於典禮當天，致電表示肯定人權紀念碑的建立，他說台灣將是全亞洲最重視人權的國家，因為這是亞洲第一座人權紀念碑。對台灣而言，則是代表錯誤舊時代的結束，以及人權新時代的來臨。

父親第三次返回綠島，是在一九九九年十二月十日「紀念碑」的落成典禮，喚起當年獨裁統治的國民黨公開的道歉和賠償。人權紀念碑不是指向天空，而是通向地下，牆面刻著七千多個受難者的名字，每個都是不瞑目的靈魂，用他們的生命，換來今天自由民主的台灣，也書寫出台灣白色恐怖時代的歷史。父親在落成典禮上致詞說：「人權不單純只是政治上的爭取、法律上的訴訟，而是一種思想上的獨立，和人格上的尊嚴。」這一天仍然是國際人權日，他和李登輝總統聯手揭開「柏楊題」的碑文：「在那個時代，有多少母親，為她們被囚禁在這個島上的孩子，長夜哭泣。」只有二十八個字，卻沉重的道盡了當時政治受難者及其親人的艱辛和血淚。

再大的仇恨，也會有盡時。父親叮嚀我們說：「唯有『愛』是超越世代的東西，唯有『愛』和對人性的尊重，才是一個人權的社會。」國家有人權，人民才會有幸福，我們今天生活在言論、信仰、不虞匱乏，和免於恐懼的自由國土上，我們都要珍惜這份得來不易的幸福。

隨著「人權紀念碑」的落成，人權教育基金會執行長周碧瑟教授和湯美英教授立即在綠島舉辦「人權教育種子教師研習營」，以綠島教師為主傳播人權思想，使綠島成為台灣人權教育的發源地。建碑的關鍵人士周碧瑟教授說：「基金會將發展出本土的人權教育教材，首先將從師生互動裡找尋題材，台灣的人權教育將會著重在生活人權。」人權教育是改變國人品質的龐大工程，我們都欣然看見這工程終於開工。

一九九四、一九九五這兩年，父親獲頒台灣「十大男人金像獎」，又到美國領取「促進中國民主傑出人士獎」；還擔任國際特赦組織中華民國總會長，日本作家黃文雄先生來台，對《醜陋的中國人》提出了八十問。黃文雄先生稱父親是一個「看過地獄回來的人」。

榮譽多了，責任更重了，這「加恩又添福」使這對老夫少妻的家庭如沐春風。此時正值春光明媚、鳥語花香的三月天，於是就在「攬翠樓」的「柏楊居」陽台窗前，他老人家「福至心靈」寫下了這首詩：

窗外雨打無芭蕉、小鳥欲唱缺樹梢；
飯罷閒坐全無事、忽然一屁驚睡貓。

看這首詩，印證了父親喜樂悠哉的洋溢，和閒情逸趣的自在，拐角走道的左邊，父親書房門上的「二九七」編號，也好像被感染而有些雀躍。連同這一首詩作，有好幾幅真蹟，我都把它們表框，掛在我的辦公室和家裡書房牆上，一抬頭就能看得到。

「柏楊居」位於海拔兩百公尺「攬翠樓」的六樓，從客廳的大廣角窗向外遙望，追想來時路，別有一番趣味。我們坐在這裡，遙望層巒疊翠的陽明山，鳥瞰幽靜蜿蜒的新店溪，眼前經常雲霧瀰漫、山峰若隱若現，讓人好不寧靜安詳，有如置身仙境。又好似一幅古畫，讓我們飽享視覺與心靈的奇幽秀雅，實在無愧「攬翠」二字的真正含義。

正如父親〈山居遠眺〉這首詩作的場景：

獨坐窗前對黃昏、霎時夜色漫山村；

萬家燈火沉河底、滿天星斗落紅塵。
海市蜃樓非是幻、夢中神話現真身；
一葉扁舟從此去、雙槳無聲水無痕。

父親他老人家歷經滄桑，今日居幽攬翠，觀看晨昏雲霧，豁達情懷奔騰萬里，帶他寫下了多少奇句名言，也撫平他的傷痛。這符合泰戈爾的話：「在老年時，會有許多閒暇的時間，去計算那過去的日子，把我們手裡永久丟失了的東西，在心裡愛撫著。」他心情平安喜樂，但是，這連續幾年的馬不停蹄，體力透支過度，經常暈眩，經多方檢查，發現是心臟動脈細微阻塞，醫生要他做心臟繞道手術。以七十五歲高齡，這是個大手術，接著脊椎又開刀、胃出血、右頸大動脈開刀，還從小腿上截出一條小血管移殖到頸部。家人、好友都擔憂不已。

好在台灣醫療品質和技術水準是世界一流，長庚、榮總和三總又是仁術超群，父親術後都能逐漸痊癒。接著又左眼微血管半年內出血六次，視線全失，最後在春節前急診住院開刀，卻未獲改善。我幾次攙扶他老人家到台北市師大路去醫治牙齒的時候，他都看不清楚台階。十年牢獄，在極度不舒適、又潮濕的陰暗環境裡過生活，到了晚年，毛病陸續都冒出來了，父親尤其膝蓋的抽搐劇痛，經常發作。

周碧瑟教授是美國杜蘭大學公共衛生博士，曾獲得傑出女青年獎、防癌特殊貢獻獎、山地離島醫療保健特殊貢獻獎、二十世紀傑出人物獎等，以及國際性的諸多社會貢獻獎項，陽明十字軍就是由她一手創立，是一位關懷社會、教育、政治與人文的多領域的學者專家。一九九五年五月的一次餐會，父親決定口述，周教授筆錄和整理，攜手進行完成《柏楊回憶錄》，兩人還用小指打勾勾確認。於是，周教授就開始了這長達半年多的訪談、記錄、整理。

這龐大的文字工程，一半是在「攬翠樓」「柏楊居」裡，另一半是在榮總醫院的病房裡，那是父親一次眼睛開刀，接著又是兩次脊椎開刀，住院兩個多月。周教授歷經奔波勞累，終於大功告成，當《柏楊回憶錄》問世之後，即成為一九九六年度「十大文學書」之一，父親也獲選為「十大文學人」。

父親認為人能有幸，才能寫回憶錄或自傳等文學作品，這樣才能像飛鴻一樣，重返他的來時路。這是蘇東坡的這首七言律詩：

> 人生到處知何似、恰似飛鴻踏雪泥；
> 泥上偶然留指爪、鴻飛那復計東西。

人生無常，世事易泯，人生的旅途，就像是鴻鵠飛鳥翱翔藍天，偶然踏在雪地上，留下短暫的指爪痕跡，霎時鴻雁又振翅飛走，牠不知飛往何處，哪還計較腳印留在何處呢？

人的一生迷惘、執著，很難再回頭尋找自己的腳蹤。

但是，父親他老人家有著獨到的見解，他認為，積雪日厚，腳印被埋藏在萬丈深處的最底層，從外表看是一片冰天雪地，但那從萬丈深淵裡埋藏著的是人性的溫暖，使得飛鴻也腸迴氣蕩。人在這個時刻，一生的恩怨情仇、悲歡離合以及榮耀與羞辱，都會在心底澎拜洶湧。

在白色恐怖時期，父親這本回憶錄上的每一個字，都足以興起大獄，血染囚室。而我這本《背影》，也肯定讓我活不過今天。然而，大時代的巨輪開創出今天的民主道路，禁忌解除，說明我們現代人的幸福。

父親認為，情治單位有存在的絕對必要，但運用不當，或素質太低、人性不高、或有暴力性格、鬥爭傾向，就會凌虐人民。情治單位必須要在保護人性尊嚴的前提下辦案，使之成為國家必要的善，而非必要的惡。關於很多行為偏差的惡吏，即令將他們繩之以法，囚室暴力也不會永遠絕跡，應該做的不是報復，而是建立程序正義，那才是鞏固民主、尊重人權。

父親說：「我慶幸生在這個時代，讓我對事實的真相，能從更寬廣的角度，和更多資訊中去觀察。歷史的教訓，因為人類的健忘和野心家的篡改，而微乎其微，但我們應該有誠實面對歷史的勇氣，才能掌握一個嶄新時代的脈動。」

「人不經過長夜痛哭，不足以語人生。」這是父親的一首小詩，他感嘆的說：「個人的悲劇由於個性，社會的悲劇則由於時代，人生啊！真是一個沉重的擔子，懦弱的和不幸運的，被它蹂躪摧殘，剛強的和幸運的，才有機會把它挑起；無論如何，天為的痛苦使人悲哀無奈，人為的痛苦，也使人憤怒無助。」然而，我們無能為力改變命運，但是成熟的思考和堅定的意志，卻讓我們能駕馭命運。

父親問我們：「人生痛苦的第一因是什麼？那些使人陷於絕境，而又不准人『掙扎』，甚至還加以痛責，這種人應受到最嚴厲的譴責。」每件一目了然的事件，都有它看不見的和椎心泣血的隱情，我想掙扎是一個人應有的、最基本的權利，也是唯一活下去的道路，它應受到最大的尊敬。

掙扎？是的！在這一年，父親已經七十六歲了，他仍在跟自己的眼力、體力、心力和毅力掙扎著，也以更成熟的思考和堅定的意志，駕馭著命運。

一九九七年二月十一日，父親拿這本《柏楊回憶錄》給我，打開封面，內頁寫著：「城城吾兒：憶吾兒幼時，睹吾兒今日，心情起伏，不能自已。社會雖複雜、人心雖難測，但忠厚誠信、不貪小利，仍是立身處世之基。父子共勉、祖孫共勉。父　柏楊書　一九九七・二・十一」這段文字我念了超過百遍，每遍都讓我悵然若失。

一九九八年，《天下雜誌》評論父親為四百年來影響台灣最大兩百人之一。而在一九九九年六月十、十一日兩天，香港大學亞洲研究中心得香港何關根先生贊助，舉辦第一屆「柏楊思想與文學國際學術研討會」，來自兩岸三地和英國、美國、德國、南斯拉夫等國家的二十多位教授學者，以及報界、文化界和出版界的相關人士。在這次討論會，父親因為太豐富、太淵博、在人文領域涉獵太多的緣故，因此被「定位」為一位「無法歸類的作家」，實際上，他就是一位民族的「教育與文化」的工作者。值得一提的，是在開幕儀式後，有一個「宣誓」儀式，大會召集人和大會裁判，要對與會者舉手宣誓「維護學術公平公正」，美國紐約市立大學唐德剛教授，看這如此莊嚴，嚇了一跳，他參加過無數次學術研討會，這麼嚴肅認真的，還是第一次呢。

第二屆在二〇〇三年，由行政院與國立中央大學合辦，當年父親瀟灑出席，還侃侃而談。第三屆是二〇〇四年，在大陸陝西師範大學舉行，二〇〇七年第四屆、二〇一一年第五屆，都是由國立台南大學舉辦，到第五屆「研討會」時，父親已經安息主懷了。

36 生命鬥士 柏楊全集

二〇〇〇年三月四日，遠流出版公司和人權教育基金會主辦，為父親八十大壽設宴，晚宴上，王榮文董事長宣布將「柏楊」所有著作重新整理出版，以《全集》面貌問世。還風趣的說：「今天晚上我們一定要歌功頌德，讓壽星高興才行。」卜大中先生和邱靜思小姐活潑生動的晚會主持，讓來賓十分熱絡，卜大中說：「柏老被比喻是現代的司馬遷，司馬遷受到宮刑，還好柏老沒有喔，……」全場大笑，父親也神采奕奕，在致詞時，他說：「……我是世界上最幸運的人，也是最有福氣的人，……我能活到八十歲，簡直不可思議，還有這麼多的寵愛和祝福，……我在監獄裡，希望絕食到死，在黃浦江畔，想跳江而死，……每在我沮喪、絕望時，都有朋友伸出溫暖的援手，使人驚喜、動容、使人羨慕，甚至使人忌妒的友情，在這現實的世界上產生，編織成幾乎沒有任何脈絡可循的傳奇的故事，……友情是我生命的源泉和活水，上蒼賜給我這麼多的好朋友，這麼多的人情我無法一一道謝，但是我會一一的寫出來，……還要感謝我的妻子香華，我們不但是夫妻，還是朋友，我們結婚二十二年，她把我這野生動物，帶到一個完全陌生的世界，那個世界是美感的世界，是我從來不知道的，包括音樂、詞賦、詩、繪畫……，她對我的指引使我不斷的成長，直到今天八十歲還在成長，……至於孩子們，分別從大陸、澳洲、台灣回到家裡、齊聚一堂，這在我們家是空前的事，我們從來沒有像今天這樣的團聚，……感謝上帝！最後感謝設宴的兩位主人，王榮文先生和曾志朗先生，讓我有機會說出我的感謝，一生一世都難以回報的感謝。……」父親致詞後，還由異域遊子的台灣母親——劉小華女士頒贈「人權鬥士」的獎牌。孫觀漢先生坐著輪椅，小牛許素朱一直服侍在側，九十三歲的張佛千先生，寫了一幅對聯相贈：「翠柏連理八千歲、綠楊館春百萬孫」。義美食品老闆高志明請大家吃八百個美味的壽桃。我們兒孫數十人，大姐冬冬、二姐毛毛、二姐夫長安，外甥靜利、晉暘，我和麗鳳、中中，弟弟本垣、齊怡，么妹佳佳帶著女兒Peta，以及蔚川、蔚文，一起上台鞠躬，向在座所有愛護父親的長輩、前賢以及朋友們，表示無限的感恩。

當時台北市文化局長龍應台，一進包廂就給父親和張阿姨熱情的擁抱，祝賀壽星延年益壽。餐敘過程中，余範英女士、曾志朗先生、吳清友先生、施明德先生、蘇進強先生、蘇墱基先生、沈慶京先生、曾慶瑜女士等佳賓也陸續上台致詞，陸鏗先生更以宏亮的金嗓，高唱〈綠島小夜曲〉，嚴長壽先生祝賀父親：「……長壽，還要『延長壽』。」徐英夫婦獻唱〈雙人枕頭〉，張阿姨還號召所有的「保姆們」上台獻唱〈生日快樂歌〉。好多人和我一樣，想聽凌峰先生的金嗓，結果期待落空。

這一晚，還有一個「不是人」的「家人」，當然牠沒出席，但是必須一提，不能漏掉，就是「熊熊」，牠不是熊、不是熊貓，也不是貓熊。牠是一隻暹羅貓，在家中的地位最高，因為你絕對不能跟牠搶座位，因為全家只有牠可以翻臉、可以撒野、可以沒教養，誰都沒輙，就算你得到三個桂冠，牠也不甩你。父親寫作的時候，牠居然能安靜的蹲在桌角，不是牠有文學素養，而是「柏楊」的魅力非凡。有次，父親抱著孫兒中中搖啊搖的，「熊熊」居然打翻了醋罈子，衝過來對著中中就是一耙，哇！那時中中才兩歲，嚇到五歲，「懼貓症」都沒好呢。

我比較喜歡狗，狗夠忠、夠憨，不像貓，陰陰的，翻臉好像翻書，尤其春夜，鬼哭神嚎會逼你發瘋，牠能竄屋爬樹，你莫可奈何，但是貓卻比較衛生。「熊熊」活了二十年之久，最後幾年可能是吃多了紅尾魚，長的又肥又懶，整天佔著柔軟的沙發睡覺，你一碰牠，牠就抓你。三年之後才得享「安樂長眠」。今晚沒來，是窩在溫暖之處養生呢。

六年前，是一九九四年六月十五日，父親在榮總住院，王榮文先生問他此生心願還有什麼沒有了？他回答：「人權教育。」王榮文再問：「那第二呢？」他再答：「人權教育。」王榮文三問：「那除了人權教育，還有什麼呢？」，他三答：「還是人權教育。」

在周碧瑟教授致詞時，她說了這段小故事，她繼續說：「我解讀的第一點，王榮文對柏老的這份情義，第二點，柏老對人權教育的這份執著，使我都非常感動，綠島人權紀念碑的錄影帶正在播放著。我們期待十年後柏老九十大壽的時候，綠島的有形碑，能夠深植在每一個人心中，無形碑能夠建起來，……。」

有人說，如果司馬遷不坐牢、不受酷刑，就不會有《史記》這部文學大書，父親認為，一個有遠見的執政者，寧可國家沒有歷史、沒有司馬遷的《史記》，也不可以用冤獄的手段、用殘酷的刑罰來對付一個無辜的人民，讓人民肉體上痛苦、精神上絕望，用這樣的代價來創造一部歷史，實不足取。就好像有人說：「國民黨不殺這些疑似匪諜的人，台灣怎麼保的住？」這是多麼冷血的一句話，令人髮指。喪盡天良才會如此摧殘人權、踐踏別人的尊嚴，這就是國家暴力，因為死的人，絕對不是他自己的親人。

而中國的五千年悠久文化，卻充斥著這種荒誕、血腥和泯滅人性的殘酷，說這話的人還自鳴得意，羞恥可嘆！直到滿溢出先人的血淚，我們「自省的良知」才甦醒，才逐漸發現自己的膚淺，也才承認自己有多麼醜陋，然還是有人至死，都不會認錯，就像日本對侵華殺戮永不認錯一樣。

父親在〈短視〉這篇文章中提到：「……人人都說中國人有五千年文化，這是沒有問題的，但一切光榮都屬過去。」誠如德國名將魯登道夫先生看了《孫子兵法》後說：「我佩服中國人，但我佩服的是古代的中國人……。」看魯迅先生的《華蓋集》：「我早就很希望中國的青年站出來，對中國的社會，文明，就毫無忌憚加以批評……。」到父親的《醜陋的中國人》裡面說到：「因為『器小易盈』，見識太少、心胸太窄，稍微有點氣候，就認為比天地還大。假如只有少數還沒關係，假使全民族，或大多數的都這樣，就成了民族的危機。……不但專門揭露陰私，而且製造陰私，用語惡毒。什麼樣的土壤長什麼樣的草，什麼樣的社會就產生什麼樣的人。……必須每個人都要覺醒。如果我們每個人都成為一個好的鑑賞家，我們就能鑑賞自己、鑑賞朋友、鑑賞國家領導人物。這些是我們目前應該走的一條路，也是唯一的一條路。」這是二十八年前父親說的話，二十八年後的今天，我們進步了沒有？

五十多年，父親不知用掉多少枝筆、多少張紙？十年小說、十年雜文、十年冤獄、五年專欄、十年通鑑，最後十年執著於人權教育，他不停的用右手，「刻」出文字和國家、社會對話，我用「刻」這個字，是說他寫字不好看，卻也不潦草，一筆一畫、規規矩矩的像是「刻鋼板」，半個世紀，刻了兩千多萬個字的作品問世，我的由衷之言，他刻字真的好辛苦。所以，王榮文先生說：「柏楊一生的意義，以及他與台灣社會的交涉互動，唯有藉著他的全集才有辦法突顯。」

《柏楊全集》由國立中央大學李瑞騰教授主編、心細才高的資深編輯游奇惠小姐擔任副主編，還有多人組成分工明細的編輯小組，挑燈奮戰，將柏楊兩百餘冊的書籍整理歸類，直至二○○三年十月十七日，總共三年半的時間，才完成這八百萬字的《柏楊全集》，可喜的是，作者仍健在。據說，游奇惠小姐校對一遍，眼睛幾乎就脫窗了。

按照傳統文化的常態，文化人總是在身後，才會有朋友為他整理遺稿，集資付梓。父親感恩的說：「我竟能親眼看到自己寫作終身的成果，讓我覺得備受榮寵，深受知遇。」他深深感謝王榮文董事長和李瑞騰教授，兩位都是他數十年的忘年之交，所以他特別強調：「我們的友誼和志業，一直隨歲月成長。得此夥伴，不虛此生。……有誰比我更幸運？」

人到晚年，祈求的是「平安的死」，身為作家，父親說最好是死在書桌上。我們覺得他這句話還真是無聊透頂，「死在書桌上？」這跟戰士要「死在戰場上」一樣，可是要死在書桌上，不比死在戰場上容易，也不比死在戰場上英雄。父親說他回顧這一生，非常滿意，遇到那麼多朋友幫他，「災難使我乘風而飛」。而能「藉災難而飛」的人又有幾個？所以，朋友在最關鍵時刻，都扮演最關鍵性的扭轉，於是，他計劃寫一本書《鐵搀門下的天使》，記述所有幫助過他的人，卻因身體虛弱的緣故，只開了頭，卻無力完成。

二○○○年五月二十日，父親接受陳水扁總統聘任總統府國策顧問一職，第二年續聘擔任總統府資政，並和國策顧問許文彬等十一人共同聯署，向陳水扁總統提出一份〈國是建言書〉，建請政府能夠「致力撫平族群裂痕，修補兩岸及台美關係舊創，能夠讓全民休養生息。」父親勸勉民進黨要珍惜，不要把台灣帶到與大陸戰爭的邊緣，致使民主成果毀於一旦，並警惕權力使人腐化。

父親特別強調，重視人權是世界趨勢，台灣不會自外於世界潮流，應該把人權立國、弱勢保障放入憲法之中；現在「選票出政權」的選舉文化，已產生新問題，在目前猶如「出痲疹」的階段，我們應該放寬眼光，創造全新民主的價值，一改過去「成王敗寇」文化，進而提升為「成王敗友」的文化，讓敗方成為「友直、友諒、友多聞」的益友。

父親畢業於「政治系」、坐的是「政治牢」，當然關心台灣的政局，他只有一個目標，就是落實「人權立國」，能正常的發展民主政治的理想，避免成為意識形態，並且任何改革，都必須對歷史負責。台灣現在就是太自由了，人的素質跟不上，言論的自由也已經超過，可是大家卻不知道，這也是要負責任的，就是對自己的良知負責、自我負責。講話要有信用，不要隨便亂講。得對自己、對法律或對信仰負責。

現在國人在法律和公德意識上還不夠，僅僅是在享受自由，從享受到踐踏、消耗，最後讓自由的真正意義蕩然無存。父親說：「中國很強調愛國。愛國講究內心的情感，但基於沒有內容，不知所愛何事，為何而愛，因其空洞無物之極，國人往往只能弄虛作假或不問原由的擁抱權力，今天許多人嘴巴愛國，實質卻大多去國，平民在反日示威中亦處處顯示義和團特徵，讓人敬而遠之，做成實質禍國。」這正是愛國教育本質上邏輯顛倒的後果。

一個國家若能顯示雍容大度，重公義、有智慧，不單受人民愛戴，而且亦深受別國人民尊敬，絕不用硬生生的灌輸扭捏濫情的愛國情懷，並希望運用無知的愛去掩蓋惡行。我們常常聽到政客高呼：「愛台灣！」實際卻是在撕裂群族、隨便亂貼「不愛台灣、聯共賣台」的標籤，這跟以前的「白色恐怖」亂扣紅帽，有什麼區別？

如今台灣遍嚐民主的果實，卻被眾多弊案搞的烏煙瘴氣，社會動盪不安，讓我們對先人們的犧牲和奉獻感到不值，沒經歷過那種苦難的時代，難道就真的無法體認現今生活當下的幸福嗎？父親強調說：「民主成果得來不易，更應該好好珍惜才是，而不是隨著政客的長袖起舞，在激情中迷失了自己，也喪失了民主的真意。」因為很多人的自由，已經嚴重破壞別人的自由了，難道中華文化，在這一代醬氣更臭？還是自認聰明？

父親有一句話，我覺得很有哲理，「世上只有一種聰明人，就是把別人當作傻瓜的聰明人。」一般人聽不太懂。濫情的愛國教育，讓民眾變成井底之蛙，如果你的眼光視野就僅止在台灣，你的度量也就像台灣這麼大，你必缺乏世界觀，必逐漸萎縮，然而你永遠自認聰明，而不肖的政客就是這樣，把人民當作傻瓜。

父親他老人家很少看電視新聞，我們也都不太愛看，因為現在的新聞從業多數自我主觀、信口雌黃，使真實度愈來愈低，還會製造假新聞，就是把別人當作傻瓜不說，最終還貽笑國際。尤其台灣的談話節目，愚昧人看了熱血沸騰，聰明人看了思想呆滯，名嘴信口開河、譁眾取寵，政府官員、民意代表都缺乏敏銳的觀察力和判斷力，尤其缺乏誠信和守法的觀念，巧言狡辯最內行，沒有幾個有大智慧、大氣魄和大擔當的。因此，才會又混、又雜、又亂，各種現象都是逾越自由的亂，知法犯法、挑戰法律，盲從者也跟著吆喝，都沒有約束自己和啟發自己的能力。

法國著名的人道主義思想家羅曼・羅蘭曾說：「一個人的絕對自由是瘋狂，一個國家的絕對自由是混亂。」我保證，二十一世紀的台灣，絕對是「絕對的自由」，所以一定既瘋狂又混亂。因此而延伸出來的大亂象，首屬貪污與賄賂，父親掩卷長嘆！因為基本道德和價值觀的淪陷，現在賄賂的對象不僅是達官顯赫、法曹獄卒，連神仙、神明都在賄賂；而貪瀆是，官愈大就貪的愈多。

父親焦慮的認為，這種「貪污與賄賂」的文化一天不除，國人就沒有健全人格的一天，良心缺少法律的約束力，而這正是逾越自由的亂象。如果嘴裡高唱愛國高調，私下既貪污又賄賂，這是哪門子愛國？如果國家多是這種人，這個國家很快就要打烊了。

父親鼓勵我們要多看書，多看評論和國際趨勢的報章雜誌，多關心多元文化和大陸的各項發展，有一次記者採訪他，提出一個問題：「您祖籍是河南輝縣，怎麼看中原文化？」父親回答說：「河南人的中原文化非常燦爛。台灣也是一樣，我們會走向本土化，但沒有辦法脫離中華文化，因為本土文化就是中原文化。關於海峽兩岸的同根性，應不是認同問題，而是事實問題；應不是基因問題，而是情緒問題。不過，血濃於水是一種充滿了感性的訴求。」由這個回答可見，他充滿了濃郁的鄉愁。而這鄉愁，在今日國家和社會，許多逾越自由的亂象裡，更顯出他的焦慮。

二〇〇一年的三月二十八日下午，我和弟弟最摯愛的母親齊永培女士辭世了，弟弟來電告知惡耗，我驚慌倉促的趕到國泰醫院，母親早已冰冷，我輕撫母親削瘦的臉頰，熱淚滿盈和自責不已。我們保留許多母親生前的照片，有幾張是她摟著她的長孫中中，笑的好開心、好燦爛，是那種不忮不求的滿足，好讓我們懷念，正是「子欲養而親不待」，每次帶著鮮花素果去探望母親，但是離開之後，總是悲悽許久。

今年，父親獲頒第九屆「全球中華文化藝術薪傳獎」之「中華文藝獎」，這是由一百多個國家和地區參選的世界性文化大獎，旨在弘揚中華民族文化，鼓勵中華民族之薪火相傳，讓中華文化生生不息。年底，張阿姨到北京、上海、大連、廣州等地的大學訪問演講，父親又體弱多病，二姐毛毛就來到台灣陪伴兩個月餘。二姐很有耐性，也很孝順，每天陪伴老父散步，服侍起居，讓兩個人都重溫了失去的親情，四年之後，二姐再度來台，住了一個多月，她幫忙整理父親的文物和文獻資料時，她問：「這些東西能帶回大陸嗎？」二姐的提議，為日後父親的文物文獻捐贈給大陸，栽種了會發芽結果的種子。

二〇〇二年八月底，父親專程到高雄，參加吳文義先生九十歲大壽的餐會，當面感謝吳文義先生當年的救命之恩。父親拄著拐杖，向吳文義先生吃力的一跪再跪，兩人都語帶哽咽。五十年前，吳文義先生帶著走投無路的他到台灣，一九六八年他被逮捕後，特務追查他來台灣的過程，牽累到吳文義先生，從此，吳文義先生仕途黯淡。

父親認為這是奇特的遭遇、奇妙的命運、奇異的恩典，沒有當年的吳文義先生，就沒有現在的「柏楊」，在〈鐵捲門下的天使——另艘五月花橫渡海峽〉一文中，他詳細描述與吳文義先生之間溫馨感人的故事，他說：「在最危難的時候，能有幾個像吳文義這樣的英雄人物？」

十一月十九日深夜，父親突然發生噁心、心率加速、血壓下降等症狀，張阿姨緊急送他到天母振興醫院急診，他在這幾年，經常的四肢無力和暈眩，這就是鈉離子偏低，嚴重可致重度昏迷，還好住院一個星期就穩定能回家了。

一個月後的二十六日，父親以八十三歲高齡獲得第二十二屆「行政院文化獎」，他在台上激動的說：「在這個時代，比我有膽識、有智慧，比我對歷史文化有貢獻的人何其多！但他們有的死於牢獄、有的亡命刑場、有的鬱鬱而終。但我卻幸運活下來了，而且還得到國家最高文化獎項，叫我如何不激動……我對這場冤獄之災，早就一笑置之了！」

父親認為，這是時代進展的必然，是歷史的悲哀！他表示，他不再恨當年逮捕他、刑求他、誣衊他的特務。也不恨那個製造冤獄的組織和領導人，因為他們都是無知的，他們不知道這樣的恐嚇手段違反人性、不知道這樣的統治手段傷害人權、不知道這樣的誣陷手段愧對祖先。

我又得到一本新書：《我們要活得有尊嚴》，在內頁簽著：「城城、麗鳳，我兒：」及「爸爸　二〇〇二．十二」等字，書序有一首詩，我非常喜愛，這一年他八十三歲，我也有四十八歲了，詩詞是「老牛已知夕陽晚、不用鞭策仍奮蹄。」老父是「老牛」仍在「奮蹄」，對我這「壯牛」來說，很有激勵作用。書裡另有一段他的〈人生小語〉：「八十年走過崎嶇路，凝聚為一句叮嚀：人之所以為人，第一要自己有尊嚴；第二要尊重別人的尊嚴，而且是誠摯的尊重。」他告誡我們，文明人類應具有的基本教養，就是尊重和包容。這一切的基礎，就是建立在「誠實文化」上，以誠實為基礎，提倡尊嚴、尊重、包容、理性，遠離傳統的「謊言文化」，要誠實的承認錯誤、勇敢的承認罪惡，才是文明人，這樣民族才會進步。父親希望能讓我們祖孫三代互相勉勵。

二〇〇三年開始，父親因為眼睛、體力都透支過度而疲憊不堪、無力負荷了，而且手也不能再寫了，就開始採用口述，由助理記錄整理的方式寫作。到十月份，他還有一大堆的文學活動，包括「學術的柏楊、出版的柏楊、戲劇的柏楊」，都集中在這個月一併隆重登場。因此，遠流出版公司將這個月定名為「柏楊月」，作為獻給他八十三歲的賀禮。父親還特地作詩紀念：

前已見古人、後也見來者；
念天地之悠悠、獨執筆而淚下。

十三年前《異域》拍成了電影，十三年後，父親五〇年代的三篇小說〈蓮〉、〈臥軌〉、〈火車上〉由李行監製、王喆編導，拍成九十分鐘的電視單元劇《柏楊劇場》，〈蓮〉是其中十三集中的一集，在「柏楊月」的十三日和二十六日，分別於台北誠品敦南店視聽室，以及桃園縣政府五樓視聽室舉行首映會。十三日下午，我和麗鳳、本垣到誠品首映會場，我們跟曾志朗先生、王榮文先生握手致意之後，父親又一一介紹李行導演、男主角李天柱和女主角蕭艾，文藝界的許多朋友，徐以功導演、宋存壽導演等也都到場致賀。李行致詞說：「我在柏楊八十多篇文章中，精選出二十一篇，改編成這十三齣單元劇，預定邀請十三位導演，……。」

父親以幽默口吻回應：「劇作家常和導演有爭執，有個笑話，提到一位劇作家正和導演爭執不下，旁人不解，劇作家希望劇中能保留一句話，但導演不願意，因全劇只有這句話是劇作家的。」意思是說，導演改編常會將原著精神都改了，但父親強調，他對王喆的功力很佩服，戲劇本身的呈現和他的精神契合。我們另外感謝克緹文教基金會的贊助，希望能將《柏楊劇場》全部十三集都能順利完成。緊接著，銀幕上開始放映第一集〈蓮〉的精華版，正如曾得電視金鐘獎男主角，也是虔誠基督徒的李天柱所說：「〈蓮〉從頭到尾就是個『苦』字，但以前的人知道苦的是什麼，也懷抱著希望，裡頭有人性的光輝、溫暖，非常值得現代人深思。」

十月十七日下午，遠流出版公司舉辦《柏楊全集》完工慶祝茶會，父親在有生之年，能親眼看到自己畢生思想精華的《柏楊全集》的出版，不啻是繼一年前，榮獲行政院文化獎之後，另一件至極榮耀的人生大事。

「柏楊月」還有一個重要的活動，就是十月十八、十九日連續兩天，由行政院文建會主辦，中央大學李瑞騰教授策劃籌辦的第二屆「柏楊文學史學思想國際學術研討會」在台北隆重登場。這場研討會一共有來自美國、塞爾維亞、菲律賓、大陸、香港等國內外十四位學者發表論文，還特別邀請法國著名的漢學家貝羅貝擔任主題演講，綜論「柏楊」對文化研究與文化相對主義的貢獻。這堪稱是國內學術界第一次，正式為「柏楊」在文學史上作出較為完整而嚴謹的定位。

父親一直被心血管的疾病困擾，自從十年前幾場大病，心臟手術、脊椎骨開刀、胃出血、右頸大動脈開刀，一連串的折騰，元氣因此虛弱不少，最主要眼睛視力差了，就不能寫字了。不過這樣也好，坐在陽台看看遠景，心情能更開闊，白雲青天霧裡神仙，山川溪水也盡在眼底。在他背後的牆面，掛著新的詩作〈山居〉：

獨坐窗前對黃昏、霎時夜色漫山村；萬家燈火沉河底、滿天星斗落紅塵。
海市蜃樓非是幻、夢中神話現真身；一葉扁舟從此去、雙槳無聲水無痕。

37 平反冤獄 恢復名譽

二〇〇四年一月十七日，政府對戒嚴時期遭到冤獄，包括「柏楊」在內的五百六十七位政治冤獄受難者，頒發「恢復名譽證書」，父親被誣陷叛亂罪也終得平反。他代表致詞說：「我們需要的是痛定思痛，懺悔、反省與原諒。……我們感謝這個時代，但是我們也活得長，才可以看見結果。……也感謝上帝，讓我們可以獲得平反。……唯有承認錯誤，尊重歷史，記取教訓，悲劇才不會重演。」他特別感謝趙昌平及林時機兩位監察委員，能夠經過詳細的調查，還給他遲來的正義和清白。

第二天，剛好是星期日放假，張阿姨特別邀我們回去吃晚餐，我就帶著妻兒，跟弟弟本垣一塊上山，父親歡喜的告訴我們獲頒「恢復名譽證書」的過程。他說：「這是一個莊嚴的日子，來自四面八方、在白色恐怖中倖存的五、六百名冤獄難友，在台北聚集一堂，接受政府頒發給我們的『恢復名譽證書』，使我感慨萬千，我們身在自由國度，一定要有享受自由的修養，更要有純潔之心和清白之身，冤屈一定要申訴，污穢也一定要洗清，加諸在我們身上的屈辱，以及家破人亡的慘痛，我們不能遺忘，但是，也不需要報復。」我們慢慢才了解，什麼是理性的原諒與包容。

每年春節前，我們都會接到一封打字的信，這信是複印的，當然，所有的親朋好友都會接到這封信，信裡是「柏楊夫婦」過去一年特別「腳蹤」的記錄，也是歲末迎春，跟大家分享他去年一年的生活實況。這次在信裡，特別說自己的名譽，已經得到回復而倍感欣慰，但是仍受暈眩症的困擾，最嚴重的一次是在電梯裡突然昏倒。趕緊叫救護車送到台大醫院急診，病情始終模糊不清。「……我早已過知命之年，只好聽其自然。……」等等。這封信的第一句，就是對他能回復名譽感到欣慰，可見父親對名譽的重視。他說：「遺忘是對民族苦難的背叛，更加不能容忍黑白顛倒、篡改扭曲歷史。」品德是人的表徵，名譽是人的第二生命，包括說謊、狡辯、不認錯誤、不知悔改，都是不名譽的事、都是羞恥的事情。

南宋洪邁在《容齋隨筆》中有一句：「一點清油污白領，斑斑駁駁使人疑；縱是洗遍千江水，不如當年未污時。」所以，古今中外多少生鮮活血的案例，都是用生命在維護名譽，為了維護名譽，而萬死不辭。

今年，父親因筆耕創作的貢獻，獲頒卿雲勳章。但是他卻對陳水扁總統提出的「戒嚴」說，嚴正抗議，父親歷經戒嚴到解嚴的這個世代，地獄也走了一遭，才剛完成人權紀念碑的興建，冤獄者拿的回復名譽證書，握在手裡還沒熱呢，政府又要戒嚴，那先人豈不白白的犧牲？他以「絕食」誓死抗議，絕不允許民主倒退，還好是場誤會，事後他說，如果你們能看見滿地的鮮血，和滿天飄蕩的冤魂，你就知道「戒嚴」絕對行不得，連說說都會嚇出人命啊！

十月份，西安陝西師範大學邀請父親去做名人講座。專門研究中國現代文學的教授們，都希望他能像魯迅先生一樣到西大交流講學。父親接到電話邀請後，特別寫了一首詩送給西大：「吳剛伐桂我洗缸，古今相遇一感傷，千年揮斧樹仍在，井蛙洗缸費思量，詩人徙，家國恨，諫臣鮮血灑刑場，多少扼腕捶胸事，端賴幾人不尋常。」意思是，吳剛一生伐桂，桂樹不倒，他半世紀清洗醬「缸」，也洗不清，今與吳剛相遇，徒嘆感傷。他並贈送平生所著的所有版本圖書一套，共一百二十餘冊，陳列於文學院的「柏楊圖書專櫃」中，供師生專門研究之用。

《異域》這本書是一九六一年問世的，到今年二〇〇六年已經四十五年了，一九八二年的《金三角・邊區・荒城》，至今亦二十五年了，就是今年，發生一件很特別，而且很有意義的事，一本新書《重返異域》，在父親封筆前兩個月，撒出了種子，撒種的是高南華先生，一位足跨兩岸殷實的企業家，灌溉的是汪詠黛女士，一位多才多藝、跨足多媒體領域的才女。而收割者，是悲天憫人、愛心關懷泰北孤軍及其後裔生活的廣大讀者。

如果說血淚交織的《異域》是第一部，「送炭到泰北」的《金三角・邊區・荒城》是第二部的話，這本描寫飄零泰北異域第三代故事的《重返異域》，應該算是第三部了。年中，高南華先生和夫人陳春沂女士到泰緬邊區金三角，就是「鄧克保」在書中所描寫的那個既「傳奇、神秘」又「驚天地、泣鬼神」的地方去旅遊，他們清楚，就在腳下踩踏的這片土地上曾經發生過的故事，因為四十多年前，他們就讀過膾炙人口的《異域》，現在親歷其境，情感最能融入，他們看見「柏楊」在碑上提的詞：「他們戰死，便與草木同朽；他們戰勝，仍是天地不容。」使他們深受感動，於是，高南華賢伉儷以實際行動，付出了他們的關懷與愛心。當他們返台之後，就到「柏楊居」來探望，父親此時已經視力模糊，而且行動不便，但是他對《異域》後裔的生活，仍然有著無限的思念和關心。於是，他接受高南華先生的託付，就在九月宣布封筆之前，策畫這本由高南華先生斥資的《重返異域》，並託付汪詠黛女士，親赴泰北金三角實地採訪孤軍和後裔，再以報導的方式呈現，幫自己和高南華伉儷完成人道關懷的心願，也滿足每一位讀者人道關懷孤軍的心願，並於次（二〇〇七）年三月，時報出版公司趕在父親八十八歲米壽前出版，作為他生日的獻禮。

這一年，父親總共有四十多本著作「登陸」，大陸出版界、文藝界都認為二〇〇六年是「柏楊年」。可是，他終究是八十六歲的高齡了，健康迅速衰退，視力愈加模糊，於是就在「策畫」

《重返異域》階段任務之後宣布封筆，淡出公眾視野，不再露面，也不再接受訪問了。

封筆前，父親自己為新版《柏楊曰》作序，也對自己的史學觀做出了闡述。在這篇自序的結尾，是這樣寫的：「……我擺脫傳統文化的包袱，不為君王唱贊歌，只為蒼生說人話。」這是父親此生，最後的一篇文字。

而這一年，父親六進六出、以醫院為家，實在辛苦極了，他也自嘲說：「我從人權鬥士變為生命鬥士了。」他向著最關心他的讀者朋友們說：「你們慢慢讀我的書吧，我要睡睡覺了。好嗎？」這句話聽了，叫我們好生心疼。父親的精力，已經透支到了極限。他平時從床上起來、從座椅站起，從不讓人攙扶，他堅持一定要靠自己動。到了去年拄著拐杖，讓我們握緊他的手，攙扶著起床走走，還能平穩。今年又差好多了，須要看護從床上攔腰抱起，轉到輪椅上，帶上厚帽。圍上圍巾，才敢推離臥室。而且，坐輪椅的時間越來越短，睡覺的時間卻越來越長了，在醫院、在家，每天都像嬰兒般的長睡。

包括我出國，如果打電話回來，父親一定沒法接聽，因為都在昏睡。我上山探望的時候，都會緊握他枯瘦的手，輕呼：「爸爸、爸爸，我們來看你了……。」這段時間，二姐毛毛從西安來台，每天都伴在他的床邊，輕揉著他枯瘦的手腳。我們會同聲輕喚著，他才勉強睜開雙眼，虛氣應對兩三句話，在含糊的言語中，老父再次的說：人生倉促，對歷史要寬容。

有一天傍晚，氣候遽變、風雨交加，我和二姐伴著老父，他卻一直吵著要起來，找一件厚外套到一樓大廳，等外出辦事的張阿姨返回，要趕緊給她披上，以免她受涼感冒，這事還不讓我們代勞，一定要親力親為，我和二姐極力勸阻，這種鶼鰈情深，讓人又忌又羨。

二〇〇六年歲末，父親捐贈給中國現代文學館五十七箱文物的新聞，除了文壇惋惜之外，台灣各界也是一場震動。有的指責、有的質疑、也不少贊同的聲音。有人寫信、有人投稿，也不少聲色俱厲的責罵，甚至還打電話怒氣沖天說：「柏楊！你吃台灣米、喝台灣水，五十多年，現在把東西捐給大陸，讓『文化資產』外流，你像話嗎？」連我的親朋好友和同事們，都很熱心的關切。其實，我們子女完全相信，他們一定很理性的做過分析，所以任何決定絕對不會偏差。果然，張阿姨就回應說：「吵什麼『中國、台灣、本土，實在是小的不堪』，大家不都是華人作家嗎？……誰有條件保存得好，我們當然就給誰啊。」我覺得這話，既正確、又有魄力。台灣當然希望能留下父親的手稿，並表明立即籌備設立「柏楊文學館」，但基於「文建會」七年換了四任主委，文學館籌備七年，也換了六個籌備館長，這種亂象任誰都沒有信心，父親能把「文化資產」交給世界上規模最大的文學博物館「中國現代文學館」，這是際遇，也是智慧的抉擇。

當時，我們都希望台灣各界不要再以「狹隘的心態」看待此事。後來，台灣媒體也展開討論「如何留住柏楊？」台灣也不想讓「柏楊」把更多的相關物品再回歸大陸收藏，於是，二〇〇六年十二月十二日，台南大學頒與父親榮譽博士學位證書，肯定他在民主、人權、史學、人文和社會領域的非凡成就和對國家社會的貢獻。我們家屬特別感謝台南大學前校長黃政傑先生、現任校長黃秀霜女士，以及蘇進強先生和王榮文先生的大力促合。

教育部亦撥發經費，在台南大學腹地上整建「柏楊紀念文物館」，有四百平方公尺的空間，將重建父親在新店攬翠樓「柏楊居」之客廳、書房、臥室及起居室等六個空間，以還原其生活與寫作的情境，還特別設置一間綠島的牢房，參觀的朋友可以到「馬桶」邊照相留念。

「柏楊紀念文物館」由台南大學文學院張清榮院長兼任館長，館裡的一點一滴，都是他精心的策劃，充滿了他的心血，讓這個生動、幸福、美滿與完整的「家園」，於二〇〇七年六月二十七日隆重開幕。如果你曾到過「柏楊居」，看過原先的式樣，你一定感覺身歷其境，因為所有的擺設，連尺寸都幾乎一樣。我就最喜歡客廳沙發上的「抱枕」，上面繡著「柏楊」二字，還有台南大學同學們許多的文創作品，尤其是紙製的「柏楊公仔」，真是唯妙唯肖，令人感情悸動不已，如果你喜歡，可以特別訂製一個，帶回家擺在書櫥裡，你每次抬頭，都會看到「柏老」慈祥的笑容，一定會讓你思路有如泉湧、文筆突然暢流呢。

兩岸大學生文學之旅，許多師生參訪「柏楊紀念文物館」，年輕學子頻頻閃著鎂光燈，讓現場青春洋溢。前副總統蕭萬長先生曾兩度蒞臨參觀追憶，他也特別喜歡「柏楊公仔」。

從二〇〇七年中開始，我們只要走進父親臥室的門，就要先用酒精洗手，並且戴上口罩，也不可用手去碰觸，大家都小心翼翼避免感染，因為父親越來越虛弱，蒼白的面色，已經是瘦到皮包骨了。二姐幫忙按摩著小腿，跟我說：「城城你看，爸爸的腿跟竹竿一樣細，一點肉都沒。」我們好心疼，轉眼見到二姐的眼眶已經泛紅。這使我想起二〇〇〇年三月，大姐冬冬、二姐毛毛跟我的外甥靜利、晉暘來台，每天晚上，他老人家都讓靜利這位學醫的外孫給他來段「馬殺雞」，靜利有深厚醫學的基礎，手指也勁道十足，每次都讓佬爺全身筋骨舒暢，笑呵呵的精神百倍、回味無窮。

這一年是海峽兩岸開啟交流大門的二十周年，三月七日，我在大陸看到電子媒體的新聞，遠流出版公司和時報出版公司，為父親舉辦「米壽」暖壽茶會。曾慶瑜女士還獻花獻吻，並和凌峰先生合唱生日快樂歌，由衷獻上祝福。父親坐在輪椅上，許的願望，竟是「腿不要再疼了」，四十年前，被拷打踢斷的那條右腿，雖經醫治卻未能痊癒，近幾年每天都痛入心扉。

這一天，許多友人熱情的參與，讓父親快樂的度過這溫馨甜蜜的生日。

五月二十日，金庸大師到「攬翠樓」看望，父親比金庸先生年長五歲，兩位老人家心情都特別的好，聊起天來妙趣橫生，父親要金庸把隔壁買下，兩人做鄰居。那天下午鄰居聽到金庸駕到，都跑來要簽名，父親穿著襯衫，坐在輪椅上，腿上蓋著薄毛毯，風趣的說：「不要隨便簽名，他們要拿到銀行去提錢的。」金庸大笑說：「柏老過茶壽（一百零八歲）時，他一定要來祝壽。」父親很興奮，可是這樣不利健康，他的情緒完全的在釋放，可見他實在是一個可愛的老頑童。

現在，父親已經離不開輪椅了，精力好的時候，會跟客人聊天、聽張阿姨跟他講些新聞，也會請看護偶爾讀報紙給他聽，報上如果有不公不義、莫名其妙的事件，他聽了，有時一聲長嘆「唉……！」，有時會冒出三字經：「他媽的！」實在太有趣了。

父親興起，真是妙語如珠，但卻要補眠甚久。一年以後的今天，他已經葬在綠島海域，跟我們永別了，我們也只有從記憶和記錄裡，回味他的幽默、風趣、箴言和教訓了。

二〇〇七年十一月二十四日，我一早跟張阿姨和二姐毛毛，還有許多台灣的朋友，在北京的北平飯店會面，參加當日下午兩點在「中國現代文學館」舉行的「柏楊研究中心」揭牌儀式。父親臥病在床不克出席，張阿姨在台上，拿出一張A４的紙，敘述上面這顫抖歪斜的六個字「重回大陸真好」，是「柏楊」費了九牛二虎之力，花了兩、三個小時，寫著寫著又斜倒昏睡過去，叫醒再寫……虛弱的手指根本無法握筆，寫了不知多少遍，才勉強的寫完這六個字。此言引起台下陣陣的嘆息和感佩。

「這些寶貴的資料雖然為中國現代文學館所珍藏，但它將為海峽兩岸及港澳地區所共享，也對所有研究柏楊的人都是開放的。」中國作家協會副主席、中國現代文學館陳建功館長如此說：

「一年前，我們派周明到台灣，把一大批珍貴的資料和文物『搶』了回來。現在我們進而成立這個研究中心，因為我們還在覬覦柏楊先生的『財富』，不過請柏楊先生不要緊張，我們窺伺的，是先生寶貴的精神財富。我相信，通過海峽兩岸和研究中心學者們的共同努力，柏楊先生一生豐厚的精神成果，一定會為我們所分享。……最後開一個玩笑：請香華轉告柏楊先生，精神財富的創造成果，您是不能獨霸的。」張阿姨致完詞，我也特別表示感謝大家辛苦的奔波，以及對家父的支持，讓「柏楊文化資產」能有這麼好的歸宿，……家父在台北家中的病榻上，也能感應到我們的熱情，讓我們也祝福他，早日康復、重回大陸、重回這可戀的家園，真好！

在「中國現代文學館」，已經建立的有巴金文庫、冰心文庫、唐弢文庫、張天翼文庫、林海音文庫、卜少夫文庫、魯迅文庫、老舍文庫……等中國大陸、港澳台，以及海外華人作家的文庫，一共有八十一座。「柏楊文庫」珍藏父親的文物文獻資料，一共一萬一千七百四十五件，並且已經邀請兩岸三地，以及海外研究學者參加「柏楊研究中心」的工作。

我們對父親的文物文獻能夠珍藏在這裡，能夠跟這些頂尖的文學大師在一起「被研究」，感到非常榮幸。五年後的二〇一二年七月，二姐毛毛從西安到北京，由周明老師陪同，再次的踏入中國現代文學館，她看到了已經還原的「柏楊書房」的樣子，書桌一角還擺著父親頭部的雕像，這雕像原先是放在「柏楊居」客廳的，書桌右邊是擺滿書籍的書櫃，中間那層，是全套的《柏楊版資治通鑑》。書桌前牆，掛著一大幅名家行書體的揮毫，這是一九六九年，父親在景美看守所，被判處有期徒刑十二年之前的詩作〈囚房〉：

重所密封日夜長、朦朧四季對燈光；天低降火類爐灶、板浮積水似蒸湯。
起居坐臥皆委地、呻吟宛轉都骨殭；臭溢馬桶堆屎尿、擁擠並肩揮汗漿。
身如殘屍爬黃蟻、人同蛆肉聚蟑螂；群蚊叮後掌染血、巨鼠噬罷指留傷。
暮聽狂徒肆苦叫、晨驚死囚號曲廊；欲求一剎展眉際、相與扶持背倚牆。

38 與世長辭 生態海葬

二〇〇八年一開張，父親的情況就更糟糕了，特別重大的事務，他還能硬撐一下，最多三分鐘就癱軟了。在醫院時，臉上罩著氧氣、插著鼻胃管，手臂上扎著點滴，因為不舒服，他就要去抓鼻胃管，護士就把他雙手套上護套，他則露出哀求的眼神，口裡發出「喔喔」聲音，意思是要我們解除他的「手銬」，我們的心都揪在一起好似扎針，難過極了。

為了能方便照顧，張阿姨曾經特別在石牌榮總附近，租賃一間短期的套房，這樣往返醫院只需過條馬路，比從「攬翠樓」「柏楊居」來回兩、三個小時，節省不少時間與體力。張阿姨說：「婚姻有不同的階段，像現在這個階段，我差不多是他的保姆。」的確，家裡有一個年老的重症病人，家屬辛苦、照顧的人更是辛苦。這是四、五年前的事，有一天晚上，我和麗鳳探視父親後離開醫院，目送張阿姨順著斑馬線走回租賃的套房，看她疲憊沉重的步伐，我們心底充滿了感恩。

父親病情穩定後，就從醫院回到家裡，雖然一樣昏睡，語言表達也不很清楚，但是，他並不是失智的病人，他說不清楚，但是他的思維仍然清晰，只是插著胃管，就辛苦了，內心有話，無法傾吐的煎熬和著急，又沒法寫出來，是多麼痛苦，他只有不斷的嘆息，而我很清楚他想說些什麼。

二〇〇八年二月六日，這是除夕的前兩天，我才從江蘇這五十年來罕見的「超級雪災」之中，連夜「逃難」似的，原本三小時的路程，卻開了十五個小時才抵達機場，這一路由淮安台協吳添福會長的少爺炯毅開車，謹慎又緊張的在車陣中龜速前進，有車急躁的從旁邊快速超車，卻輪胎打滑，反而不得前進困在積雪裡，真是欲速不達。

出發前我們準備一堆乾糧，還特地多買一桶汽油，這是廣播電台的熱心叮嚀，擔心中途燃料用罄，引擎熄火不全凍死在車裡？夜晚九點出發，開三個小時都還沒到長江大橋呢。午夜十二點零下七度開始暴雪，高速公路全面封閉，所有的車都困在路上，車道兩側積雪三尺，車車頭尾相連，儼如超大型停車場，全都停著卻都不敢熄火，因為都需要暖氣。這樣又熬了六個小時，直到早晨六點，長江大橋才開放通車，我們又再開了六個多小時，才終於在中午過後到達祿口機場。我們放棄預定的國際航線，多花人民幣兩千元，搭機從南京飛到深圳，再坐船到澳門，由候補機位飛回台灣。從出發到抵達家門，將近三十小時的折騰，一路上，我的思想都在漫遊，深深的感受這個氣氛。

六十年前，父親從瀋陽逃到北京，再從北京逃到上海，最後擠上登陸艇來到台灣，那才是九死一生。我們這才一天多的風雪，算老幾？而且都在暖氣洋洋的轎車裡有吃有喝呢。只是我們這一代，沒吃過什麼苦，很難去體會，就像我們沒坐過牢，不知坐牢的苦楚，尤其像父親這樣，經過殘酷刑求產生的冤獄，別說十年，就算一年、半年，不是精神崩潰，草莓族也可能早就自行解脫了！

二月七日大年初一，馬英九先生光臨「柏楊居」來拜年，大夥扶起父親，他也勉強撐起身子，說話十分吃力，不斷咳嗽。馬英九洗手後進入臥室問候說：「……柏老您的著作，影響兩、三代的讀者。……」父親吃力的、勉強開口批評現在政治的亂象，雖然有氣無力，仍然質疑的問道：「台灣目前最可怕的就是政治鬥爭、無是非、無廉恥。怎麼變成了這個樣子？」馬英九特別題了「有容乃大、無欲則剛」八字相贈。

父親直言勸諫，希望馬英九先生身邊，能有個「魏徵」型的人物，還送上自己過去寫《資治通鑑》的魏徵、唐太宗等篇章的影本，馬英九先生當下做出承諾，未來若當上總統，一定隨時提醒自己不要變「醜陋」。

這個新春年節，父親幾乎是「全眠」的狀態，一般客人也不便搖醒他，初三那天，可能是他知道他的孫兒中中來了，睜著眼睛一老一小目視微笑，他喜歡聽孫兒輕喚著「爺爺！爺爺！」臉上滿是慈祥，每次見面，都會問中中說：「你有沒有看爺爺的書啊？」這次沒問，只是握著手，他氣若游絲，兩、三分鐘又闔眼睡著了。

春節過後，大家工作和生活又開始緊湊起來，而父親依然老樣，我在半個月後的二月二十三日又赴大陸，前一天還到他老人家病榻旁向他辭行，我們緊握著手，父親欲言又止，我安慰他別急，要安心養病。沒想到我出國第二天，他就因為急性肺炎並呼吸衰竭，緊急送進台北耕莘醫院加護病房，也沒想到，這次進入醫院，就沒能再走出來了。

父親在加護病房將近一個月，三月十九日才轉入普通病房，沒幾天又實行「胃造廔」手術，再次住進加護病房，這是為長期需要管灌餵食病患的替代方案。這樣就不必常換鼻胃管，既安全、副作用又小，因為管徑粗，以後可以餵食種類更多，父親的營養補充會更充足了。父親手術後在四月十二日又回到普通病房，以氧氣及呼吸器幫助療養。

我人在大陸，雖然電話聽不著父親的親口說話，但是張阿姨和麗鳳也會告訴我，不過，都是他沉睡中的訊息，我想，如果病人是在睡覺，也能補充體力，不致會發出緊急警報。

很多例證「節期是老殘病患的關卡」，為免造成遺憾，我毅然決定在清明節前夕返台，第二天我就到台北耕莘醫院探望父親，才四十天不見，父親顯得更蒼白削瘦。四月十六日上午，馬英九先生又到醫院來探視，這次，是以總統當選人的新身分了，只是還沒上任。

父親身體虛弱，嘴巴開開合合卻說不出一句話來，馬英九緊握他的手說：「請柏老放心，我一定會全力以赴，戒慎恐懼、臨深履薄，……我們從感恩出發，從謙卑開始，一步步的把失去的補回來。」馬英九還允諾說：「我上任之後，一定落實『新世紀人權宣言』請柏老放心。」父親送給馬英九先生兩本新作《柏楊品三國》和《柏楊品秦隋》，因為三國、秦、隋等朝代歷時最短，他老人家的意思是，要馬英九記住，唯有人權立國才能長治久安。

父親自從二月二十四日因肺炎併發呼吸衰竭住院，兩個月來，持續都有呼吸不穩定的情形，還兩次緊急送入加護病房，醫師的「病危通知」就像十二道金牌，每兩天一張，緊急的催促著河南的大姐冬冬、西安的二姐毛毛和澳洲的小妹佳佳趕快回來。

四月二十日，佳佳帶著女兒Peta從澳洲回來了，二姐毛毛預計後天也會抵台，大姐冬冬因為趕辦手續出點問題，可能會延後幾天，我相信兩位姐姐，一定心焦如焚。

第二天一早，我們就在醫院，大夥圍在父親的病床四周，看著床上這位蒼白枯槁的老人，鼻胃管、氧氣罩、葡萄糖，管管線線插滿臉上和身上，我們的心都像刀割一樣，他今天沒有帶「護手套」。我們分別靠近床邊，我拉下口罩，讓父親能看見我的面孔，我說：「我們今天都來了，您看，佳佳回來了，麗鳳也在，小垣也在，還有Peta也來了，大姐、二姐過兩天也會來的。」父親圓溜溜的眼珠就跟著轉，雖然口裡只能含糊發聲，但也感覺得到，今天他精神不錯，看到我們一大堆人同時出現，好像有點錯愕，卻十分開心。

在這個階段，張阿姨不但是保母，還要兼秘書，她是最辛苦的。因為父親的事物龐大繁瑣，包括眾多後續的進展，還是會經過社會的檢驗，也必須向愛護他的讀者交代。

整整三十年了，張阿姨陪伴著父親共同的生活，最熟悉他所有創作、故事和背景，這就像是剛出生的嬰兒，經過母愛的孕育，長成到三十歲。所以只有母親最了解自己的孩子，以及孩子的每一件事物，這「孩子」是指父親的作品，這是極度深層的，張阿姨詳細蒐集所有相關資料，包括父親所有作品、書信與個人文獻，經過有系統的整理，這是誰都無法替代的工作。我們對張阿姨是完全的相信、尊重，並且由衷的感謝。

「柏楊是一座山，是那麼沉雄峻偉，有風景，又有寶藏。雖然年紀這麼大了，卻仍有赤子之心。……所以他讓我一直都覺得很溫暖。」這是張阿姨對父親的評價。一個男人的成功，絕對需要有女人在背後的扶持。而張阿姨無論台前、幕後，這個角色的扮演，我們都肯定是相當的盡職，甚至閃亮發光。

二姐前一晚抵達台灣，住進「柏楊居」，第二天一早，我們就在醫院碰面了，二姐立在病床前，說：「爸爸，我是毛毛，專程回來看您了。」父親意識清楚，他點點頭，晉暘也大聲說：「

佬爺，我來看您了。」父親伸出了手，握住外孫晉暘的手，足見心中對親人的眷戀。

父親一生有無數智黠的話語和高峰的真理，他篤信基督，也特別感謝神為他安排的這一切，和賜給他的這一切。他曾告訴我們：「神永遠是愛我們的，我們要向神祈求，賜給我們人類和平，永遠沒有戰爭。」父親走到了生命的死蔭幽谷，仍然認真的要大家繼續探究真愛、真相、真理與真義。

四月二十六日下午三點五十分，現任總統陳水扁，也以私人不公開行程，到耕莘醫院來探望，父親很激動，在病床上掙扎著，一定要坐起來，口不能言，但雙手一直舞動，陳水扁似乎了解，還向他保證「台灣一定不會亂」，並安慰他，一定要安心療養、早日康復。

二十分鐘後，阿扁總統離開，父親已經氣力放盡，倒頭就昏睡了，這一睡，都是昏迷狀態，也沒再真正的清醒過來了。

佳佳觀察父親都在睡覺，病情好像穩定，應該沒什麼立即的危險，於是決定二十八日晚上的飛機，帶著Peta先回澳洲了，前一天上午，我們在醫院還碰到高南華伉儷，和汪詠黛在門口等候，客氣的等我們家屬出來，才進入病房探視，因為我們人多，很擁擠，他們擔心病人氧氣不足，我很感謝他們的細心和體恤。

二十八日傍晚時分，父親再度出現呼吸衰竭的情形，意識完全模糊，慢慢的，二氧化碳濃度逐漸升高，氧氣下降，持續到二十九日凌晨一點十二分，醫師宣告急救無效，他就病逝於新店市耕莘醫院，蒙主寵召，很有尊嚴的離開這多紛多擾的世界，享壽八十九歲。

從二月二十四日，父親就因急性肺炎並呼吸衰竭，緊急送進耕莘醫院加護病房，至今兩月有餘，加護病房兩進兩出，這幾年病魔肆虐，把愛美的父親折磨的憔悴枯腸，每個人看了都心疼不已。二十九日深夜，我們都已返家入睡，刺耳的電話響起，夜半突響的電話，最讓人膽破心驚，尤其病重的親人住院，會讓人心臟爆炸。我急忙起身接起電話，是晉暘，我瞬間被不祥的預感籠罩，不禁一陣寒顫。

晉暘說：「大舅，佬爺走了。」「什麼時候？」「就剛剛，醫院打電話來，我們現在就要去醫院。」我瞄瞄大鐘，凌晨一點十七分。我跟晉暘說：「我們馬上就到。」我隨即通知本垣，然後與麗鳳趕赴醫院。隨後，本垣夫婦也抵達。而佳佳卻在八個小時前，才剛剛離開台灣飛向澳洲。

提摩太後書四章七節，使徒保羅寫信給提摩太，說：「那美好的仗我已經打過了，當跑的路我已經跑盡了，所信的道我已經守住了。」父親正是這樣，他溘然離世，走完這曲折離奇的一生。當他回顧自己的使役時，可以宣告他已經完成了自己的路程，而且是得勝者。他確信的是，他靠著神的恩典，已經跑盡了當跑的路。

我們圍在床邊，瞻仰著父親的遺容，他的身上已經拆除所有的管子了，面孔蒼白，卻慈祥極了，我們知道父親走的安詳，他終於擺下了筆、摘下了眼鏡、闔上雙眼，放下了掛記，他已經擁有了絕對的自由，他已經先我們一步，擺脫靈魂的醬缸，到那諸天之國的實現裡，完全自由的家園，正如他所說：「有自由的地方就是家園。」這將是他不能朽壞、不能玷污、不能殘留，是要存留到永世的基業。

總統府表示，柏老畢生致力藝文創作外，更關心民主、人權發展，相關著作甚鉅，堪稱台灣現代歷史最具代表性的思想家之一，他的立論與學說對後代影響甚大，深受國內外學界所推崇，如今不幸辭世，陳水扁總統深感遺憾與哀傷，並明令褒揚。

新當選總統的馬英九先生也肯定父親對人權法治的奮鬥，並強調，柏楊一生堅持的理念將由他們繼續貫徹，他會在五二〇後，要求部會確實落實。

大姐冬冬、么妹佳佳也分別從河南和澳洲趕抵台灣。五月十四日上午，我們在第二殯儀館舉行家祭，下午三點在台北市紅磚古蹟濟南教會，為父親舉行「安息禮拜」。他曾經說過，人權就是對生命絕對的尊重，因為人生來平等，也都有完整表達自我意志與言論的自由。也因為如此，父親的朋友不分貴賤、黨派、宗教、省籍，所以今天，從高官顯達到平民布衣，將近三百人出席致哀，總統陳水扁跟準正、副總統馬英九、蕭萬長比鄰而席，坐在第一排，大家一同伴隨父親

——柏楊先生，走完人生最後的一程。

「安息禮拜」由麥光珪教師司禮，林信仁牧師主禮，先父生前摯友蘇進強先生以「追懷柏楊」、「閱讀柏楊」介紹他的一生，蘇進強說：「柏楊就是一本『耐讀的奇書』，心中沒有黨派、沒有省籍，只有是非、正義和人權，……他讓台灣邁向人權國家。」台上致詞，台下陣陣唏噓，大家都感念不已。

唱詩班一首〈綠島小夜曲〉，全場來賓已紅了眼眶，再一首〈老黑爵〉，有人開始強忍著熱淚，最後一首〈奇異恩典〉時，多人已經泣不成聲了。尾聲，我壓抑悲傷，代表家屬上台達謝，表示對愛護父親柏楊的長官、前賢、長輩以及親朋好友的深深感謝，我說：「……我多次在病榻前緊握父親枯瘦的手，他雖然無法言語，但從他的眼神，我看的出他還有許多憂慮和牽掛，……先父是幸福的，因為他擁有你們，他是忠義的，他才有資格擁有你們，……我們家屬感謝大家對先父的愛護，……他是屬於台灣土地、屬於全球華人、更是屬於人權志業的。……」雖然父親的肉身生命已經結束，但他屬靈的新生命，正在開始成長。

王榮文說：「柏楊是我非常敬重的作家，即使是纏綿病榻，柏楊依舊充滿勇氣，一以貫之。」

父親身受病痛之苦的近幾年，仍不斷有媒體與政治人物登門造訪，但他一方面受限於體能衰弱無法「奮筆疾書、盡述胸臆」，一方面已不想多講些什麼。王榮文說：「這段期間柏老所表達的意見，雖然被各方拿來做南轅北轍的解讀，卻都無法完全代表柏楊他真正的看法。」

父親對自己這十年牢獄之災的看法，經過多年之後，也有了極大的轉變，正如司馬遷寫給友人任安的這封回信〈報任安書〉上說：文王拘而演《周易》；仲尼厄而作《春秋》；屈原放逐，乃賦《離騷》；左丘失明，厥有《國語》；孫子臏腳，《兵法》修列；不輸遷蜀，世傳《呂覽》；韓非囚秦，《說難》、《孤憤》；《詩》三百篇，大底聖賢發奮之所為作也。

父親理解這段話的深義，他用十年的牢獄生活，讓自己也成為了一個歷史學家，對他來說，綠島「無」夜曲，但綠島卻又是他終生難忘之地。父親感謝綠島的賜予，他把綠島視為他特別的紀念之地。在他的詩詞裡就有〈我來綠島〉、〈我在綠島〉、〈我離綠島〉三首，寫出與綠島錯綜複雜的感情。如今安息主懷，父親仍想回到這個地方，融入這片「海納百川」無際的汪洋懷抱。

二〇〇八年五月十七日，一大早，我們就在台北松山機場集合，我把父親的骨灰罈捧在胸前，坐在飛機客艙的第一排，骨灰罈放在我左邊的座位，我幫它繫上了安全帶。我們要前往綠島，遵依父親遺言，將他的骨灰拋撒在那片蔚藍的綠島海域。而在綠島上的「綠洲山莊」大禮堂，就從當天開始的這四個半月裡，舉行「柏楊先生紀念展」和人權季活動，以回顧父親柏楊一生的貢獻和生命的情調。還有更巧的，是五十七年前的同一天，居然是綠島開始囚禁政治犯的紀念日。

不捨的親朋好友，也跟著搭機來到台東，下機後經過一段路程，專車才到台東富岡碼頭，我們要上船出發，可是，突然颳起了七級大風，又掀起了六級大浪，讓我們在碼頭等候約兩個小時。

中國現代文學館前副館長、柏楊研究中心總幹事周明先生，為送「柏老」最後一程，前一天才從北京專程來台。這時，所有親朋好友、媒體記者一共三、四十人，也都暫時守在候船室。

風勢慢慢轉弱，我們才依序登上海巡署調派來的艦艇，等後拔錨出發，期能早點完成使命，再登陸綠島，因為同一時間，已邁入第四年的人權季，正以「烈焰青春火燒島」為主題，在綠島上展開數日的紀念活動。知名小提琴家胡乃元先生站在人權紀念碑前，演奏巴哈的名曲。還有醒獅團、辣妹舞、雜耍魔術、台灣原住民的森巴鼓等熱情的演出，讓這座曾經流滿血淚的孤島，擺脫了昔日的悲慟，充滿了歡樂。只可惜，風浪攔阻了我們的前進，這也是我最接近綠島的一次。

上船前，大家除了吃暈船藥，還貼了防暈耳片，我坐過七、八次船，都是有兩天以上的航程，所以經驗豐富，我知道暈船有多可怕，行進時都沒什麼，如果停在驚濤駭浪中，那才是超級震撼。

一上船，我就緊抱著骨灰罈，乖乖的坐到艙裡的座位上，船身搖來晃去，我拚命的嚥著口水。雨點風聲逐漸變小，引擎隆隆作響，艦艇已乘風破浪全速前進。大約離岸沒多久，據說才四海浬左右吧？就聽到廣播：風浪太大，船已無法前進，於是下錨，大家齊聚甲板，開始施行海葬儀式。蘇進強大聲的開場說：「柏老再見了！……柏老精神，也將永遠凝視並關切台灣的民主、人權和自由。」

大姐冬冬、二姐毛毛、我和麗鳳、小垣夫婦、佳佳，我們五個兒女同聲喊著：「爸爸您安息吧！」、「爸爸您快去快回！」臉上早已看不出是淚水？還是雨水？所有的親友在搖晃得甲板上，緊抓著欄杆，邊撒、邊哭、邊淋雨，也邊吐。撒出手的骨灰，隨風旋入吶喊的浪花中間，滋潤了蔚藍的海洋，也隨風吹到我們的臉上，和著水跡塗抹我們的傷慟。

這種生態的安葬，使我們對生命有了更多的認識和想像，從此以後，父親的靈、魂、身體，再也沒有任何的禁錮了。

周明先生多拿了兩小袋的骨灰帶回大陸，要尋覓適當地點安葬，讓父親能「根留兩岸、風範長存」，周明先生這個奇想，促使父親能在兩年後，終於「落葉歸根」到河南的老家。這些事，都是完成他遺願的開始，我們期盼後世子孫能夠推動父親人權的理念，也希望台灣的民主、自由和人權，能達到他生前所努力奮鬥的理想目標。

39 根留兩岸 緬懷傳承

一轉眼，父親離開我們大家，整整一年了，我們記憶猶新的還浮現他老人家削瘦臉龐上柔情的微笑。

一年後的這天，在華山文化創意園區，我們參加由曾慶瑜女士主持的「懷念‧傳承‧柏楊辭世周年紀念會」，這是王榮文先生等人所主辦的，副總統蕭萬長特別蒞臨，表達對父親的懷念及敬意，他致詞說：「化解仇恨並非避而不談，而是昇華為溫暖的感情，應面對歷史，記取教訓，打造族群融合的新台灣。……」

上個月底，立法院三讀通過「公民與政治權利國際公約」和「經濟社會文化權利國際公約」兩個人權公約及施行法。蕭副總統特別強調說：「未來，政府將努力在兩年內完成制定相關的法令，並大力推動人權教育，遵守國際人權規範，成為一個名副其實的人權國家，相信可以告慰柏老在天之靈。」

張阿姨說：「柏楊是幸運的人，有這麼多朋友為他完成心願，我感覺他沒有離開我們，只是人生的布幕放下。」最精彩、完美的演出，最熱烈、安可的掌聲，總是要謝幕、落幕的。台上的悲歡離合，台下也一樣不斷的重複循環。父親這一生，在不同的舞台上，演出的都太過精彩，精彩到布幕雖然已經放下，頂頭的燈仍然亮著，難以落幕，我知道父親沒有離開我們，他跟我們一起坐在台下，就坐在你我的旁邊，他等著看，何時我們能衝上舞台，有比他更精彩的演出。

第二年，遠流出版公司在Facebook上發起了「柏楊全球書友會」，通過網路紀念柏楊——我們親愛的父親郭衣洞先生。在此同時，《柏楊全集》也在大陸全國書博會上面世，這是父親原創性論述第一次最完整的在大陸集中推出，包括五十年來所有的作品，也展示了他這一生不平凡的成就。當時張阿姨正在大陸，看到電視上播放青海玉樹震災捐款的晚會，同胞們都奮不顧身，使她感動。因此，她將再版《醜陋的中國人》兩萬本的版稅，全都捐給玉樹災區時，基於我們的懷念和感恩，我們都支持這個作法。

我們幸運身在寶島，雖然都曾為各地的天災付出實際的關懷，此時，更願意能為玉樹災區的重建，拋磚引玉。我相信，即使父親還活著，也絕對當仁不讓。張阿姨說：依照柏楊的感性，他看到華人這麼大的愛心，他一定會再寫一本《可愛的中國人》。

兩年前，在綠島海域拋撒父親骨灰時，周明老師建議，保留了兩小袋，由二姐毛毛帶回西安，就一直放在二姐家裡。我們不願父親葬在一般的寺廟或靈骨塔，主要因為信仰的關係。基於「落葉歸根」的想法，我們都認為讓父親能夠回到原籍故鄉最是妥善，但我們卻一點忙都幫不上，只有讓周明老師費心費力、奔波尋覓。

河南省文聯副主席鄭彥英書記建議，將「柏楊」骨灰安葬於河南省新鄭市的福壽園陵園，是最妥當、也是最完美的。於是，二姐還特地從西安到鄭州實地考察墓園，她打電話告訴我們說：「我覺得這裡很好，不同一般墓園，文化氣息濃厚，感覺跟公園一樣。」張阿姨也認為可行，因此，我們就決定，讓父親的骨灰就在「福壽園陵園」入土為安了。

二姐還特地兩次到上海看父親雕像的進度，並給予意見，我人雖在大陸，但時間緊湊，沒法陪二姐同行，據悉，父親的銅像第一次作的並不理想，二姐才會再去一次，經過修改之後，才完成這尊高約兩公尺餘、一比一・三的全身坐像。而我們對這個父親雕像之神似，都非常讚賞。

二〇一〇年八月三日，二姐毛毛和姐夫長安從西安護送父親的骨灰到鄭州，先交給福壽園做準備，然後其他如雕像、衣冠塚、墓地建設等，也都趕於八月三十日前全部完成。移棺安放時間就決定在二〇一〇年九月十二日上午十時正。於是，我先一天抵達鄭州，參加第二天一早的「柏楊靈骨安葬暨柏楊紀念銅像落成揭幕儀式」。

當天早上，鄭州「福壽園陵園」舉行了一場該園建園以來最大的葬儀。我們一行浩浩蕩蕩數輛專車開抵園區，園內已經媒體雲集，通往主樓骨灰存放廳的道路左側，擺滿了兩公尺高的布標，上面印著父親的照片和他的著作名稱。還專門開放一個側廳，廳內正在播放他生前的語音和影像，供後人緬懷。

上午除了進行骨灰安放儀式，福壽園人文紀念館也進行「柏楊銅像」和「墓碑」的揭幕儀式。我們先參觀人文紀念館，這裡有父親的衣冠塚，所展示的文物中，有《柏楊全集》，還有他部分手稿和衣物：有一套西裝，口袋上繡著他的本名「郭衣洞」，圍巾上繡有「柏楊」二字，其他還有帽子、手杖、筆、印章等。

父親在這裡文物的收藏，比起「北京中國現代文學館」所陳列的，顯然少了很多。但是他能回到這裡，是和他的鄉親在一起，也和我們的祖先在一起，更是和故鄉芬馨的泥土，永遠的融合在一起。

在主樓的骨灰存放廳內，鮮花簇擁，置中的大相框裡，父親戴著黑框眼鏡，兩手托腮，嘴角上翹，帶著俏皮的笑容。我們胸佩黃絲帶，依序鞠躬致哀、奠祭獻花。典儀完畢，我手捧漆木方匣，內置骨灰罈、上覆紅絨布，兩位禮儀師撐著黑傘服侍左右，所有親友都跟在我後面，默默前行二、三百步，才走到「柏楊墓園」。

墓園大約三百五十平方公尺，置中一座紅綢覆蓋著高兩公尺多的矗物，就是父親的大銅像。

放眼四周漫地青蔥、紅艷綻放，旁邊是小橋流水和迴廊步道，再往前遙望是一座四角亭閣，鯉魚在清澈的水中悠游。等幾年樹木長大，花草繁殖，這裡絕對不輸給任何一座國家級的大公園。父親住在這裡，絕對媲美「攬翠樓」的「柏楊居」。

我遵從司儀的口令，先獻花、獻果，排排鞠躬，再將漆木方匣，安放到一個開挖的小石室裡，然後每個人都拿一個盛裝花瓣的籃子，將片片素菊、花瓣撒進石室，覆蓋在漆木匣之上，然後被上黃土、覆上綠草。親朋好友一起送行，寄託哀思，並同心攜手完成了父親骨灰的安葬儀式。

官場的例行致詞過後，上午十時三十分，由中共河南省委統戰部部長劉懷廉、河南省台辦主任宋麗萍、河南省文聯主席馬國強等官員，以及福壽園總經理葛千松四人，將覆蓋在父親銅像上的紅緞絲綢緩緩揭開，嚴肅隆重的完成了「柏楊紀念銅像」落成揭幕的儀式。

雖然我曾看過這銅像製作過程中的幾張照片，那是二姐兩次訪滬，e-mail給我的，但是此刻，我的眼睛仍然一亮，眼前父親翹著二郎腿正襟端坐，左手置於膝上的書本，右手撐頤若有所思，神情寧靜悠閒。溫和兼炯炯的目視前方，這尊銅像與他日常生活中的形象，神似極了。銅像右側一塊天然大石的墓碑，上書「不為帝王唱讚歌，只為蒼生說人話」，彰顯他針砭時弊的錚錚傲氣。我們相信，以後來這陵園的各界人士，都能充分感受到父親柏楊的文人風骨和濟世精神。

省文聯主席馬國強說：「柏楊先生魂歸故里，銅像佇立在中原，必將成為傳統文化的又一個精神坐標，讓人們銘記先人，樹大志，立大德。」我們的父親雖然走了，但他的思想和精神，將永遠留在我們兒女的心中、永遠留在中原父老鄉親的心中，也永遠留在我們所有華人的心中。

文聯副主席鄭彥英先生，是一大藝文名家，父親安息在這裡，都勞他的奔走和協調。之後幾年，他也都親自到墓園來祭奠先父，並修文緬懷，讓我們既尊敬、又感謝。

父親魂歸故里，在台灣又引起一陣批評，他生前摯友蘇進強先生則表示：「我們不要去干涉柏老的家務事」。張阿姨說：「人都不是單線條的，可以有多種選擇，回家何嘗不是一種最好的選擇？」選擇哪條路，都沒有對與錯的問題，自己的路自己走，不要違反自己的基本精神和思想，越單純越好，不去傷害到別人，父親最後的路，我們家人都願意扛起這個具有時代意義的擔子，選擇一條最寬闊的坦道、也是最完美的句號。他老人家永遠在我們心裡，跟我們一起前進、一起休息。休息過後，我們仍要繼續的走下去，因為，路永遠在我們前面，而前面不遠，父親舉著火柱，正照亮我們的腳蹤。

二〇一〇年十月十五日，福建省廈門大學、華僑大學、漳州師院、泉州師院四所大學的學生和研究生，由小三通抵達金門，再直飛台南市，參訪台南大學「柏楊文物館」。全程的導覽，均由人社學院張清榮院長擔綱，他從〈柏楊大事記〉開始，述說這些同學心中的「柏楊老師」其多災多難的一生。並對照簡易的〈年表〉及清楚的〈記事〉，使這次訪台的大陸同學們，都能留下深刻的印象。「柏楊文物館」還準備了「柏楊文件夾」、「柏楊紙公仔」以及「柏楊學術研討會」的論文集，一併贈送給這些跨海而來的學子們，讓他們完成這趟成功的文學之旅，認識了醜陋的中國人——柏楊大師，並滿載而歸。

我在兩年後的二〇一二年四月五日，跟郭立熙叔叔、大姐冬冬等人，「回家」掃墓時，特別的用棉巾，在父親銅像的臉頰，輕撫拭淨，感覺到他的嘴角好像在輕輕的微笑呢。我們都相信，父親的在天之靈，已經完全得著了釋放。

掃完墓第二天，大姐冬冬帶我回到故鄉輝縣郊區，有一座大公園，在最裡面有兩座高碑，左邊一座涼亭，上面都是父親的題字，但是廣袤的大公園近乎荒廢，荒草蔓延、水塘都已乾枯，碑上刻字也已掉漆模糊，無法全窺了。

40 駐足高崗 永垂不朽

父親自出生，即命運坎坷、窘迫困頓充滿著悲哀和哭泣。還沒記憶生母就病故，繼母帶大，卻施以凶殘暴虐，他有一個沒有親母疼愛的童年。小學遇到恩師克非，引發潛在的閱讀興趣。又因算數不好，屢遭惡師修理，從此反對任何體罰。他少小離家顛沛流離、磨難無窮，千方百計想要入學，卻屢被退學或開除，青年時期正逢戰亂動盪，即隨波逐流，促使他這一生，比別人提前能獨立思索。而這種獨立性，正是歌德所說的「是天才基本的特徵」。

父親十九歲進入戰幹團，加入國民黨，遇到恩師吳文義，十年後在上海，再度巧遇，就跟隨吳文義來到台灣。也開始他在台灣近六十年的傳奇生涯。

父親自喻是一隻孤鴻，飛翔在無際天邊，他展翅穿過深林巨壑、高山大丘，因為孤單，所以奮飛，因為遍地荊棘，所以無法停留。雖然他全身箭傷，依然淌著血、忍著痛、含著淚、帶著箭，奮力怒飛。

他疲憊又沉痛，終於駐足在一處高崗，他引頸長鳴，讓世界都聽到他的聲音，讓死蔭的幽谷，也充滿了他吶喊的回音。來不及喘歇，他再度振翅，要衝出奇襲而來的颶風暴雨，這時淚水、雨水、汗水和血水，浸透了他的全身，雙翼的羽毛也不停的折斷脫落，這隻孤鴻逆風盤旋，已經筋疲力竭。

他奮力衝出暴風圈、闖過雷電網，他把自己當成祭物，要獻給天地和穹蒼。每分每秒，他都在展翅翱翔，衝向遙遠的那線曙光。

這隻孤鴻，就是我的父親——柏楊。

父親喜歡「飛」，他自己奮飛，也要中國人奮飛，他受傷仍然要飛，他說：「我還是要飛、永遠要飛。」他執意要飛翔到最後的一分一秒。正如他的詩作：

九天翱翔闖重雷、獨立高崗對落暉；

孤鴻不知冰霜至、仍將展翅迎箭飛。

而父親四年後為《奮飛》一書作的序曰：

展翅奮飛五十年、回首依依啣斷篇；

重讀昔時筆下字、一字一情一惘然。

父親這兩首詩作，都有著「迎著箭、展翅奮飛」的激昂鬥志，也使他的悲憤情懷表露無遺。拿破崙曾說：「人生的光榮，不在永不失敗，而在能屢仆屢起。」正是如此，父親屢仆屢起、雖然為上帝賜與的才華，他已經付出了代價，遭受身體和精神的磨難，但是他的熱情戰勝了苦難，精神也勝過了死亡。

死亡是生命的必然歸宿，不盡然都是悲劇，因為死亡可以導致永生，父親驕傲的是，他知道自己的精神將永垂不朽。

張阿姨說：「我相信，柏楊飛走了！我要時時凝視蒼穹，永遠朝向光明的一個點，追尋而去」。

三十年前，張阿姨一首〈單程票〉：

……路，是荊棘綻開的玫瑰……傳遞自你的掌心，是萬縷柔情，繾綣於我的雙目。如果能為來生訂座，請預購兩張單程票，早早攜我飛越三江五湖，縱橫七海，……請不要遺漏我，不要讓我久久的掙扎、等待……

她預購兩張單程票，與丈夫相約同心同行，呈現她對父親的深情。

三十年後，這一篇〈酒店打烊，我就走〉，是張阿姨對父親封筆的感言。這是英國故首相邱吉爾的名言，他帶領英國與盟軍抵抗德國的侵略，最終反敗為勝。但是戰後他卻落選。他坦然接受事實，毫不戀棧。當他到九十歲這殘年之時，他就說了這句哲言：「酒店打烊，我就走。」而這句話，讓我非常感傷。

這「酒店」好像世界，我們在世界裡寄居、旅行，死亡是旅行的終點，在世界結束時，人人都要結帳，酒店都要打烊了，誰能不走？我們來去匆匆，有幾個人能真正走的毫不戀棧？沒有遺憾？

三十年來，張阿姨陪伴父親上天下海、翻峰越谷、幕前幕後，也多次含淚默默為他療傷。她發揮語言的天賦，扶持父親走出台灣、邁向國際，居功甚偉，最後，也能點下一個完美的句點，讓父親走的安祥、無憾、沒有戀棧。我們兒女也為張阿姨陪伴父親這三十年的有情有義，表達由衷的感謝，並致上最高的敬意。

末了，我特別選了父親的這首感情豐富、柔腸蕩漾的詩作〈金縷曲〉作為結尾：

問夢迷何處，恁孤魂繞遍斗室，欲飛無路，一霎數驚不成寐，舉目更添淒楚。

想那人正相笑語。緊倚欄杆北望月，把新愁舊怨齊吩咐。多少事，恁誰訴。
奈何天，生生又缺，豈能為主。千載女媧煉青石，今日也難重補。寂寞了當年蕭鼓。
流水落花兩有恨，凡痴情總被無情誤。恩與愛，都塵土。